Joe Tanenbaum
Mann und Frau
oder
Der große Unterschied

Joe Tanenbaum

# MANN UND FRAU

## ODER DER GROSSE UNTERSCHIED

Wie man das
andere Geschlecht
besser verstehen
lernt

Aus dem Amerikanischen übersetzt
von Monika Seeger

DIANA VERLAG

Die Originalausgabe erschien 1990 unter dem Titel
Male and Female Realities
Understanding the opposite sex
by Tanenbaum Associates,
Costa Mesa, California


Textbearbeitung: Constanze Elsner
Umschlagentwurf und -gestaltung: Graupner und Partner, München
Gesetzt aus der 10/12° Times bei MPM, Wasserburg
Druck und Bindung: Ebner Ulm
Printed in Germany 1991
ISBN 3-905415-11-9

**Lernen Sie Joe Tanenbaum kennen — Amerikas besten Sachverständigen, wenn es um die Unterschiede zwischen männlicher und weiblicher Realität geht!**

In 23 Jahren Managementerfahrung im Unternehmensbereich hat er Fälle zusammengetragen, die Fakten geordnet und niedergeschrieben: Wie man das andere Geschlecht verstehen lernt, ist die neueste und größte Brücke, die das Schlachtfeld des Geschlechterkampfs überspannt und ins relativ unerforschte Territorium der persönlichen Identität führt.

Seine Klienten nennen seine Theorien »Tanenbaums Zeitbomben — brisante Informationen, die genau im richtigen Augenblick hochgehen«! *Warum*, werden Sie feststellen, wenn Sie sich von ihm zu einer verblüffenden Erforschung der Unterschiede einladen lassen, die Männer und Frauen aufweisen, wenn es darum geht, an Kommunikation, Sex, Emotionen, Entscheidungen, Prioritäten, Bindung sowie ans Lernen und vieles andere heranzugehen.

Joe Tanenbaum ist ein Spezialist für zwischenmenschliche Kommunikation — er ist Berater, Unternehmensplaner, Vortragsredner und Autor. Außerdem leitet er Workshops. Er gründete *Tanenbaum Associates*, eine Firma, die Einzelpersonen genauso zur Seite steht wie den finanzstärksten US-Unternehmen wie Delta Airlines, McDonnell Douglas und der Southland Corporation, wenn es um die Wiederherstellung und Rückerlangung von Mitgefühl (für sich selbst und andere), Vertrauen und Achtung geht. Er hat mehr als 600 Workshops durchgeführt, mehr als 30 000 Ausbildungsstunden geleitet und ist überall im Land in unzähligen Fernseh- und Radioprogrammen aufgetreten.

»Waffenruhe oder Konsequenzen« — die Art, wie Joe Tanenbaum an den Kampf der Geschlechter herangeht, ist provozierend in der Theorie, praktisch in der Durchführung und universell im Anwendungsbereich.

# Inhalt

# Widmung

*Dieses Buch ist der Realisierung des Potentials für Frieden und Harmonie auf unserem Planeten gewidmet. Ich bin fest davon überzeugt, daß wir es kaum schaffen werden, im Leben auf Dauer zufrieden zu sein, bis wir alle gelernt haben, im Respekt und der Liebe für das Leben zusammenzuleben, bis wir die verschiedenen Arten, in denen sich das Leben darstellt, zu schätzen gelernt haben und Mitgefühl entwickeln, wenn das Leben zu* dem *Kampf wird, der es manchmal sein kann. Ich widme dieses Buch meiner Mutter, die früh begann, mich diese Lektionen zu lehren.*

# Dank des Autors

Das Schwierigste an diesem Buch war es für mich, diese Seite zu schreiben. Es hat so viele Menschen gegeben, die während der letzten zehn Jahre, in denen ich das Material für dieses Buch zusammentrug, in denen ich Vorträge hielt und Workshops leitete, Anteil an meinem Leben hatten, daß ich befürchtete, ich könnte versehentlich jemanden vergessen, der besonders wichtig war. Falls mir das passiert sein sollte, rufen Sie mich bitte an. Falls Sie zu meinen Freunden gehören, wissen Sie vermutlich nur allzugut, wie schlecht mein Gedächtnis ist.

Zunächst möchte ich mich bei Richard Houser bedanken, dessen persönliche und professionelle Unterstützung ich schätzenlernte. Er half mir besonders dann, wenn ich seine Hilfe am nötigsten hatte, wenn nichts zu laufen schien. Und auch all denen, die nun folgen, möchte ich meine ehrliche Anerkennung aussprechen:

Leslie Dragon und Susan Kawakami Brietkopf, deren Freundschaft einem ernsten Test unterzogen wurde, als sie mein Büro mit limitierten Mitteln und wenig Anleitung führen mußten, während sie das Material zusammentrugen und Abschriften tippten.

Kristine Kister Robinson, die die Geschäftswelt mit meiner Arbeit vertraut machte und sie unterstützte.

Stanley Phelps, Pat Raffee und Georgia Nobel für ihr Feedback auf den ersten Entwurf.

Carolyn Williams-McKim und Ed McKim, die mir das Gefühl gaben, zu ihrer Familie zu gehören, bei denen ich wohnen und arbeiten durfte, als es mir an Geld fehlte.

Keven Howe für unsere Sushi-, Sake- und Rambo-Nächte, als ich sie wirklich nötig hatte.

Odilia McFarland, die im Bereich von San Francisco für meine Arbeit geworben und sie unterstützt hat.

Richard Winn wegen seiner besonderen Intelligenz, seines Humors und der vielen Arbeit, die er mit dem Nachschlagematerial hatte.

Warren Lyons und Judy Seigfried einfach so.

Josh und Pat Napua wegen des Lake Tahoe und noch einiger anderer Sachen.

Lynne Sims wegen ihres Weitblicks als Verlegerin — sie hat dieses Buch ermöglicht — und wegen ihrer Freundschaft und Großzügigkeit, als ich beides brauchte.

Carol Estes wegen ihrer Geduld, Liebe und der Hingabe, mit der sie alle Teile dieses Buchprojekts zusammengefügt hat.

Und besonders Jan Tanenbaum (früher Jan Wienecke), meiner Frau und der Liebe meines Lebens, weil sie gerade im richtigen Moment auftauchte, und weil sie eine äußerst talentierte und engagierte Geschäftspartnerin ist.

# Vorwort

Es gibt viele Zeitungsartikel und andere Veröffentlichungen, in denen von den biologischen Unterschieden zwischen Männern und Frauen die Rede ist, doch keiner/keine davon hat uns enthüllt, wie diese Unterschiede unsere zwischenmenschlichen Beziehungen beeinflussen — bis heute.

Während der letzten zehn Jahre habe ich mich mit Joe Tanenbaums Material über die »Realitäten« von Männern und Frauen auseinandergesetzt und seine Informationen in meinem Arbeitsleben und zu Hause angewendet; bei meinen Kindern, meinen Angestellten und bei meinen Freunden.

Als ich zum ersten Mal von Joes Theorien hörte, war ich skeptisch, weil ich glaubte, soviel über Männer und Frauen zu wissen, wie nötig war. Immerhin hatte ich mit 22 Jahren geheiratet, eine Tochter und einen Sohn großgezogen und seit meinem 16. Lebensjahr in einer »Männerwelt« gearbeitet. Doch dann begann ich, dem Verhalten von Männern und Frauen mehr Aufmerksamkeit zu widmen — einschließlich meinem eigenen. Durch diesen allmählichen Prozeß der Beobachtung, der Objektivität und Aufgeschlossenheit begann ich zu erkennen, wieviel ich *nicht* wußte. Außerdem wurde mir klar, wie sehr ich meine eigene weibliche Energie »verzerrt« hatte, um überleben zu können; und daß ich mir der männlichen Energie, die ich besaß, nicht bewußt gewesen war, obwohl sie mir in so vielen Situationen und unter so vielen Umständen hätte helfen können.

Die meisten Menschen würden wohl zustimmen, daß sich der Gedanke vom Frieden auf der Welt manifestieren wird, wenn wir im Alltagsleben »Frieden« einkehren lassen. Der Kampf der Geschlechter jedoch wird seit Jahrhunderten heimlich geführt. Das hat uns alle einen enormen Preis gekostet, auch wenn wir das möglicherweise nicht realisieren. Ob die Unwissenheit bezüglich unserer Unterschiede sich nun in gebrochenen Herzen oder gescheiterten Geschäften niederschlägt — wir schlagen jedesmal auf unsere eigene Selbstachtung und auf die der anderen ein, wenn wir in unseren zwischenmenschlichen Beziehungen »gescheitert« sind. Zu wissen, wie unsere biologischen Unterschiede unser Verhalten beeinflussen, gibt uns die Möglichkeit, im täglichen Leben weisere Entscheidungen zu treffen, und erlaubt es uns, mit den anderen Mitgliedern der menschlichen Spezies mit mehr Mitgefühl zu interagieren. Es ist ein höchst praktisches und wichtiges Wissen, das ich während meiner »Lehrjahre« als Führungskraft, als Frau und Mutter angesammelt habe.

Was ich als wirklich aufregend empfunden habe, ist die Tatsache, daß Joe Tanenbaums Informationen weder »routiniert« noch unpersönlich, noch endgültig sind — er hat die größte und neueste Brücke für die Erforschung des Bereichs der männlichen und weiblichen Identität gerade erst eröffnet.

Nun fangen die Fragen an — und der wirkliche Spaß. Zumindest war das bei mir so: Wie schaffe ich es, in meinem Leben ein gesundes Gleichgewicht aufrechtzuerhalten? Wie kann ich anderen helfen, sich ihre männlichen und weiblichen Bedürfnisse zu erfüllen? Wie können die Bedürfnisse von Männern und Frauen in einem Unternehmen oder einer Institution erfüllt werden — und wie schafft man es, daß das Endresultat *dennoch* positiv ist? Was sind die Bedürfnisse der Männer und Frauen auf unserem wundervollen Planeten, und wie kann ich dafür sorgen, daß diese Bedürfnisse auch künftigen Generationen erfüllt werden?

Wir haben in unseren Beziehungen untereinander wirklich die Möglichkeit, Erfüllung oder Katastrophen zu erleben. Dies trifft auch auf uns als Spezies zu. Wieviel größer wird unsere Kapazität, Glück, Frieden und Wohlstand in unsere Welt einzubringen, erst sein, wenn wir diese Unterschiede nicht nur erkennen, sondern sie auch in Ehren halten?

Lynne Sims
Verlegerin und Autorin

# Einführung

Haben Sie häufig das Gefühl, Sie seien einfach nicht fähig, Ihre Interaktionen mit dem anderen Geschlecht reibungsloser zu gestalten — und zwar unabhängig davon, wie sehr *Sie* sich geändert und gewandelt zu haben meinen? Halten Sie sich einfach für zu emotional und die anderen für zu emotionslos und nüchtern? Haben Sie vielleicht alles zu gut im Griff, und die anderen sind ständig verwirrt und konfus? Sind Sie wirklich zu launisch, oder sind die anderen zu ernst? Zu Hause oder bei der Arbeit — wie kommt es bloß, daß unzweifelhafte Tatsachen Ihrer »Realität« von einem (einer anderen) so mißverstanden und fehlinterpretiert werden können?

Wie wir die Realität wahrnehmen (unsere eigene und die Realität der anderen) wird durch jenen physischen Organismus gefiltert, der uns als unser Körper bekannt ist, und natürlich hat dieser Körper eine Seele, verfügt über Geist, Verstand. Wie dieser Organismus funktioniert, ist sehr wichtig, wenn es darum geht, unsere Reaktionen auf »Realität« zu verstehen. Der männliche Körper und Geist unterscheidet sich stark vom weiblichen Körper und Geist, aber wir als menschliche Wesen tendieren dazu, diese gravierenden Unterschiede zu ignorieren und die Realität nach den uns bekannten Geschlechtssignalen zu interpretieren. Die internen

Signale der meisten Männer — beispielsweise Aggression oder Freundschaft zu deuten — haben sich so entwickelt, daß Männer ohne Schwierigkeiten mit anderen Männern interagieren können. Gleichermaßen haben sich die internen Signale der Frauen dahingehend entwickelt, daß Frauen mit Frauen interagieren können. Sobald aber das Verhalten eines anderen Menschen nicht in das Schema unserer eigenen, uns vertrauten Geschlechtssignale paßt, verunsichert uns das — schlimmer noch, dann hegen wir unrealistische Erwartungen, die zwangsläufig enttäuscht werden müssen, oder wir ziehen Schlüsse, die einfach nicht gerechtfertigt sind.

Tausende von Menschen nahmen während der vergangenen zehn Jahre an meinen Männer- und Frauen-»Realitäts«-Workshops teil. Sie alle waren von sehr unterschiedlicher kultureller, rassischer, sozialer und ökonomischer Herkunft. Ich habe meine Erkenntnisse den Mitgliedern von Firmen und religiösen Organisationen vorgetragen, habe an Oberschulen und Universitäten, vor medizinischen und psychologischen Experten gesprochen und vor Menschen aus dem Ausland, die unser Land nur besuchten — einem Potpourri der gesamten Menschheit also. Und was in buchstäblich *jedem* Umfeld schnell augenscheinlich wird, ist, daß Männer und Frauen Schwierigkeiten haben, einander wirklich richtig zu beurteilen. Meine weiblichen Klienten sind überzeugt davon, daß Männer ein »typisch männliches« Verhalten an den Tag legen, das sie zur Verzweiflung bringt, während die Männer ebenso sicher sind, daß Frauen ein »typisch weibliches« Verhalten an den Tag legen, das wiederum *sie* auf die Palme treibt. Frauen sind der Meinung, Männer könnten perfekt sein, wenn sie nur »seelisch nicht so zerrissen« wären. Bei ihnen, so glauben sie, müßte einiges »geradegerückt« werden; Männer empfinden genau dasselbe, was die Frauen angeht, und jedes Geschlecht fühlt sich gekränkt angesichts der Tatsache, vom anderen so eingeschätzt zu werden.

Sie und ich — wir haben Hunderte von Witzen über Männer, Frauen, Beziehungen und die Ehe gehört. Einige dieser Witze sind komisch und bringen uns zum Lachen, doch unglücklicherweise verbergen sich hinter Witzen meist Wut, Mißverständnisse und Ängste.

Eins ist klar, und das ist: Sowohl Männer wie Frauen warten darauf, daß das andere Geschlecht sein Verhalten ändert. Glücklicherweise sind wir nämlich nicht in der Lage gewesen, einander »zurechtzubiegen«, obwohl wir das wirklich seit Tausenden von Jahren versucht haben! Denken wir doch einmal nach: Für eine Frau wäre ein »zurechtgebogener« Mann wohl kaum von einer anderen Frau zu unterscheiden, und ein Mann würde feststellen müssen, daß eine »zurechtgebogene« Frau sich ständig wie »einer von den Jungs« benimmt! Das gäbe vielleicht eine Massenverwirrung! Es könnte sogar noch schlimmer werden, als es heute ist!

Trotz all der realen Aufklärung der letzten Jahrzehnte gibt es den »Kampf der Geschlechter« nach wie vor, und er wird wegen des limitierten Verständnisses für den »Feind« fortgeführt und eskaliert noch weiter. Möglicherweise glauben Sie, Sie verstünden, was Ihnen ein Mensch des anderen Geschlechts sagt. Männer und Frauen bedienen sich schließlich derselben Basissprache (in unserem Fall der deutschen)! Doch gehen wir — irrigerweise — davon aus, daß ein Wort (oder die persönliche Erfahrung, die wir mit diesem Wort verbinden) für jeden dieselbe Bedeutung hat, obwohl wir wissen, daß die Bedeutung eines Wortes sich bereits von Region zu Region ändern kann — von rassischen oder religiösen Bedeutungsunterschieden gar nicht zu reden. Vor allem aber der Bedeutungswandel von Generation zu Generation ist uns allen bekannt. Was wir dabei gewöhnlich übersehen, ist, daß Wörter auch geschlechtsspezifisch unterschiedlich interpretiert werden können.

Außer der möglichen Sprachbarriere zwischen Männern und Frauen, so werden wir erkennen, gibt es geschlechtsspezifisch unterschiedliche interne Signale, die ein positives oder negatives Feedback charakterisieren. Einige dieser Signale sind angeboren, und andere sind angelernt, weil wir sie brauchten, um in unserem jeweiligen Milieu zu überleben. Doch wir »erleben« diese Signale weiterhin und reagieren immer noch auf sie, auch wenn es möglicherweise gar nicht ums Überleben geht.

Wenn ich mich mit dieser Thematik beschäftige, so tue ich das nicht, um ignorante oder kränkende weibliche oder männliche Chauvinismen zu untermauern. Dennoch liegt in manchen dieser Ansichten ein Körnchen Wahrheit. Und es ist wichtig, in diesem Körnchen nach der Ursache der verschiedenen Verhaltensweisen oder der Fehlinterpretation dieser Verhaltensweisen zu forschen.

Ein typisches Beispiel für eine scheinbar harmlose Fehlinterpretation lieferte mir ein Paar, das an einem meiner Workshops teilnahm. Wir diskutierten gerade, wie sehr die meisten Frauen Blumen lieben. Dieser Mann nun hatte seiner Frau als »Liebespfand« eine wunderschöne, langstielige Rose gekauft. Sie war begeistert von seiner Spontaneität, seinem Sinn für Romantik und seiner Aufmerksamkeit. Er freute sich so sehr, daß sein Liebesbeweis Anklang gefunden hatte, daß er ihr in der folgenden Woche eine weitere langstielige Rose kaufte. Auch die gefiel ihr, doch diesmal zeigte sie ein bißchen weniger Begeisterung und etwas weniger Anerkennung für seine Geste. Als die dritte Woche anbrach, lächelte sie nur, nachdem er ihr die dritte langstielige Rose gebracht hatte, und sagte schlicht: »Danke.« Daß ihre Begeisterung abzunehmen schien, verwirrte ihn ziemlich, aber er blieb trotzdem beharrlich. Er wußte, er hatte die richtige Idee gehabt, war jedoch nicht ganz sicher, was er ihr statt der Rose schenken sollte, um wieder die anfängliche Begeisterung und Anerkennung hervorzurufen. Also kaufte er ihr in der nächsten Woche eine Rose aus Kristallglas. Sie war begeistert. Es hatte funktioniert! Prompt brachte er ihr in der darauffolgenden Woche wieder eine Kristallrose mit. Wie die Geschichte weitergeht, wissen Sie sicherlich.

Sowohl Männer wie auch Frauen können sich unsensibel und taktlos verhalten. Und selbst überlegtes Verhalten kann häufig als taktlos ausgelegt werden, wenn sich jemand anders verhält, als es der andere erwartet. Als der Mann sich bemühte, seiner Frau eine Freude zu machen, suchte er nach etwas, das ihr zeigen sollte, wie sehr er sie liebt. Es war nicht Faulheit, die ihn trieb, ihr Woche für Woche dasselbe zu schenken. Er hatte sich einfach für etwas entschieden, das ihr kontinuierlich vermitteln sollte: Ich liebe dich. (In Kapitel 8 werde ich erklären, warum Männer die Kontinuität lieben.) Es funktionierte beim *ersten* Mal, und deshalb meinte er, daß es *immer* funktionieren würde. Sobald Sie etwas gefunden haben, woran ein Mann Spaß hat, können Sie fast sicher sein, daß er sich *immer* wieder darüber freuen wird. Die Männer scheinen allesamt ein Motto zu haben: »Solange es nicht kaputt ist, repariere es nicht« oder: »Solange es funktioniert, muß man es nicht ändern«. Aus diesem Grunde mußte die Frau, die die langstielige Rose bekam, ihrem Mann launisch und undankbar erscheinen. Sie schien nicht in der Lage zu sein, sich zu freuen. Vielleicht wollte sie sich auch gar nicht freuen. Die Frau wiederum hatte den Eindruck, ihr Mann sei einfallslos, faul und verschwenderisch. Weder seine noch ihre Annahmen waren richtig, doch die — nicht diskutierte — Fehlinterpretation hatte der Beziehung geschadet.

Nachdem Sie dieses Buch gelesen haben, werden Sie dem anderen Geschlecht wahrscheinlich mehr Fragen stellen, statt einfach anzunehmen, Sie hätten verstanden, was gesagt worden ist. Ich sage auch voraus, daß Sie anfangen werden, darauf zu achten, was gesagt wird, indem Sie wirklich zuhören und bereit sind, den Unterschied zwischen männlichen und weiblichen Erfahrungen zu verstehen. Und ich garantiere Ihnen, daß Sie sich in einer Reihe von Situationen wiederfinden werden, die Sie leicht werden lösen können, und daß viele dieser Situationen Problemsituationen waren, bevor Sie dieses Buch gelesen hatten.

Geschlechtsspezifische Unterschiede beeinflussen das Geschäftsleben ebenso wie unsere persönlichen Beziehungen. In den folgenden Kapiteln werden Sie erfahren, wie diese Unterschiede Management-Verhaltensweisen, Firmenstrukturen, die Auswahl von Führungskräften sowie die Rollenteilung in der Familie beeinflussen. Möglicherweise beginnen Sie, Sympathie und Vertrauen für sich selbst und andere zu entwickeln, sobald Sie anfangen, die unterschiedlichen Motivationen und Realitäten von Männern und Frauen zu verstehen. Sie werden auch lernen, die unterschiedlichen Verhaltensweisen von Männern und Frauen wahrzunehmen. Das wiederum erlaubt es Ihnen, Ihren eigenen, beispiellosen Stil — Ihre Eigenart — zu entdecken und zu akzeptieren.

Sobald Sie Ihre eigene Wahrheit, was Ihre Persönlichkeit angeht, »entdeckt« haben (die im Gegensatz zu dem steht, was Sie selbst wegen der Ihnen übermittelten Meinungen und Instruktionen anderer für wahr halten), werden Sie feststellen, daß Ihre persönliche Geschlechtsidentifizierung sich viele Male verschiebt. Möglicherweise werden Sie sich sowohl mit »männlichen« wie »weiblichen« Attributen identifizieren, möglicherweise aber auch mit nur *einem* Modell. Sobald Sie ein besseres Gefühl für das entwickelt haben, was — für Sie — »normales« Verhalten ist, werden Sie möglicherweise nicht länger bereit sein, sich mit Verhaltensweisen herumzuschlagen (eigenen oder denen anderer), die nach Ihren Vorstellungen kränkend oder taktlos sind.

Für mich gehört die Vielschichtigkeit menschlicher Entscheidungsmöglichkeiten zu den Freuden unseres Zusammenlebens auf diesem Planeten. Die Wunder und die Vielfalt des Lebens, die Entdeckung unserer Verschiedenartigkeit und die Tatsache unserer Einzigartigkeit erlauben es uns, den individuellen Beitrag zu sehen, den wir zur Tapisserie der menschlichen Existenz leisten. Mit diesem Gedanken im Herzen habe ich beschlossen, unsere »Unterschiede« bloßzulegen.

## Kapitel 1

# Warum Männer und Frauen mehr übereinander wissen wollen

Im Lauf der Jahre habe ich das Verhalten von Männern und Frauen »untersucht«, und zwar auf einer ungewöhnlichen Prämisse beruhend — einer Prämisse, von der sich gezeigt hat, daß sie in jeder möglichen Art von Beziehung für Tausende von Männern und Frauen die Türen zu Kommunikation und Verstehen geöffnet hat. Die Prämisse, von der ich ausgehe, ist simpel:

- Alle Menschen sind *gleich* geschaffen, doch sie sind *nicht genauso* beschaffen.
- Die Menschen haben die Begriffe »gleich geschaffen« und »genauso beschaffen« durcheinandergebracht.
- Die Art, in der sich Männer und Frauen entwickelt haben, ist der Grund für unterschiedliches Verhalten und unterschiedliche Vorstellungen.
- Weder »männliches« noch »weibliches« Verhalten ist »falsch«.

Ich habe dieses Buch geschrieben, um zu erklären, warum wir uns verhalten, wie wir uns verhalten. Ich habe vor, Ihnen praktische Informationen zu liefern, die sich in Ihrem Privat- und Berufsleben augenblicklich als nützlich erweisen können.

Kaum wurden sie mit diesen Informationen konfrontiert, äußerten sich die Teilnehmer meiner Männer- und Frauen-Workshops wie folgt:

- »Ich glaubte, mit mir stimmt etwas nicht, weil ich dies oder jenes nicht auf seine (ihre) Art tun wollte.«
- »Ich dachte, das sei etwas, was typisch ist für meinen Mann (meine Frau). Er (sie) sagte mir, was er (sie) denkt oder fühlt, aber ich konnte nichts damit anfangen. Ich dachte, er (sie) lügt mich an oder hält zumindest einen Teil der Wahrheit zurück.«
- »Ich habe schockiert festgestellt, wie falsch ich die Gefühle meiner Frau (meines Mannes) eingeschätzt habe, weil ich glaubte, sie (er) macht sich über mich lustig. Ich habe mich immer gefragt, warum sie (er) nicht mehr so sein konnte wie ich. Jetzt weiß ich es, und ich habe mich bei ihr (ihm) entschuldigt.«

Hin und wieder unternehme ich gern einen Streifzug in die Vergangenheit, um zu sehen, wie sehr sich die Spezies Mensch im Lauf der Jahrhunderte geändert hat. Vor nicht allzu langer Zeit schmökerte ich in einem Zitatenbuch der letzten 2000 bis 5000 Jahre. Später las ich einige dieser Zitate in einem Seminar vor und fragte die Teilnehmer: »Wann, glauben Sie, wurde das geschrieben?«

Die Antworten variierten leicht, doch die meisten sagten: »Oh, das stammt mit Gewißheit aus den sechziger Jahren« oder: »Das stammt aus den Siebzigern«, oder: »Das stammt aus den Vierzigern«. Und damit hatte ich den Beweis angetreten: Jedes einzelne der Zitate, das ich über Männer, Frauen und Beziehungen vorgelesen hatte, war nämlich wenigstens 3000 Jahre alt!

Ich behaupte, daß das Milieu oder die Umgebung, in der wir leben, unseren Wortschatz bestimmt und auch einige der Grund-Ausdrucksformen, derer wir uns bedienen (die Art, wie wir uns anziehen, unsere Manieren, unsere Bräuche und ähnliches). Doch die Grundlagen unserer zwischenmenschlichen Beziehungen werden von unserer Entwicklung als Spezies kontrolliert.

Es ist eine allgemein bekannte Theorie, daß Männer und Frauen unterschiedliche ökologische Funktionen ausführten, während sich unser Gehirn entwickelte. Frauen sammelten Früchte und zogen Babys groß; die Männer jagten. Da diese Tätigkeiten unterschiedliche Talente voraussetzten, beeinflußte der Zwang, sich anzupassen, die Entwicklung des Gehirns. Beispielsweise brauchten die Frauen ein integrierteres Verständnis der Welt (ganzheitlich, auf die Gemeinschaft gestützt), während die Männer speziellere Talente brauchten, zum Beispiel, die Fähigkeit, sich dreidimensionale Bilder einzuprägen. Das Überleben eines Mannes hing davon ab, wie er mit den anderen *Männern* auf der Welt zurechtkam — und nicht davon, wie er mit den Frauen zurechtkam.

Die Thematik, die Männer und Frauen heutzutage bewegt, ist im Grunde dieselbe, mit der sich Männer und Frauen vor 100 000 Jahren beschäftigten. Damals war das Thema freilich das Überleben der Spezies; das eigene Überleben stand erst an zweiter Stelle. Diese frühen Überlebensprobleme begrenzten nicht nur die Möglichkeiten unserer Vorfahren, sondern hielten sie auch davon ab, sich mit der chronischen, allen Mißverständnissen zugrundeliegenden Kluft zwischen Männern und Frauen auseinanderzusetzen. Immerhin ist es erst seit ungefähr 150 Jahren nötig, daß Männer und Frauen anfangen mußten, miteinander »zu reden«. Da es bis dahin im Leben nur um das *Über*leben und das Aufziehen einer Familie ging, gab es nicht viele Gründe, geschweige denn die Zeit, einander Fragen zu stellen, wie: »Was machst du am Wochenende?« Es ist noch gar nicht so lange her, daß wir begannen, einander zu fragen: »Möchtest du dich nicht setzen und mit mir sprechen?« — nur um festzustellen, daß wir das nicht können. Bis heute ist es nicht wirklich nötig gewesen. Doch jetzt müssen Männer und Frauen die Fähigkeit entwickeln, miteinander zu kommunizieren.

## Wo liegt denn überhaupt das Problem?

Ich frage die Leute immer, was sie sich von meinen Workshops versprechen. Die folgenden Antworten sind in etwa repräsentativ:

Robert: »... ich möchte einige Gedanken und Ideen neu aufleben lassen, um meine gegenwärtige Partnerschaft zu verbessern — aber auch meine Beziehungen zu Frauen im Job.«

Bill: »Ich möchte meine Fähigkeit schärfen, so zu handeln und zu reagieren, daß ich bekomme, was ich will, und auch größere Freiheiten erlangen. Außerdem möchte ich meiner Frau ein Gefühl für diese Freiheit vermitteln, so daß sie in der Lage ist, sich ebenfalls entspannter zu verhalten.«

Charley: »... ein besseres Verständnis für das, was ich als Mitglied der männlichen Spezies bin ...«

Ken: »Ich möchte Einblick in Mann/Frau-Beziehungen gewinnen und erfahren, wie ich einige der Gefühle kontrollieren kann, die ich für (oder gegen) Frauen hege.«

Mark: »... ein besseres Verständnis für Frauen und wie man mit ihnen kommuniziert ... eine bessere Beziehung zu der Frau, mit der ich seit 16 Jahren verheiratet bin.«

Carl: »... wie man mit Mitgliedern des anderen Geschlechts umgeht, um ihre Bedürfnisse, ihre Wünsche und einige der Probleme zu verstehen, die sie in der Belegschaft verursachen.«

Fred: »... meine Beziehung zu meiner Frau ausbauen — ihre Temperamentsausbrüche verstehen und zu verstehen, warum sie tut, was sie tut.«

Larry: »Ich bin meinetwegen hier — wegen der Beziehung zu mir selbst.«

Rick: »... um in all meinen Beziehungen mehr Spaß und Unbeschwertheit zu erleben.«

Paul: »... wegen des Auf- oder Abbauens passender oder unpassender Schutzwälle.«

Kyle: »... um zu lernen, Verhalten, das nicht zu meinem Wohlergehen beiträgt, nicht länger hinzunehmen. Häufig höre ich mich sagen: ›Schon in Ordnung, es macht nichts‹, obwohl mich etwas wirklich stört!«

Jessica: »Ich möchte in der Lage sein, auf Männer einzugehen, und mich nicht von ihnen und ihrem Verhalten bedroht fühlen.«

Carol: »Wie's ist, mag ich Männer. Ich will sie wirklich nicht ändern, aber ich würde sie gern besser kennen und besser verstehen.«

Rhonda: »Ich würde gern mehr Verständnis für Frauen haben ... weil ich der Meinung bin, daß ich Frauen und der Art gegenüber, in der sie an Geschäfte herangehen, wirklich kritisch bin.«

Debra: »Ich würde Männer im beruflichen Umfeld gern besser verstehen, so daß ich besser mit ihnen konkurrieren kann. Ich würde mich gern besser in die Frauen in meinem Leben hineinversetzen — die Frauen, die bei mir zu Hause arbeiten, die, die meine Klientinnen sind, und die, die mir im Büro unterstellt sind . . .«

Carrie: »Ich würde gern besser mit mir selbst und anderen Frauen zurechtkommen.«

Georgia: »In den letzten drei Jahren habe ich keine richtige Beziehung gehabt. Aus diesem Grund frage ich mich, woran das wohl liegt oder was mich davon abhält.«

Lori: »Ich finde, daß in unserer heutigen Gesellschaft die männliche und weibliche Rolle irgendwie durcheinandergeraten sind.«

Ella: »Ich will wissen, was für die Menschen des anderen Geschlechts wichtig ist, so daß sie sich in meiner Gesellschaft nicht unwohl fühlen müssen und bereit sind, sich auch einmal verletzlich zu zeigen, damit ich sie wirklich kennenlernen kann.«

Lois: ». . . mein Wunsch wäre es, für einen Tag ein Mann zu sein. Ich glaube, daß ich, wenn ich in die Haut eines Mannes schlüpfen könnte, vermutlich viel mehr Sympathie für Männer entwickeln und sie vielleicht auch höher einschätzen könnte.«

Tricia: »Ich empfinde es als zunehmend verwirrend, daß man ständig das Verhalten ändern muß — je nachdem, ob man mit Frauen oder mit Männern zusammen ist.«

Susanne: »Ich bin an sich ziemlich stark, habe aber meine Identität verloren. Ich denke, das hängt zum großen Teil damit zusammen, daß ich programmiert wurde zu gehorchen — wir hatten Kinder, und das war's . . .«

Die obenstehenden Kommentare lassen darauf schließen, daß Männer und Frauen dieselben Ziele verfolgen: Sie wollen die Probleme lösen, die es zwischen den Geschlechtern gibt. Doch die Vorstellungen von Männern und Frauen, wie man diese Probleme angehen kann, gehen so weit auseinander, daß wir begonnen haben, einander auf Grund derselben destruktiven Gedankengänge für Feinde zu halten.

Eine Reihe von Philosophien beschäftigt sich damit, wie die Schöpfung vor sich ging und wie wir zu menschlichen Wesen wurden. Evolution und Sozialisierung haben unsere Biologie etwas modifiziert, damit wir als Spezies aus den größeren Möglichkeiten Nutzen ziehen konnten. Doch sobald wir in einem Körper sind, »drückt sich« jeder Körper anders »aus«. Als Männer oder Frauen verfügen wir über eine ganze »Verhaltensskala«. Und angenommen, daß die Sozialisierung über das bestimmt, was wir mit dieser Skala anfangen, so wurde diese Skala doch im voraus von unserer biologischen Trägersubstanz festgelegt. Ich will nicht sagen, was Männer oder Frauen tun oder nicht tun können, weil der Verstand viele Körperfunktionen modifizieren kann. Ich will statt dessen auf das hinweisen, was für Männer und Frauen *natürlich* ist. Wir können uns mit einer Menge Dinge abfinden, die uns das andere Geschlecht antut oder die wir wegen des anderen Geschlechts ertragen müssen, und geben bei diesem Prozeß Teile von uns selbst auf. Doch zu oft tun wir das blind, ohne uns der Alternativen bewußt zu sein.

Wenn Sie in einem geschlechtsdominanten Haushalt aufgewachsen sind (das heißt, mit einem sehr starken Vater oder einer starken Mutter oder mit etlichen Geschwistern des anderen Geschlechts), ist es möglich, daß Sie sich selbst zurücknehmen mußten, um dort zurechtzukommen. Vermutlich haben Sie sich daran gewöhnt, mißverstanden zu werden, oder Sie haben sich an diesen Mangel gewöhnt, oder Sie haben akzeptiert, nicht in der Lage zu sein, sich so zu äußern, wie es nötig gewesen wäre. Nach einer Weile haben Sie vermutlich Ihre eigenen Bedürfnisse vergessen. Jetzt werden Sie möglicherweise feststellen, daß Sie damit klarkommen wollen, »aus dem Gleichgewicht geraten zu sein«, ohne zu wissen, warum.

Liebe wird zum Opfer, wenn Sie sich selbst so stark zurücknehmen, daß Sie in einer Beziehung vergessen, wer Sie sind. Und sobald Sie sich erniedrigen, um zu beweisen, daß Sie jemanden lieben, wird sich Ihre Wut direkt gegen den Menschen richten, der Sie in »diese Lage gebracht hat«. Oder Sie hassen sich selbst, weil Sie sich »unterworfen« haben.

Wenn Sie entdecken, was gut für Sie ist, werden Sie weniger geneigt sein, die Meinung anderer zu dem zu tolerieren, was Sie mit Ihrem Leben anfangen sollten. Sie werden anfangen zu erkennen, daß *Sie selbst* der bestunterrichtete Mensch sind, wenn es um Ihr eigenes Wohlergehen geht. Dann haben Sie, sobald jemand vorschlägt, Sie sollten sich ändern, die Option, den Rat frei zu erwägen und zu entscheiden, ob Sie ihn annehmen wollen oder nicht. Das hängt von Ihrem Gefühl für das ab, was *Sie* für sich selbst für gut erachten — und nicht von dem, was Sie glauben, tun zu »müssen«.

Möglicherweise haben Sie gewisse Gaben, die dem anderen Geschlecht tatsächlich bedrohlich erscheinen. Möglicherweise haben Sie aufgehört, diese Fähigkeiten weiter zu entfalten oder anzuwenden oder haben sogar vergessen, daß Sie sie jemals hatten. Eines der besten Beispiele für eine »verlorengegangene Gabe« wurde in einem der Workshops vorgetragen, an dem nur Frauen teilnahmen. Eine der Frauen erzählte der Gruppe folgende Geschichte: »Ihr wißt doch, daß es Zeiten gibt, wenn man zum Flughafen muß, spät dran ist und eigentlich weiß, daß es unmöglich ist, sein Flugzeug noch zu erreichen? Man weiß, daß noch zehn Kilometer vor einem liegen, doch plötzlich stellt man fest, daß man bereits fünf Kilometer hinter sich hat. Fünf Kilometer Autobahn sind einfach ›verschwunden‹! Sie sind weg.« (Viele der Frauen im Raum wußten genau, worüber diese Frau sprach.)

Männer und von Männern erzogene Frauen würden diese phänomenale Gabe etwa mit »man war nicht ganz bei sich« erklären oder mit »man hat nicht genau auf die Uhr geschaut« oder mit »man *dachte* nur, es seien noch zehn Kilometer, doch es waren in Wirklichkeit nur fünf«. Kein Wunder, daß Frauen sich abgewöhnt haben, so etwas zu erzählen! Wenn sie es nämlich tun, werden sie nicht ernst genommen. Männer und von Männern erzogene Frauen werden in einem solchen Fall sagen: »Man kann ihr nicht trauen.« Als Metapher für die Unterschiede, die wir noch erforschen werden, denke ich, kann die Tatsache dienen, daß jede Frau in der Lage ist, an der Zeit »zu drehen«, und daß sie es auch tut. Während der Mittagspause unseres Workshops bat ich die Frauen, die sagten, sie könnten an der Zeit drehen, sich zu denen zu setzen, die sagten, sie seien dazu nicht in der Lage. Und innerhalb von Stunden begannen sich diejenigen, die glaubten, diese Gabe nicht zu haben, zu erinnern, wie man diese Fähigkeit wiederentdeckt — bei einigen Frauen dauerte es sogar nur Minuten!

Stellen Sie sich bloß vor: Da sitzt eine Frau mit einem Mann im Wagen und sagt: »Oh, keine Bange, wir schaffen es schon. Ich lasse einfach fünf Kilometer dieser Autobahn verschwinden.« Der Mann dürfte dann entweder annehmen, daß er neben einer »Spinnerin« sitzt, oder ihr erklären: »Das kannst du nicht.« Frauen haben diese Fähigkeit verborgen, um Streit aus dem Weg zu gehen (was unter diesen Umständen eine harmlose Konzession zu sein scheint), oder sie unterdrücken sich selbst, ohne sich bewußt zu sein, weshalb sie das tun. Der Punkt ist der, daß Männer weiblichem Verhalten mißtrauen und auch Fähigkeiten, die sie nicht verstehen. Und Frauen stehen männlichem Verhalten und Fähigkeiten, das/die ihnen unverständlich ist/sind, ebenfalls mißtrauisch gegenüber.

Meist glauben wir nicht, was das andere Geschlecht äußert, weil sich das Gesagte in unserer eigenen Wirklichkeit so fremdartig ausnimmt, daß wir uns nicht vorstellen können, daß dieser Mensch die Wahrheit sagt. Wenn eine Frau einen Mann fragt: »Was brauchst du?«, ist er gewöhnlich in der Lage, ihr eine ganze Liste genau dessen zu geben, was er »nötig hat«. Die Punkte auf dieser Liste, die in ihre eigene Wirklichkeit passen, wird sie wahrscheinlich auch für in Ordnung halten, einige seiner anderen Bedürfnisse könnte sie jedoch als abstoßend, lästig, töricht, taktlos oder unglaublich egoistisch einstufen.

Wir sind uns der breiten Typen- und Persönlichkeitsvielfalt sowie der biologischen und der Unterschiede in der Körperchemie bewußt, die uns alle so einzigartig andersartig machen. Ich behaupte trotzdem, daß die Unterschiede zwischen Männern und Frauen viel größer sind als die individuellen Unterschiede zwischen zwei Menschen des gleichen Geschlechts.

## Typen-Unterschiede

Selbst innerhalb *eines* Geschlechts gibt es eine große Typenvielfalt. Sie ist bedingt von dem, was uns glücklich macht, wie wir auf Schwierigkeiten reagieren, wie wir uns ausdrücken oder davon, welche Art von Arbeit wir verrichten mögen. Darüber hinaus behaupte ich, daß der femininste Mann mehr »Mann« ist als die maskulinste Frau. Ein homosexueller Mann beispielsweise, der einen meiner Workshops besuchte, war deshalb sehr ärgerlich auf mich, sagte es mir aber erst Monate später. Dann kam er zu mir und erklärte:

»Wissen Sie, ich war wirklich sauer auf Sie und wollte zunächst nicht einmal mit Ihnen reden, nachdem ich an dem Workshop teilgenommen hatte. Ich habe Ihnen damals genau zugehört, doch alles, was Sie sagten, traf auf die anderen Männer im Raum zu — aber nicht auf mich. Alles, was Sie über Frauen sagten, konnte ich nachvollziehen, aber nichts von dem, was Sie über Männer sagten. Also besuchte ich danach meine Freundinnen (er war mit einer Reihe von Frauen befreundet), und wir unterhielten uns über all die süßen Kerls, mit denen wir uns trafen. Wir hatten eine Menge Spaß. Plötzlich mußte ich beweisen, daß Sie unrecht haben, was mich betrifft und wie es für mich ist, also sagte ich aus dem Gespräch heraus zu meinen Freundinnen: ›Ich weiß, was ihr meint. Ihr meint das und das . . .‹ All die Frauen wandten sich mir zu und entgegneten: ›Nein, das ist nicht das, worüber wir geredet haben.‹ Ich erwiderte: ›Oh, ich weiß, was ihr meint‹, und versuchte es erneut. Da sie dieselbe Sprache sprachen wie ich und wir alle über dasselbe Thema redeten, nahm ich an, daß ihre Erfahrungen und ihre Art, diese Erfahrungen zu vermitteln, dieselben waren. Und das war's nicht! Die ganze Zeit hatte ich geglaubt, wir hätten so vieles gemein, und das stimmte überhaupt nicht. Dazu kam, daß ich, der ich keine männlichen Freunde habe, jetzt auch noch das Gefühl hatte, meine weiblichen zu verlieren.

Einer der Gründe, aus denen ich an dem Workshop teilgenommen hatte, war der gewesen, daß ich lernen wollte, auch Männer als Freunde zu gewinnen, die keine Liebhaber sind. Ich wollte in der Lage sein, eine richtige Mann-zu-Mann-Beziehung aufzubauen. Da wurde mir allmählich bewußt, warum ich keine Freunde, keine Kameraden hatte, warum ich nicht in der Lage war, mit Männern klarzukommen. Es lag daran, daß ich glaubte, meine maskulinen Wesenszüge stünden meiner Homosexualität im Wege und ich müsse sie deshalb unterdrücken. Ich hatte mich zurückgehalten, weil ich mir nicht vorstellen konnte, daß ich maskulin *und* homosexuell sein und auch noch Spaß haben könnte. Ich hatte in mir das unterdrückt, was die Männer um mich herum davon abhielt, mit mir von Mann zu Mann kommunizieren zu können. Nachdem mir das klargeworden war, war ich in der Lage, männliche Freunde zu gewinnen; ich war aber auch in der Lage, zu den Frauen zurückzugehen und mich ihnen mitzuteilen. Heute habe ich alles das, was ich gewollt hatte. Deshalb möchte ich mich bei Ihnen bedanken, weil Sie mein Leben ins Gleichgewicht gebracht haben, obwohl ich anfangs so sauer auf Sie war.«

Mein Ziel ist es hier nicht nur, Ihnen zu erklären, wie Sie realistischer mit sich selbst umgehen, sondern auch, wie Sie es schaffen können, für andere Männer- und Frauentypen mehr Toleranz aufzubringen. Einige Mitglieder Ihres eigenen Geschlechts veranlassen Sie vielleicht, sich selbst zu sagen: »Es ist mir peinlich, daß es Männer (Frauen) wie ihn (sie) gibt.« Dieses Gefühl der Peinlichkeit entstammt möglicherweise der Erkenntnis, daß Sie vielleicht einige der gleichen Tendenzen, Charakterzüge oder Wünsche an sich selbst entdeckt, aber unterdrückt haben. Oder, daß man sie Ihnen »abgewöhnt« hat. Wenn Sie nun Ihr Wahrnehmungsvermögen vertiefen, können Sie beginnen, andere anzuschauen und sich zu sagen: »Oh, da ist ja ein Stückchen von mir; damit kann ich umgehen«, statt den anderen Menschen zu verurteilen und sich von ihm zu distanzieren.

## Der Mythos von der Realität

Vieles von dem, was »Realität« genannt wird, hat mit männlicher Realität zu tun (im Gegensatz zu *der* Realität). Ein Teil der Intoleranz, von der Frauen reden, bezieht sich direkt auf die tendenziöse Vorstellung dessen, wie »es« sein sollte. Beide Geschlechter haben ein natürliches »System«, das gut für sie ist. Für das *andere* Geschlecht aber kann es schädlich sein. Was zurechtgerückt werden muß, sind unsere Beziehungen zu anderen Männern und Frauen, aber auch jene Teile in uns selbst, die unterdrückt, »aufgelöst« oder manipuliert wurden.

Wenn wir uns in dieses Unternehmen stürzen, sollten wir uns bewußt sein, wie unwohl wir uns häufig fühlen, wenn wir mit unserem eigenen Geschlecht identifiziert werden. Wenn ich einer Frau einige der männlichen Charakteristika zuschriebe, die ihr Geschlecht manchmal zeigt, wäre sie vermutlich verärgert. Falls ich beispielsweise sagte: »Sie sind zu analytisch, zu konzentriert, nicht flexibel, nicht kommunikativ genug, und Sie haben kein Mitgefühl«, fühlte sie sich wahrscheinlich zutiefst beleidigt. Wenn ich jedoch einem anderen Mann sagte: »Du bist ein Gorilla«, würde der wahrscheinlich erwidern: »Vielen Dank. Ich habe mich immer wie einer gefühlt.« Wenn ich andererseits zu einer Frau sagte: »Sie benehmen sich typisch weiblich«, hätte das ebenfalls einen negativen Beiklang. Es ist traurig, daß sich die meisten Menschen so leicht beleidigt fühlen, wenn man sie in ihre eigene Geschlechtskategorie einreiht. »Ja, danke, ich bin ein Mann (eine Frau)«, wäre eine Antwort, von der ich behaupte, daß wir sie alle geben könnten.

Es gibt gewisse Eigenschaften, die Männer gemein haben — Verhaltensweisen, die Frauen verärgern oder die sie für kindisch halten. Es ist durchaus möglich, daß dies einfach die Art ist, wie manche Männer sind, und daß Frauen sie persönlich nehmen, so als ob Männer sich ganz bewußt so verhielten. Außerdem gibt es gewisse Dinge, die Frauen gemein haben und bei denen Männer — noch — dazu tendieren, eine Gemeinsamkeit abzuleugnen oder darüber zu spotten, weil sie sie ablehnen, weil sie sich in ihrer männlichen Realität nicht gut machen oder weil sie einfach nicht in ihre Realität hineinpassen.

Meine Beobachtungen führten zu dem Schluß, daß Männer und Frauen nicht dazu geschaffen sind, ständig zusammenzusein; wir sind nicht geschaffen, gemeinsam unser Gleichgewicht zu finden. Viele Beziehungen sterben einen Erstickungstod. Wenn einer der Partner (es sind selten beide) ständig mit dem anderen zusammensein will, ist das gewöhnlich ein ungesundes Zeichen. Obwohl es für uns Zeiten gibt, in denen wir mit dem anderen Geschlecht zusammensein sollten, gibt es doch auch Zeiten, da Männer mit Männern zusammensein sollten und Frauen mit Frauen. Männer und Frauen haben jene Zeit »verloren«, da sie sich einfach entspannen konnten und sich keine Sorgen über das machen mußten, was sie sagen. Da sie nicht auf ihre Manieren achten mußten oder darauf, wie man sich in Gesellschaft verhält. Im nächsten Kapitel werden wir sehen, wie hartnäckig wir darauf bestehen, all das, was uns unterscheidet, als negativ zu betrachten, obwohl es doch einfach nur *anders* ist.

## Zusammenfassung

- Das Milieu oder die Umgebung, in der wir leben, bestimmt unseren Wortschatz und unsere Grundausdrucksformen.
- Der Zwang zur Anpassung hat während der Evolution unsere Gehirnentwicklung beeinflußt.

- Die Thematik der Mann-Frau-Beziehungen von heute ist im Grunde dieselbe, mit der sich Männer und Frauen vor 100 000 Jahren herumschlugen.
- Männer und Frauen suchen Lösungen für den Geschlechterkonflikt.
- Männern und Frauen steht jeweils eine ganze »Verhaltensskala« zur Verfügung.
- Unsere Verhaltensskala wird zum großen Teil von unseren biologisch ererbten Charakteristika bestimmt.
- Die automatischen Reaktionen von Männern und Frauen sind wegen der Körperchemie und der Gehirnstruktur verschieden.
- Verhalten, das automatische Reaktionen einschließt, erlaubt es uns, die jeweilige Geschlechtszugehörigkeit zu bestimmen.
- Das Überleben eines Mannes hing davon ab, wie er mit den anderen Männern auf der Welt zurechtkam.
- Wir gehen davon aus, daß Verhalten, das von unserem eigenen abweicht, »falsch« ist oder geändert werden sollte.
- Sie selbst sind die sachkundigste Person, wenn es um Sie oder um Ihr eigenes Wohlergehen geht.
- Möglicherweise haben Sie gewisse »Fähigkeiten«, die dem anderen Geschlecht bedrohlich erscheinen müssen.
- Selbst innerhalb *eines* Geschlechts gibt es eine große »Typenvielfalt«.
- Unsere eigenen Vermutungen stehen der »Realität« im Weg.
- Männer und Frauen sind nicht dafür geschaffen, ständig zusammenzusein.

## Kapitel 2

# Was Männer und Frauen aneinander »zurechtbiegen« würden

Eine der Fragen, die ich in meinen Workshops gewöhnlich stelle, ist: »Was würden Sie bei Menschen des anderen Geschlechts zurechtbiegen oder ändern wollen?« Ich habe festgestellt, daß die Antworten der Frauen im Grunde identisch sind, und zwar unabhängig von der sozialen, ökonomischen, religiösen oder kulturellen Zusammensetzung der Gruppe (die auch Teenager und Rentnerinnen einschließt); und genauso identisch sind die Antworten der Männer. Meine Frage betont bewußt die Erkenntnis, daß Männer und Frauen ihre Verschiedenartigkeit eher als negativ denn einfach als »Verschiedenartigkeit« betrachten. Hier sind einige der Antworten:

### Männer über Frauen

Männlicher Teilnehmer: »Sie sind Heulsusen. Sie sind schwach. Wenn es gilt, eine Dose zu öffnen, kommen sie angerannt: ›Kannst du die aufmachen?‹, und dabei wissen sie genau, daß sie sie öffnen könnten.«

Männlicher Teilnehmer: »Sie sind gefühlsduselig. Sie sind niemals logisch. Ich hasse das. Sie hassen Sport. Kennen Sie eine Frau, die es akzeptiert, wenn ein Mann sich ein Fußballspiel ansehen will? Sie können's einfach nicht verstehen.«

Männlicher Teilnehmer: »Wenn Frauen älter werden, werden sie einfach zu ernsthaft und können nicht verstehen, daß Kerle auch mal ausgehen und sich amüsieren wollen.«

Männlicher Teilnehmer: »Sie haben eine niedrigere Libido. Sie können nichts einstecken. Sind desorganisiert. Launisch. Negativ. Rachsüchtig. Und kommen immer zu spät.«

Männlicher Teilnehmer: »Sie reden zuviel — und über die dümmsten Sachen. Sie ändern ständig ihre Meinung. Sie wollen gar nicht das Sagen haben, selbst dann nicht, wenn man's ihnen anbietet. Sie sind eitel. Sie nörgeln. Sie schmollen.«

Männlicher Teilnehmer: »Sie wollen immer und ewig die Mutter spielen. Und das fängt bei der Mama, der Freundin an und gilt für alle.«

Männlicher Teilnehmer: »Zu emotional, respektlos, launenhaft, kapriziös. Sie neigen zu Überreaktionen. Sie haben diese typischen automatischen Reaktionen. Sie ändern zu schnell ihre Meinung. Manchmal sind sie zu sensibel — man muß sie behandeln wie ein rohes Ei, statt ganz normal mit ihnen umgehen zu können.«

Männlicher Teilnehmer: »Sie möchten, daß man ihre Gedanken liest.«

Männlicher Teilnehmer: »Sie (die Frauen) wollen alles. Sie sind von Natur aus Parasiten, und sie sind zu besitzergreifend, was die Kinder angeht.«

Männlicher Teilnehmer: »Sie setzen den Sex ein, um einen zu kontrollieren.«

Männlicher Teilnehmer: »Sie finden den perfekten Mann, und verbringen dann den Rest ihres Lebens damit, ihn zurechtbiegen zu wollen.«

Männlicher Teilnehmer: »Sie wollen die Blumen, sind aber nicht bereit, den Mist zu schaufeln. Sie können eine Axt nehmen und einen Alligator töten, wenn's sein muß, doch im Alltagsleben sind sie zimperlich.«

## Frauen über Männer

Teilnehmerin: »Sie haben immer das Gefühl, sie könnten alles besser. Obwohl ich weiß, worüber ich rede, hören sie mir nicht zu. Von mir erwarten sie immer, daß ich perfekt bin, und das, obwohl sie's nicht sind. Sie stellen Forderungen; sie messen mich nach ihren Maßstäben.«

Teilnehmerin: »Sie suchen immer nach einer Möglichkeit, mich ins Bett zu kriegen. Sie sind nicht wirklich zärtlich. Sehr egozentrisch.«

Teilnehmerin: »Ich finde, daß Männer mir immer die Verantwortung aufbürden wollen. Ich glaube, ich habe eine Tendenz, bei Männern Feindseligkeit hervorzurufen; ich muß ihnen schrecklich bedrohlich erscheinen, und ich glaube, sie nehmen sich vor mir in acht. Und weil sie sich vor mir in acht nehmen, sind sie mir gegenüber feindlich eingestellt.«

Teilnehmerin: »Nicht spontan. Schlampig. Unaufmerksam. Nicht gerade kreativ. Wertend. Berechnend. Sie betrachten vieles als selbstverständlich.«

Teilnehmerin: »Sie erwarten, daß ich *ihre* Bedürfnisse und Probleme an die erste Stelle setze. Sie denken immer, *ihr* Job sei wichtiger als meiner. Sie sagen mir oft, ich verstünde etwas nicht, kenne die Fakten nicht oder sei nicht mit der Realität der Situation vertraut. Und sie rechnen alles gegeneinander auf — häufig über Jahre.«

Teilnehmerin: »Sie sind wortkarg. Häufig bekommt man nur ein Grunzen als Antwort, wenn man mit ihnen reden will. Oft sind sie emotional verkrüppelt. Ihnen fehlt es an Intuition. Sie sind zu eingleisig. Wenn ein Kerl Auto fährt, ist's, als wolle er sagen: ›Mach das Radio aus und halt den Mund; ich muß nach links abbiegen.‹ Sie sind nicht in der Lage, mehr als eine Sache gleichzeitig zu tun.«

Teilnehmerin: »Es ist eigenartig, wie sie mal grob und unsensibel und mal lieb und einfühlsam sein können. Und obwohl sie sich mal eine Gefühlsäußerung gestatten und spontan sind, wollen sie nicht, daß eine Frau dasselbe tut.«

Teilnehmerin: »Gewöhnlich nehme ich mich der wirklich heiklen Probleme an. Er kümmert sich um die Finanzen. Doch wenn's ein menschliches Problem gibt, bin ich diejenige, die sich damit herumschlagen muß.«

Teilnehmerin: »Keine Intuition. Kein Mitgefühl. Kaufen nicht gern ein.«

Teilnehmerin: »Wollen nicht über ihre Gefühle reden.«

Teilnehmerin: »Er erwartet von mir, daß ich im Kopf behalte, wo er seine Sachen hintut und wohin er sie gelegt hat.«

Teilnehmerin: »Ich hätte es gern, wenn Männer Pflichten im Haushalt übernehmen würden, richtige Partner wären, statt einem das Gefühl zu geben, man sei bei ihnen angestellt.«

Aus dieser Liste ersieht man leicht, wie die zusammengefaßten Antworten organisiert sind: Die Männer stehen buchstäblich auf der einen, die Frauen auf der anderen Seite — in Gefechtsformation — mit gegensätzlichen »Sie sollten« als Munition!

## Die »Zurechtbiege«-Liste

| **Männer »biegen« Frauen** | **Frauen »biegen« Männer** |
|---|---|
| *Frauen »sollten«* | *Männer »sollten«* |
| Weniger reden | mehr reden |
| weniger emotional sein | emotionaler sein |
| sinnlicher sein | weniger lüstern sein |
| weniger »romantisch« sein | »romantischer« sein |
| mehr Sex wollen | weniger Sex wollen |
| sich weniger um die Probleme anderer kümmern | sich mehr um andere kümmern |
| weniger lachen | heiterer sein; albern sein |
| rationaler sein | spontaner sein |
| ernsthafter sein | mehr Spaß haben |
| den Job/die Karriere an erste Stelle setzen | die Familie an die erste Stelle setzen |
| mehr zu Hause bleiben | öfter ausgehen |
| weniger häufig die Meinung ändern | flexibler sein |
| weniger Wert auf Kleider legen | mehr Wert auf das legen, was sie anziehen |
| weniger Zeit darauf verwenden, sich fertigzumachen | der Körperpflege mehr Aufmerksamkeit widmen |
| weniger sensibel sein | mehr Mitgefühl zeigen |
| pünktlich sein | flexibler sein, was die Zeit angeht |

Jedes Geschlecht glaubt, daß das, was es da sagt, *wahr* ist, und daß es sich hier um »Tatsachen« handelt — nicht um Meinungen, Anschauungen und Vermutungen. Was diese »Fakten« angeht, stimmen Männer und Frauen überein. Beispielsweise beschweren sich Männer in meinen Workshops wiederholt über Frauen, die das »Ich bin ja so sensibel«-Spielchen spielen.

»*Tut* sie nur so, als sei sie sensibler, oder ist sie *tatsächlich* sensibler?« *Tatsache* ist, Frauen sind in einer ganzen Reihe von Punkten sensibler und einfühlsamer als Männer. (Kapitel 5: »Wie die biologischen Unterschiede sich auf das Verhalten auswirken«, setzt sich mit den Einzelheiten unserer Verschiedenartigkeit auseinander.) Was wie eine Freiheit wirkt, die eine Frau sich herausnimmt, kann in Wirklichkeit eine Limitierung sein, die durch ihren Körperbau bedingt ist, genauso wie es bei Männern ein paar körperliche Eigenheiten gibt, die Frauen lästig, abstoßend oder unverschämt finden:

> »Warum hast du dich heute abend nicht rasiert?«
>
> »Nun, wenn du dich jeden Tag rasieren müßtest, würdest du wissen, warum ich's manchmal nicht tue.«

Auf der Männer-Liste werden die Frauen beschuldigt, übersensibel zu sein. Auf der Frauen-Liste wird behauptet, die Männer seien nicht einfühlsam. Jeder der Punkte auf der Liste der Männer findet sich auf der der Frauen wieder — allerdings umgedreht. Frauen sagen: »Wenn du nur mehr wie ich wärst, wärst du in Ordnung.« Und die Männer sagen: »Wenn du nur mehr wie ich wärst, kämen wir miteinander zurecht.« Die Verhaltensweisen, die einer am anderen zu ändern versucht, beruhen auf der Annahme, daß das jeweils andere Geschlecht sich »falsch« verhält. Dabei gehen sowohl Männer wie Frauen davon aus, daß wir alle auf »derselben« Seite stehen und »dieselbe« Realität sehen.

Eine Frau, die an einem meiner Workshops teilnahm, gab dafür ein perfektes Beispiel. Sie sprach davon, wie sie das Autofahren mit ihrem »Idioten« von Ehemann empfindet. (Zu Beginn der Beziehung war natürlich alles wundervoll, und er war ein »Traum-Mann!«):

> »Man sollte annehmen, daß dieser Idiot nach neun Jahren weiß, daß ich gern die Schuhe ausziehe, die Kleidung lockere, mich entspanne und die Fahrt genieße, wenn wir zusammen Auto fahren. Sobald wir parken, muß ich meine Schuhe anziehen, meine Kleidung ordnen und aussteigen. Nach neun Jahren sollte er sich darauf eingestellt haben. Statt dessen regt er sich immer noch jedesmal auf, wenn wir irgendwo ankommen. Denn er will sofort reingehen, aber ich sitze immer noch da und mache mich fertig. Man sollte annehmen, daß dieser Kerl das irgendwann kapiert!«

Wenn wir diese Situation einmal aus seiner Sicht betrachten, wird uns klar, daß er annimmt, nach neun Jahren, die sie schon mit ihm fährt, müsse sie wissen, daß er erwartet, daß sie aus dem Auto steigt, sobald er einparkt. Das ist ihm wichtig. Warum dasitzen und Zeit vergeuden? Dennoch sitzt sie da und zieht die Schuhe an. Er geht davon aus, daß es zwölf Sekunden dauert, die Schuhe anzuziehen, 23 Sekunden, die Strümpfe geradezuziehen, 19 Sekunden ... Okay, es sieht so aus, als brauche sie dreieinhalb Minuten, sich wieder ordentlich herzurichten. Seiner Meinung nach sollte sie also dreieinhalb Minuten, bevor sie das Ziel erreichen, damit beginnen. Dann wäre sie in dem Moment fertig, in dem er parkt. Ihm erscheint das vernünftig! Er kann deshalb nur annehmen, daß seine Mitfahrerin eine Idiotin ist — daran gibt es (für ihn) keinen Zweifel! Und beide warten darauf, daß sich der andere ändert.

## Gleich kontra gleichberechtigt

Männer und Frauen bringen die Begriffe »gleich*berechtigt*« und »gleich« ständig durcheinander. Frauen nehmen an, wenn ein Mann sie als gleichberechtigt behandelt, dann müsse das bedeuten, er behandele sie, wie eine andere Frau sie behandeln würde. Wenn Männer Frauen als Gleichberechtigte behandeln, sind die Frauen gekränkt, weil sie nicht so behandelt werden wollen, wie ein Mann einen anderen Mann behandeln würde. »Du willst, daß ich dich als gleichberechtigt ansehe? Dann mußt du auch bereit sein, einmal etwas einzustecken.« Seine männlichen Kumpel stehen immer in irgendeiner Form im Wettstreit miteinander. Nahezu alles wird zum Spaß getestet.

Männer sagen: »Wir wollen uns in irgendwas messen. Mir ist's egal, in was.«

Frauen sagen: »Nun, das finde ich nicht spaßig.«

Der Mann sagt: »Aber das ist's, was ich mache, wenn ich Spaß haben will. Ich dachte, du wolltest gleichberechtigt sein.«

Auf diesem Gebiet befinden sich beide Geschlechter in einem Zustand der Verwirrung, weil es so aussieht, als lögen wir einander an, wenn wir *das eine sagen* und *etwas anderes meinen.* Das mag erklären, wie und warum Männer auf dem Arbeitsmarkt verwirrt reagieren, wenn Frauen sagen: »Ich möchte behandelt werden wie ein Gleichberechtigter.«

Männer würden es andererseits nicht gern sehen, wie Frauen behandelt zu werden. Einer der männlichen Workshop-Teilnehmer stellte es so dar: »Wir laufen schließlich nicht rum und bitten darum, als Gleichberechtigte — wie Frauen — behandelt zu werden!«

Meine Beobachtungen haben ergeben, daß Männer in gewisser Beziehung tatsächlich die gleiche Art von Sympathie und Sensibilität suchen wie Frauen. Männer möchten gern mit Frauen dieselben Dinge tun, die sie mit ihren Freunden tun. Auch Männer möchten sich entspannen, heiter sein und Spaß haben. Doch die männliche Definition von heiter sein, sich entspannen und Spaß haben ist ganz anders als die weibliche. Die Worte mögen die gleichen sein, doch ihre Bedeutung ist ganz verschieden. Männer sagen, sie wollten in einer »sinnlichen« Beziehung etwas Sympathie. (Frauen meinen Romantik, Männer Sex.) Das ist eine völlig andere Motivation, die sich angesichts total unterschiedlicher Erfahrungen niederschlägt. Möglicherweise könnten Männer und Frauen besser miteinander kommunizieren, wenn wir verschiedene Sprachen sprächen. Dann würden wir einander wenigstens öfter fragen: »Was willst du damit sagen?« Unglücklicherweise jedoch nehmen beide Geschlechter fälschlicherweise an, sie wüßten, worüber das jeweils andere redet. Lassen Sie uns beginnen, endlich damit anzufangen zu lernen, wie man den ewigen Mißverständnissen ein Ende bereitet, und uns anschauen, warum diese Unterschiede eine Rolle spielen.

## Zusammenfassung

- Männer und Frauen betrachten Geschlechtsunterschiede als negativ, statt sie einfach als Unterschiede anzusehen.
- Jedes Geschlecht hält seine negative Einstellung zum anderen für gerechtfertigt.
- Jeder Punkt aus der »Zurechtbiege«-Liste der Männer für Frauen findet seine exakt gegensätzliche Entsprechung auf der Frauen-Liste für Männer.

- Männer und Frauen bringen die Begriffe »gleichberechtigt« und »gleich« durcheinander.

- Es sieht so aus, als lögen wir einander an, wenn wir das eine sagen und etwas anderes meinen.

- Männer suchen Sympathie und Sensibilität.

- Beide Geschlechter nehmen fälschlicherweise an, daß wir die gleiche Sprache sprechen, doch die Erfahrungen, die sich hinter den Wörtern verbergen, sind verschieden.

## Kapitel 3

# Warum die Unterschiede zählen

Männer und Frauen sind biologisch sehr verschieden, und diese Unterschiede beschränken sich nicht auf unsere Fortpflanzungsorgane. Wenn wir mal die Kleiderordnung, die Länge des Haares, den Schmuck, die Gesichtsbehaarung, die äußere Erscheinung und die gesellschaftlichen und kulturellen Erfordernisse außer acht ließen, wären wir doch immer noch in der Lage, zwischen einem Mann und einer Frau zu unterscheiden. Eine umfassendere Auflistung der Unterschiede finden Sie in Kapitel 5; an dieser Stelle wollen wir uns erst einmal kurz mit den Konsequenzen auseinandersetzen.

Bei der Feststellung der biologischen Unterschiede kam eine Untersuchung, von der ich gehört habe, zu dem Schluß, daß der Menschen-Mann mehr mit einigen anderen Spezies gemein hat — besonders mit den Affenmännchen — als mit der Menschen-Frau. Ob diese Studie nun fiktiv ist oder nicht — dieser Vergleich dürfte den meisten Frauen nicht neu sein.

Viele Menschen arbeiten daran, die Gleichberechtigung zwischen Männern und Frauen zu etablieren und zu erhalten. Diese Gleichberechtigung wird uns durch das wachsende Bewußtsein unserer individuellen Bedürfnisse, durch das Gefühl für unsere Verschiedenartigkeit und die Sensibilität für unsere individuellen Rechte bewußt werden und als gerechtfertigt erscheinen. Mittlerweile jedoch übersehen wir in unserem Bemühen, unangebrachte Diskriminierung auszumerzen, manchmal die Auswirkungen erzwungener Gleichberechtigung, bei der es *wirkliche* — keine chauvinistischen oder rassistischen — *unveränderliche* Unterschiede gibt. Ich habe dieses Buch geschrieben, um sowohl männliche wie weibliche Verhaltensweisen zu beleuchten, zu erklären, wie sie *wirken*, und nicht um zu richten, ob diese Verhaltensweisen angebracht sind. Wenn wir die Unterschiede, die zwischen uns bestehen, demystifizieren und akzeptieren, können wir die Probleme hinter uns lassen und uns der offenen Kommunikation zuwenden.

## Es gibt eine Menge Sündenböcke

»Einstellungen« und »Gefühle« können als praktische Sündenböcke dienen, um ein Verhalten zu erklären, das sonst nicht erklärbar wäre. *Die physisch vorausbestimmten Unterschiede zwischen männlichem und weiblichem Verhalten sind noch nicht im richtigen Kontext identifiziert worden, und ich behaupte, daß darin die Lösung der meisten Beziehungs-»Probleme« läge.*

Unterschiede in unserer Muskel- und Skelettstruktur, Unterschiede von Gehirngröße und Gehirnchemie, Unterschiede in der Größe und Plazierung unserer inneren Organe, Hormone und Endorphine, deren unterschiedliche Menge man nicht im voraus einschätzen kann, Unterschiede bei den Stoffwechselvorgängen, bei der Atemgeschwindigkeit, der Sehkraft, der Hautempfindlichkeit, der Drüsen und aller weiteren biologischen Funktionen setzen sich eben auch in eine unterschiedliche Wahrnehmung von Situationen und in unterschiedliche Lösungsansätze um.

Sich von klischeehaften Gleichsetzungen frei zu machen

ist ein wichtiges Ziel; und gewiß ist es suppressiv und manipulativ, einen Menschen zu entmutigen oder auf andere Art zu verhindern, daß er (sie) sich an eine Aufgabe herantraut (indem man andeutet, daß er oder sie dazu nicht fähig ist), wenn dieser Mensch durchaus in der Lage ist, das gewünschte Resultat zu erzielen. Auch wenn das oft übersehen wird, ist es doch gleichermaßen bedeutsam, einem Menschen etwas abzuverlangen, was eigentlich *nicht* seinem natürlichen Leistungsvermögen entspricht. Wenn ich beispielsweise musikalisch bin und daran gehindert werde, dieses Talent auszuleben, werde ich mich unterdrückt und frustriert fühlen. Wenn auf der anderen Seite alle in meiner Familie musikalisch sind, ich aber nicht fähig bin, Töne verschiedener Höhe zu unterscheiden, oder wenn ich kein Rhythmusgefühl habe, könnte ich gehänselt werden. Oder sogar dadurch bestraft werden, daß ich noch härter üben muß. Aber egal, wie hart ich an mir arbeite, werde ich doch nie fähig sein, es mit den anderen aufzunehmen oder auf dem Niveau meiner Familie zu musizieren, und mich ihr deshalb vermutlich »unterlegen« fühlen. Nichtsdestotrotz habe ich immer noch viele Möglichkeiten. Trotz meiner »Limitierung« könnte ich von meiner Familie liebevoll akzeptiert werden; ich könnte mich einigen Musikanten anschließen, die in etwa mein »Talent« haben; oder ich könnte die Familie managen und ihre Tourneen vorbereiten.

Wir sind alle damit vertraut, daß ältere Kinder es sich häufig zunutze machen, daß die physischen und intellektuellen Fähigkeiten kleinerer Kinder noch nicht voll entwickelt sind. Einige halten auch als Erwachsene dieses kindische Verhalten aufrecht, indem sie einander wie Kinder behandeln, die noch nicht richtig entwickelt sind. In unser aller Leben gibt es Bereiche, die noch weiterwachsen und sich weiterentwickeln müssen, aber als Erwachsene müssen wir uns der Realität stellen. Und deshalb müssen wir Sympathie für uns selbst und für andere aufbringen, um nach der »Gabe« zu suchen, die sich hinter einem Verhalten verbergen mag, das — von uns oder von anderen — als Limitierung angesehen wird.

Neben den ganz offensichtlichen gibt es Tausende von physischen Unterschieden zwischen Männern und Frauen. Diese Unterschiede veranlassen Männer und Frauen, unterschiedliche Standpunkte einzunehmen und auf ganz verschiedene Art an Situationen heranzugehen. Welches diese Unterschiede sind, ist viel leichter zu diskutieren als *die Bedeutung* dieser Unterschiede. Doch es ist erhellend, zu verstehen, daß Geschlechtsmodi und Geschlechtskodizes sich auf unsere Einstellung, unsere Gefühle, Entscheidungen und Lösungsansätze auswirken.

## Auch Kinder sind nicht geschlechtslos

Es geschieht leider allzu häufig, daß Eltern über die Auswirkungen hinweggehen, die das Geschlecht auf das Verhalten ihrer Kinder hat.

Viele Mütter hoffen, ihre kleinen Söhne davon abhalten zu können, Klischee-»Männer« zu werden, und haben manchmal Schwierigkeiten, eine gemeinsame Basis mit ihren Söhnen zu finden. Es ist faszinierend und häufig auch verwirrend, zu erkennen, daß Jungen wenig oder kein Interesse an der Puppensammlung ihrer Mütter (oder an anderen Relikten aus deren Kindheit) haben, die sie liebevoll ins Erwachsenenleben hinübergerettet haben. Jungen sind vielmehr an so komischen Spielen wie Rülpswettkämpfen interessiert (oder an Wettkämpfen, die irgendeinen anderen Körperteil einbeziehen, mit dem man komische oder abscheuliche Geräusche machen kann). Mütter entdecken bald, daß ihre Söhne sich gern Spiele anschauen, die damit enden, daß Menschen bluten oder sich die Knochen brechen.

Physische und emotionale Grenzen zu erkennen ist sehr wichtig für die Entwicklung des Mannes. Für Brüder und Freunde ist es typisch, einen Bund durch körperlichen Schmerz zu bilden. (Mädchen knüpfen diese Verbindung durch seelischen Schmerz.) Jungen lieben es, einander zu verletzen. Sie ersinnen außerdem ständig Situationen, die es ihnen abverlangen, von Betten, Anrichten, Tischen oder Treppengeländern aufeinanderzuspringen. Während sie sich mit diesen manchmal lästigen Aktivitäten »vergnügen«, testen sie in Wirklichkeit die Dehnfestigkeit ihrer Arme, Beine und Rippen. Kleinere Schnittwunden, Blutergüsse und Nasenbluten sind häufig das Resultat, denn Jungen testen ihre Schmerzgrenze durch fast jeden Ausdauerwettkampf, den man sich nur vorstellen kann. Eß-, Atem-, Hebe- und Schluckwettkämpfe sind ziemlich normal.

Ein weiterer Bereich, in dem Unterschiede auftreten, ist die Körperpflege bei kleinen Jungen. Fragen Sie Mütter nur einmal, wie sie sich unter der Dusche benehmen. Einfach unter dem Wasserstrahl zu stehen wird von vielen als ausreichende Konzession angesehen, und sehr clevere Jungen lernen es, die Seife so am Körper entlangzubewegen, daß sie keinen Verdacht erregen (wir werden später auf den männlichen Geruchssinn zu sprechen kommen!). Als Junge konnte ich einen ganzen Nachmittag mit meinem besten Freund damit verbringen, mit zusammengeknüllten, stinkenden Socken auf einen Papierkorb zu zielen! Eine Mutter mag vielleicht herausfinden, daß ihr Sohn seine Zahnbürste schon vor sechs Monaten verloren hat und sich nicht einmal die Mühe machte, es ihr zu sagen. (Schließlich würde sie einem nur eine neue besorgt haben, wenn man es ihr gesagt hätte.) Kleine Jungen dazu zu kriegen, Socken und Unterhosen zu wechseln, ist ein Problem, und Jungen sehen niemals wirklich ein, warum man ein Taschentuch benutzen sollte. Wären keine Frauen um sie herum, würden Jungen keine Taschentücher benutzen; sie würden die Manschetten ihrer Hemden oder Tischtücher nehmen oder den Schnodder einfach auf den Boden schnauben.

Genauso wie Mütter bei ihren Söhnen auf solches Verhalten vorbereitet sein sollten, sollten Väter toleranter sein, was ihre Töchter angeht. Auch einige Mädchen haben Spaß an rauhen Spielen, bei denen man hinfällt, und Daddy sollte darauf achten, seinen »kleinen Engel« nicht zu sehr beschützen zu wollen. Außerdem muß er aufpassen, das Verhalten seiner Tochter nicht nach »Jungen-Regeln« zu bewerten — beispielsweise sollte er ihr nicht beibringen wollen, ihren emotionalen Bedürfnissen keine Beachtung zu schenken. Ferner sollte er ihr nicht sagen, sie solle nicht soviel lachen, und er sollte sie nicht auffordern, ernster zu sein, weil er ihre Freude als mangelnde Aufmerksamkeit und mangelnde Konzentration deutet. Die Verwirrung eines Vaters, was Frauen im allgemeinen angeht, läßt sich häufig an seinem Verhalten gegenüber seiner Tochter ablesen; wenn er sie ohne Rücksicht auf ihr Geschlecht behandelt, wird er dazu tendieren, sie zu seinem Kumpel zu machen, zu jemandem, dem er beibringen kann, zu sein wie er. Viele Väter lehren ihre Töchter, wie man einen Mann zufriedenstellt, ohne sich bewußtzumachen, daß sie ihnen damit beibringen, einige ihrer eigenen Bedürfnisse zu ignorieren.

## Wurden Sie von einem Mann oder von einer Frau erzogen?

Gewöhnlich kommt nach meinen Kursen wenigstens ein Teilnehmer zu mir und sagt: »Alles das, was Sie über das andere Geschlecht gesagt haben, scheint auf mich zuzutreffen. Warum haben Sie mich geschildert, als gehörte ich dem anderen Geschlecht an?«

Was männlich-weibliche Modi und Kodizes noch weiter

kompliziert, ist die Tatsache, daß unsere Früherziehung einen starken Einfluß darauf hat, wie wir uns als Erwachsene verhalten. Jeder einzelne Mensch ist nicht nur ein Mann oder eine Frau mit einem variierenden Anteil männlicher wie auch weiblicher Energie, sondern wir sind auch von Männern oder Frauen erzogen (trainiert) worden — abhängig von dem Milieu, in das wir hineingeboren wurden. Die meisten Menschen sind von den Zwängen, die uns unsere sich verändernde Biologie, die kulturellen Rollenbilder und die Erwartungen der Familie auferlegen, außerordentlich verwirrt. Daher kommt es, daß wir etwa im Alter von fünf Jahren beginnen, uns auf einer Basis von gemischten Signalen durchs Leben zu schlängeln. Wir waren gezwungen, sie umzusetzen, um zu überleben. In den meisten Fällen gelingt es uns nicht wirklich, neue Signale zu erlernen, während wir heranreifen. Kein Wunder, daß wir verwirrt sind!

In meinen Workshops und bei privaten Sitzungen habe ich festgestellt, daß Jungen, die überwiegend von Frauen lernen (von Frauen erzogene Männer), ihr Verhalten so ausrichten, daß die Frauen daran Gefallen finden. Dabei unterdrücken sie jedoch gewöhnlich einen Teil des ganz *normalen männlichen* Verhaltens, über das Frauen die Nase rümpfen. Deshalb werden diese Jungen zu Männern, die dazu tendieren zu wissen, wie man *eine Frau* zufriedenstellt, die jedoch nicht in der Lage zu sein scheinen, herauszufinden, was *sie selbst* zufriedenstellt. Außerdem haben diese Männer Schwierigkeiten, sich anderen Männern mitzuteilen, und gewöhnlich mangelt es ihnen an engen Freunden.

Frauen, die in einer Umgebung aufwachsen, in der der Vater dominiert, oder die einige Brüder haben (von Männern erzogene Frauen), passen sich ebenfalls den Umständen an. Solche Mädchen lernen, »einer von den Jungs« zu sein. Sie lernen es, ihr Kichern zu unterdrücken, nicht zu weinen oder »nicht zuviel« zu reden, und sie lernen es, auf andere Mädchen herabzuschauen, die sich benehmen, »wie Mädchen sich nun mal benehmen«. Die Konsequenz ist, daß sie mit dem Wissen aufwachsen, wie man mit Männern konkurriert oder ihr Gefallen findet. Allerdings haben sie Schwierigkeiten, sich selbst Zufriedenheit zu verschaffen. Sie neigen dazu, sich der Anerkennung ihres eigenen Selbstwerts bei Männern zu versichern, und brauchen gewöhnlich ein enormes Maß an männlicher Aufmerksamkeit — sowohl quantitativ wie auch qualitativ. Diese Frauen haben deshalb nur wenige oder zumindest kaum enge Freundinnen.

Als Kinder der Indoktrination sind wir uns der »Programmierung«, die wir erfahren, gewöhnlich nicht bewußt und glauben möglicherweise wirklich, daß wir neue Verhaltensweisen brauchen. Männer sagen mir manchmal, sie könnten das »Macho«-Gequatsche während der Workshops nicht ertragen. Ich fand dann heraus, daß Männer, die einen solchen Kommentar abgeben, sich (bis zu einem gewissen Grade) sorgen, eine Frau könne ein solches Gespräch zufällig hören und schlecht von ihnen denken. Zugegeben — dieses Macho-Gerede ist teilweise wirklich beleidigend und kränkend, aber manchmal ist es das auch nicht. Will man unnötige Konflikte vermeiden, ist es wichtig, die *gesunden* von den beleidigenden Äußerungen unterscheiden zu können.

## Zusammenfassung

- Männer und Frauen unterscheiden sich biologisch sehr stark, und diese Unterschiede beschränken sich nicht auf unsere sexuelle Identität.

- Gleichberechtigung wird durch ein wachsendes Bewußtsein unserer individuellen Bedürfnisse, die Sympathie für unsere Unterschiede und die Sensibilität für unsere individuellen Rechte etabliert.

- Physisch vorausbestimmte Unterschiede zwischen männlichem und weiblichem Verhalten sind bislang nicht in einem geeigneten Kontext bestimmt worden und könnten möglicherweise die Lösung der meisten Beziehungs-»Probleme« sein.
- Biologische Funktionen setzen sich in unterschiedliche Wahrnehmungen und dadurch in unterschiedliche Lösungen um.
- Um nach der »Gabe« suchen zu können, die sich möglicherweise hinter einer angenommenen Limitierung verbirgt, brauchen wir Sympathie für uns und andere.
- Geschlechtsmodi und -kodizes wirken sich auf unsere Einstellungen, Gefühle, Entscheidungen und Lösungsansätze aus.
- Auch Kinder sind nicht geschlechtslos.
- Für die Entwicklung des Mannes ist es sehr wichtig, die eigenen physischen und emotionalen Grenzen zu kennen.
- Von Männern erzogene Frauen oder von Frauen erzogene Männer haben es gelernt, ihr Verhalten dem dominanten Rollenmodell anzupassen.
- Die Fähigkeit, gesunde von beleidigenden Äußerungen zu unterscheiden, ist wichtig, wenn man unnötige Konflikte vermeiden will.

**Kapitel 4**

# Sie und er: Der Körper-Überblick

Die Unkenntnis oder auch nur die mangelhafte Kenntnis der biologischen Unterschiede zwischen Männern und Frauen kann sehr gefährlich sein. Ein Beispiel ist die kürzlich veröffentlichte Studie über ein neuentdecktes Hormon (DHEAS), das bei Männern das Risiko einer Herzkrankheit vermindert und ihnen ein langes Leben sichert. Bei Frauen hatte die Verabreichung dieses Hormons offensichtlich eine gegensätzliche Wirkung. Bei ihnen steigerte es das Risiko einer Herzerkrankung eher noch, statt es zu reduzieren.

Wenn die Genforschung weitere Fortschritte macht, werden wir alle von der Überfülle an Wissen profitieren, die sie uns vermitteln wird. Seit 1959 sind über 3300 Erbkrankheiten — sie reichen von Farbenblindheit bis Diabetes — als solche erkannt worden. Der Arzt Victor A. McKusick, Autor des Buches *The Mendelian Inheritance in Man*, das viele für die Bibel der Genforscher halten, stellt fest, daß diese 3300 Krankheiten möglicherweise nur 15 Prozent der genetisch übertragenen Konditionen ausmachen. Dennoch sind wir fast alle schnell dabei, wenn es gilt, einander Verhaltensweisen vorzuwerfen, die in Wirklichkeit vielleicht geschlechtsspezifisch sind und über die wir wenig oder gar keine Kontrolle haben.

## Die (de-)maskierten Medizin-Männer

Das Feld der Medizin und der medizinischen Forschung wurde in erster Linie von Männern »beackert«. Weil Männer diesen Beruf dominierten, wurde die *männliche* bis vor kurzem als die *menschliche* Biologie deklariert. Frauenkörper wurden mit dem verglichen, was in der Medizin bis dahin als anerkannter Standard galt: dem Männerkörper. Besondere Frauenschmerzen und -leiden wie P.M.S.(G) das prämenstruelle Syndrom, die Menopause und ähnliche scheinen nicht dieselbe Aufmerksamkeit und kein so ausführliches Studium zu rechtfertigen wie Männerkörper und Männersymptome. Glücklicherweise ändert sich diese Einstellung allmählich. Trotzdem empfinden es viele Frauen immer noch als unangenehm, über Symptome zu sprechen, die von Männern (oder von von Männern erzogenen Frauen) als Zeichen der Schwäche interpretiert oder mit dem Vorwurf »typisch Frau« abgetan werden könnten.

In dem Maße, in dem das Bewußtsein für die weiblichen Bedürfnisse im allgemeinen wächst, wird wohl auch der weiblichen Biologie mehr Beachtung geschenkt werden. Je mehr Frauen die höheren Ebenen der medizinischen, psychiatrischen und psychologischen Berufe erklimmen, desto glaubwürdiger wird der Status der weiblichen Konditionierungen, die früher als »Frauen«-Probleme (oder noch schlimmer — als »Frauen«-Leiden) abgetan wurden, in der Medizinforschung, bei der Diagnostik und bei der Behandlung werden.

Ein weiteres Beispiel für die männliche Orientierung der Medizin ließ sich noch 1973 in *Taber's Encyclopedic Medical Dictionary* finden. Das Wörterbuch definierte »Clitoris« als »homolog« (in der wesentlichen Struktur und im Ursprung, jedoch nicht in der Funktion ähnlich) dem männlichen Penis. Bei der Definition des »Penis« wird die Klitoris nicht erwähnt, nicht einmal die Erklärung, daß der Penis homolog zur Klitoris ist. Das Wörterbuch druckte eine Illustration des Penis, doch weder von der Klitoris noch von der Vagina gab es eine. Wer auch immer die Definition des Penis geschrieben hat, erklärte dem Leser außerdem, daß die Penisgröße sich weder auf die sexuelle Befriedigung des Mannes noch auf die der Frau auswirke — eine überraschende Information wurde da in eine Definition verpackt. Wollen Sie raten, ob ein Mann oder eine Frau diese Definition geschrieben hat? Als ich eine Reihe erst kürzlich erschienener medizinischer Wörterbücher überprüfte, stellte ich fest, daß sich an diesen Definitionen nichts geändert hat, wenn man einmal davon absieht, daß der Bezug auf die Größe fehlt.

Nach einem 1984 in den *Annals of Internal Medicine* erschienenen Bericht wird Männern, deren Symptome auf eine Herzerkrankung hinweisen, zehnmal öfter empfohlen, sich einer Bypass-Operation zu unterziehen, als Frauen mit ähnlichen Symptomen. Diese Untersuchung bezog 390 Patienten ein, die zwischen Juli 1982 und Juni 1983 in New York behandelt worden waren. Sie kam zu dem Schluß, daß Männern auch dann noch fast siebenmal öfter zur Operation geraten wurde, wenn die Unterschiede im Alter und die Ernsthaftigkeit der Erkrankung gegeneinander aufgerechnet wurden. Die Untersuchung enthüllte auch, daß die weiblichen Symptome (wie Brustschmerzen und Atemnot) von den behandelnden Ärzten zweimal häufiger als etwas anderes als ein Herzleiden abgetan wurden.

Auch in den Begründungen, die die Ärzte gaben, wenn sie den Patienten weitere Tests empfahlen, fanden die Rechercheure einen bemerkenswerten Unterschied. Bei Männern unternahmen die Mediziner in den meisten Fällen den Versuch, auf die Schwere der Krankheit hinzuweisen. Bei Frauen versuchten sie gewöhnlich nur, das Vorhandensein einer Erkrankung zu bestätigen.

Keiner der Unterschiede bei der empfohlenen Behandlung bezog sich auf die *geschlechtsspezifische* Häufigkeit des Auftretens einer Herzkrankheit. Die Erkenntnisse der Untersuchung zeigen statt dessen, daß sich hinter wissenschaftlichen Fakten häufig *gesellschaftliche* Vorstellungen verbergen. Unglücklicherweise ist der Sexismus in der Medizin fast ebenso verbreitet wie überall sonst.

## Die genetische Stärke des »schwachen Geschlechts«

Sieht man den Mann als anerkannten »Standard« an, erscheinen Frauen im Vergleich als das »schwache Geschlecht«. Das mag unter gewissen Aspekten richtig sein, doch sobald man einen *Total*vergleich anstellt, sprechen die physischen und emotionalen Vorteile für die Frauen. Bedenken Sie: Spermien, die das männliche Sexchromosom befördern, bewegen sich schneller und haben ein größeres »Durchhaltevermögen«, was sich dadurch zeigt, daß gegenüber nur 100 Mädchen 120 bis 140 Jungen gezeugt werden.

Ist eine Frau mit einem Jungen schwanger, steigt der Testosteronspiegel in ihrem Organismus. Da der gestiegene Testosteronspiegel dazu führen könnte, daß die werdende Mutter sekundäre männliche Charakteristika (wie störrischeres, dunkleres Haar und eine Verkleinerung der Brüste) entwickelt, ist die Auskleidung der Gebärmutter bei einem männlichen Embryo dicker als bei einem weiblichen, um sie vor diesen Folgen zu schützen. Der männliche Embryo mitsamt den ihn begleitenden männlichen Hormonen bildet für die werdende Mutter einen leichten Antikörper. (Welchen Effekt diese frühe Entfremdung von der Mutter auf die emotionale Absonderung haben dürfte, die Männer später vollziehen, wenn es um Frauen geht, ist sicher nur *eine* von einer Reihe verschiedener Fragen, die sich da aufdrängen.)

Während einer Schwangerschaft kommt es bei männlichen Embryonen/Föten häufiger zu spontanen Fehlgeburten als bei weiblichen — 106 männliche stehen jeweils hundert weiblichen gegenüber. Mehr männliche als weibliche Babys werden tot geboren, und 30 Prozent mehr Jungen als Mädchen sterben innerhalb der ersten drei Lebensmonate. Außerdem treten 70 Prozent aller Geburtsfehler bei Jungen auf.

Testosteron wirkt allgemein als Depressor des Immunsystems, was bedeutet, daß ein männliches Kind ungleich anfälliger ist als ein weibliches. Das gilt für Leukämie, Krebs des Lymphsystems, Erkrankungen der Atemwege, Hepatitis und für Krankheiten, die den Magen und Darm betreffen. Das weibliche hat aufgrund des Sexchromosoms ein größeres genetisches Anpassungsvermögen, weil das Y-Chromosom im Grunde ein »leeres« Chromosom ist. Das bedeutet, daß der Junge es haben wird, falls sich im genetischen Material des X-Chromosoms ein rezessives Charakteristikum findet — das Mädchen jedoch möglicherweise nicht.

Das Resultat des Hormonpegels im männlichen Fötus ist, daß männliche Babys weniger robust sind als weibliche, wenn sie geboren werden, und auch weniger auf die Welt *außerhalb* des Mutterleibs vorbereitet sind. Obwohl Jungen bei der Geburt etwa fünf Prozent schwerer sind als Mädchen, liegen die männlichen Babys in ihrer körperlichen Reife etwa vier bis sechs Wochen hinter den weiblichen zurück. Die Fontanelle (der weiche Punkt oben auf dem Kopf, der später das Schädeldach bildet, das das Gehirn schützt) schließt sich bei Jungen später. Verknöcherung und Zahnreife wird bei Mädchen ebenfalls früher erreicht. Mädchen sitzen, krabbeln, laufen und sprechen früher. Demnach sind Jungen, verglichen mit Mädchen, »Frühgeburten«. Jungen beginnen erst in der Pubertät, körperlich mit den Mädchen gleichzuziehen, wobei die Pubertät bei Jungen später einsetzt als bei Mädchen. Ist die Pubertät erreicht, ist die Zahl der überlebenden Jungen und Mädchen gleich groß.

Vielleicht erübrigt sich die Frage, wer »besser« oder »schwächer« ist, wenn wir als Spezies reifen. Sympathie und Anerkennung ersetzen dann möglicherweise derlei Wertungen, wenn wir unsere natürlichen Unterschiede erst einmal erkannt haben.

## Zusammenfassung

- Unkenntnis oder mangelndes Bewußtsein der biologischen Unterschiede zwischen Männern und Frauen können sehr gefährlich sein.
- Bis vor kurzem wurde *männliche* mit *menschlicher* Biologie gleichgesetzt.
- So wie das Bewußtsein für die weiblichen Bedürfnisse wächst, wird auch der weiblichen Biologie mehr Beachtung geschenkt werden.
- Männern, bei denen Symptome für eine Herzerkrankung festgestellt werden, wird mit größerer Wahrscheinlichkeit eine Bypass-Operation empfohlen als Frauen mit ähnlichen Beschwerden.
- Gesellschaftliche Perspektiven maskieren häufig wissenschaftliche Fakten.
- Wenn man einen Totalvergleich anstellt, scheinen die physischen und emotionalen Vorteile bei den Frauen zu liegen.
- Gegenüber jeweils nur 100 Mädchen werden zwischen 120 und 140 Jungen gezeugt.
- Ein männlicher Embryo und die ihn begleitenden männlichen Hormone werden für die werdende Mutter zu einem leichten Antikörper.

- Männliche Babys liegen in der körperlichen Entwicklung vier bis sechs Wochen hinter weiblichen zurück.
- Mädchen sitzen, krabbeln, laufen und sprechen früher als Jungen.
- Verknöcherung und Zahnreife treten bei Mädchen früher auf.
- Ein männliches Kind ist ungleich anfälliger für Leukämie, Krebs des Lymphsystems, Erkrankungen der Atemwege, Hepatitis und für Krankheiten des Magens und Darms.
- Jungen beginnen erst dann (körperlich) mit Mädchen gleichzuziehen, wenn sie die Pubertät erreichen.
- Bei Erreichen der Pubertät hat sich die Zahl der Jungen und Mädchen ausgeglichen.

## Kapitel 5

# Wie die biologischen Unterschiede sich auf das Verhalten auswirken

Die Unterschiede in der männlichen und weiblichen Biologie werden häufig außer acht gelassen, wenn man eine Erklärung für kulturelles, sozialisiertes oder emotionales Verhalten sucht. Wie viele Menschen sind sich beispielsweise der Unterschiede beim Gehörsinn zwischen Männern und Frauen bewußt? Männer hören nicht so deutlich wie Frauen. Dieser Tatsache sollte also Rechnung getragen werden, wenn Frauen wieder einmal das Gefühl haben, Männer redeten immer zu laut, seien zu lärmend oder versuchten zu dominieren, indem sie ihre Stimmen fordernd erschallen ließen. Die Männer ihrerseits haben natürlich das Gefühl, Frauen sprächen zu leise, es fehle ihnen an selbstbewußtem Auftreten oder sie versuchten, sie zu verführen, indem sie ihre Stimmen kaum über ein Flüstern erhöben. Auch die Stimmbänder von Männern und Frauen sind verschieden beschaffen. Diese Unterschiede zu kennen erlaubt es uns freilich noch nicht, sie einander selbstgerecht zuzuschreiben und uns trotzdem weiter rücksichtslos zu benehmen. Ganz im Gegenteil: Männer sollten bestrebt sein, sich des Gehörpegels der Frauen bewußt zu werden und zu realisieren, daß sie mit Frauen nicht so laut reden müssen wie mit Männern. Und Frauen sollten erkennen, daß sie in Gegenwart von Männern etwas lauter sprechen müssen, so daß ihre Stimmen leichter zu vernehmen sind, selbst wenn ihnen die übliche Lautstärke eines Gesprächs laut genug erscheint. Wenn sie mit anderen Frauen zusammen ist, kann eine Frau sich entspannen und zu ihrem natürlichen Lautstärkepegel zurückkehren; ein Mann kann zu seiner natürlichen Lautstärke zurückkehren, wenn er mit anderen Männern zusammen ist. Die gleichen Erwägungen sollte man für die Unterschiede beim Geschmacks-, Tast- und Geruchssinn anwenden.

## Biologische Stützen

Baby-Mädchen reagieren sensibler auf Berührungen und stärker auf Licht. Sie haben einen besseren Geruchssinn, sind weniger weinerlich, und der Entwicklungsprozeß ihres Nervensystems verläuft anders als bei einem männlichen Baby.

Baby-Mädchen lächeln mehr, essen weniger und sind früher in der Lage, Blase und Darm zu kontrollieren.

Diese Charakteristika bilden sich aus, bevor das Kind eine Chance hatte, erzogen oder »auf das Leben in der Gesellschaft vorbereitet« zu werden. Und schon im Kinderzimmer sind Mädchen einfühlsamer als Jungen. Die Geschlechts-Identifizierung hat bereits eingesetzt.

Diese Geschlechts-Identifizierung scheint sich fortzusetzen und auszudehnen, während wir heranwachsen. Bereits im Kindergartenalter ist unsere Geschlechts-Identität bestens etabliert. In ihrem Buch *Boys and Girls: Superheroes in the Doll Corner* setzt sich Vivian Gussin Paley mit der Art auseinander, in der Jungen und Mädchen ihre Spiele spielen. Als Basis für die Beobachtung der Kinder in ihrem Klassenzimmer benutzte sie das populäre Spiel »Was wäre, wenn . . .«. Über ein Jahr lang notierte sie, wie die Kinder redeten, spielten, phantasierten und wie sie miteinander umgingen. Sie war überrascht, festzustellen, daß sich einige ihrer Vermutungen über die Unterschiede im Verhalten einfach nicht bestätigten. Die kleinen Mädchen rannten mehr herum, als sie erwartet hatte, waren wenigstens ebenso unordentlich und fast genauso streitlustig wie die Jungen. Außerdem weinten die kleinen Jungen mehr, als sie erwartet hatte. Erst als die Kinder mit dem Schauspielern begannen, wurde die Geschlechts-Identifizierung offensichtlicher.

Obwohl Vivian Gussin Paley versuchte, das klischeehafte Verhalten der Kinder zu ändern, nahmen sich die kleinen Jungen immer der maskulinen Rollen der Helden, Monster oder Bösewichter an. Die kleinen Mädchen spielten die Mütter, die Babys und die Prinzessinnen. Sie beobachtete ferner, daß die kleinen Mädchen, sobald sie die Spiele wieder allein bestimmen durften, zu den Handarbeitstischen gingen, während sich die Jungen augenblicklich den Bauklötzen zuwandten. Selbst wenn sie den Kindern Geschichten vorlas, setzten sich die Jungen und Mädchen aus freien Stücken auf die jeweils gegenüberliegende Seite des Kreises.

Das Bedürfnis eines Kindes, als *Junge* oder als *Mädchen* erkannt zu werden, ist sehr stark entwickelt. Vivian Gussin Paley wurde bewußt, daß nichts das Bedürfnis der Kinder nach Separation und der Definition der Sexrolle zu ändern schien — egal, wieviel Druck sie oder andere Erwachsene auf die Kleinen ausübten. Sie kam zu dem Schluß, daß die Kinder wirklich glauben, sie hätten diese Unterschiede »erfunden« und müßten beweisen, daß die in der Tat existent sind.

Eine Untersuchung, die sich auf 201 Kulturkreise erstreckte, beweist, daß in 158 dieser Kulturkreise Kochen ausschließlich als weibliche Tätigkeit angesehen wird und nur in fünf der 201 als ausschließlich männliche. Jagen war in 179 Kulturen eine ausschließlich männliche Tätigkeit und wurde in keiner ausschließlich von Frauen ausgeübt. Die Holzaufbereitung, Metallbearbeitung, der Hausbau, das Fischen und der Bau von Musikinstrumenten oblagen fast immer den Männern. Die Frauen waren fürs Weben, die Essensvorbereitungen, die Versorgung der Kinder und die Herstellung von Betäubungssäften zuständig.

Es ist übrigens verbürgt, daß dieses typisch männlich-weibliche Rollenverhalten selbst in isolierten Kulturen üblich ist. Es mag leichte Variationen darin geben, *wie* die einzelne Rolle ausgeübt wird, doch die Trennungslinie zwischen den Geschlechtern ist offensichtlich.

Was ich bei Beratungsgesprächen und bei meinen Recherchen erfahren habe, belegt, daß es für Männer und Frauen ein instinktives, internes Bedürfnis gibt, sich selbst »per Geschlecht« zu identifizieren. Wir handeln in dem weitverbreiteten Irrglauben, daß den kleinen Jungen und Mädchen diese Unterschiede von rückständigen Laien *»angelernt«* werden. In meinen Workshops herrschte die Vorstellung vor, Männer und Frauen verhielten sich auf Grund ihrer »Erziehung« so unterschiedlich. Fraglos scheint fast jeder an diese Theorie zu glauben. Und wir sind schnell dabei, auf »Macho«-Rollenmodelle (bei Männern) und auf »unterwürfiges« Verhalten bei Frauen hinzuweisen. Obwohl *alle* ausschlaggebenden Rollenmodelle diese beiden besonderen Bilder von Mann und Frau *nicht* stützen, tendieren wir in unserem Verhalten dazu, die positiven Modelle zu ignorieren, die uns da vermittelt wurden. Was beispielsweise ist aus all den kleinen Jungen geworden, die mit »Father Knows Best«, »The Donna Reed Show« und »Lassie« aufwuchsen? Um nur drei der erfolgreichen und »positiven« Fernsehserien zu nennen. All diese bemerkenswert populären TV-Serien zeigten Väter, die einfühlsam, rücksichtsvoll, liebevoll und sensibel sind. Während sie ihre »Ernährer-Rolle« zuverlässig erfüllten, erhoben sie doch niemals die Stimme gegen ihre Frauen und Kinder; sie bedienten sich niemals körperlicher Gewalt; sie vermieden oder lösten Konflikte mit anderen Männern auf positive Weise; und es kam niemals vor, daß sie nicht passend gekleidet, ordentlich geduscht und rasiert gewesen wären. Wie kommt es eigentlich, daß wir die uns vermittelten »positiven« Beispiele nicht ebenfalls einschließen, wenn wir unser geschlechtsspezifisches Verhalten allein auf die uns bekannten Rollenmodelle zurückführen?

Ich behaupte, daß die Kinder deshalb nicht wissen, wie sie sich »richtig« verhalten sollen, weil ihre Eltern den Unterschied zwischen Männern und Frauen entweder *überbetonen* (positiv oder negativ), oder weil sie versuchen, die Unterschiede zu *ignorieren*.

Wie Vivian Gussin Paley bei ihrer Untersuchung herausfand, fühlten sich Fünfjährige in ihren geschlechtsspezifischen Rollen wohler, obwohl jeder Versuch unternommen worden war, die eingebürgerten Vorurteile und Verhaltensklischees zu ändern. Ich will wirklich nicht vorschlagen, daß wir uns auf geschlechtsspezifisch limitierte Möglichkeiten beschränken, und ich glaube auch nicht, daß wir nur wegen unseres Geschlechts ungehobeltes Verhalten tolerieren sollten. Ich behaupte jedoch, daß wir eine bessere Chance haben, unserem Leben eine neue Richtung zu geben, sobald wir unser *biologisches Fundament* kennen. Unsere *Biologie* mag die Voraussetzungen schaffen, doch nur unsere *Intelligenz* und unsere *Einfühlsamkeit* können uns helfen, unser Leben zu ändern.

## Nein, wir sehen nicht mit denselben Augen

Acht Prozent aller Männer haben Probleme mit der Farbwahrnehmung, während nur 0,5 Prozent der Frauen damit Schwierigkeiten haben. Das bedeutet, daß sich acht von 100 Männern mit Farbenblindheit herumschlagen, während es nur eine von 200 Frauen ist — das entspricht einem Verhältnis von 16:1. (Erklärt das vielleicht die Vorliebe des Durchschnittsmannes für Schwarz, Braun und Grau?)

Die Neigung zu Farbenblindheit ist ein sachliches, meßbares Unterscheidungsmerkmal zwischen Männern und Frauen. Das bedeutet, daß ein leichter Farbunterschied, den eine Frau klar wahrnimmt, von einem Mann möglicherweise nicht bemerkt wird.

Beim folgenden Gespräch könnte es um so gut wie jedes Thema gehen, das zwei Menschen unterschiedlich wahrnehmen und unterschiedlich bewerten. Meinen Sie da vertraute Töne zu hören?

Sie fragt: »Also, welche Farbe paßt deiner Meinung nach am besten zu dieser Couch?«

Er sagt: »Egal, mir ist jede recht.«

Sie entgegnet: »Das ist aber wichtig. Ich möchte deine Meinung dazu hören!«

Er erwidert: »Ich hab dir doch gesagt, mir ist's egal! Für mich sehen sie alle gleich aus!«

Daraufhin braust sie auf, und er schweigt wütend.

Unglücklicherweise werden solche Gespräche wieder und wieder und wieder geführt. Die meisten Menschen bringen es fertig, einen solchen »Meinungsaustausch« bis zu dem Punkt zu kultivieren, an dem das Gespräch schnell beendet wird, um die bevorstehende Eskalation zu vermeiden, obwohl die unterschiedlichen Standpunkte fast immer angetan sind, uns voneinander zu entfernen. Dem Mann mag es so vorkommen, als sei die Frau da übersensibel, mäkelig oder mache einfach aus einer Mücke einen Elefanten. Der Frau erscheint der Mann unsensibel, defensiv und/oder beunruhigend indifferent. In jedem Fall zeigt eine solche Diskussion, wie aufgrund individueller, auf Erfahrung beruhender Wahrnehmung und Interpretation interne (und gewöhnlich ungenaue) Vermutungen als Fakten gespeichert werden.

Beispielsweise könnte die Frau, die nicht weiß, daß ein Mann möglicherweise nicht in der Lage ist, irgendeinen bedeutenden Farbunterschied zu sehen, annehmen, daß der Mann sich *bewußt* nicht für eine Farbe entscheiden mochte, um ihr zu zeigen, für wie unwichtig er die ganze Sache hält. Sie glaubt dann, er drücke sich möglicherweise deshalb um eine Entscheidung, um ihr die Schuld in die Schuhe schieben zu können, wenn die Farbe später nicht paßt! Für sie ist das ein weiterer Beweis, daß er nicht willens ist, jene Art von Entscheidungen zu treffen, die sie für bedeutsam hält.

Der Mann seinerseits mag möglicherweise zu dem Schluß kommen, die Frau versuche *bewußt*, ihn einzuschüchtern, indem sie auf einem Gebiet (Farbunterschiede) herumreitet, auf dem er sich unsicher fühlt oder von dem er nichts versteht. Möglicherweise nimmt er jedoch auch an, daß sie bei einer Sache, die (ihm) augenscheinlich unwichtig ist, übertrieben empfindlich reagiert. Für ihn ist klar, daß sie es nicht versteht, Prioritäten zu setzen, und daß sie ihre Zeit mit unbedeutenden Kleinigkeiten verschwendet. Er speichert diese Fehlinterpretation als Fakt.

Wenn sie die Eskalation des Gesprächs über den Punkt seiner Wichtigkeit hinaus vermeiden wollen, werden beide Parteien sich entweder schmollend zurückziehen, sich beugen oder sich entziehen, um einer weiteren Konfrontation aus dem Wege zu gehen. Bei diesem Beispiel verlieren beide, und beide nehmen an, nur »ich« (er oder sie) allein bin bei dieser Interaktion der Verlierer/die Verliererin. Kommunikation ist ein komplexer Vorgang, der durch solche Vermutungen noch zusätzlich erschwert wird.

Männer und Frauen unterscheiden sich auch sonst in der visuellen Wahrnehmung entscheidend. Bei einem Versuch, bei dem Studenten und Studentinnen den korrekten Wasserstand in einer schräggehaltenen Flasche bis auf zwei Prozentpunkte genau einschätzen sollten, lagen 100 Prozent der männlichen College-Absolventen absolut richtig, was nur 31

Prozent der Frauen gelang; 69 Prozent der Frauen wichen mit ihren Angaben um 15 bis 20 Prozentpunkte vom richtigen Ergebnis ab. Dieser Flaschentest wurde auch mit Jungen durchgeführt, die gerade erst zwölf waren, und auch da war die Genauigkeit der Angaben verblüffend. Es ist sicherlich nicht überraschend, daß diese Studie sehr populär ist, weil man nämlich angenommen hatte, Frauen hätten beim Ausgießen von Wasser die größere Erfahrung. Trotzdem schätzten 69 Prozent der Frauen den Wasserstand unbeirrbar falsch ein. Bei den Männern dagegen lagen 100 Prozent richtig.

Männer sehen bei Tageslicht besser als Frauen, jedoch schlechter bei Nacht. Dieser Unterschied verstärkt sich mit zunehmendem Alter der Männer. Interessanterweise sind es allerdings meist die Männer, die sich bei Nachtfahrten ans Steuer setzen.

Frauen sind weniger lichtempfindlich als Männer. Männliche Säuglinge reagieren auf das, was in ihrer Umgebung visuell interessant ist: auf Licht, Muster und dreidimensionale Objekte. Weibliche Säuglinge dagegen reagieren vorzugsweise auf die Menschen in ihrer Umgebung. Sie finden Gesichter weit interessanter als Gegenstände. Diese Interessenunterschiede fangen in der Wiege an — lange bevor die Einstellung der Eltern oder die Sozialisierung sich auf die Kleinkinder auswirken kann.

Visuellen Aufgaben sind Männer meßbar besser gewachsen: Beim Kartenlesen, dabei, Wege aus einem Labyrinth zu finden, und beim Wahrnehmen dreidimensionaler Drehbewegungen sind sie exzellent; außerdem haben sie einen guten Orientierungssinn; und sie finden sich besser im »Raum« zurecht.

## Sind Frauen zweite Wahl?

Das Becken einer Frau ist für das Austragen von Kindern geschaffen, was auch dazu führt, daß sie mit den Hüften schwingen kann — eine weitere bedeutsame Geschlechtsidentifikation. Die weibliche Körperstruktur erschwert es ihr allerdings, schnell zu laufen und auf Leitern zu klettern. Die Gelenke von Frauen sind lockerer als die von Männern, weshalb Frauen *beweglicher* und *gelenkiger* sind, während die Männer stabilere Knochenstrukturen haben und aus diesem Grund größerer Kraft von außen widerstehen können. Wenn man sie mit denen der Männer vergleicht, sind die meisten Frauenschultern schmaler, wogegen die Hüften breiter sind. Frauen haben schmalere Hände, schwächere Daumen, eine dünnere Schädeldecke und leichtere Knochen als Männer.

Das Resultat ist, daß es Männern leichtfällt zu sagen: »Das ist doch gar nichts! Warum machst du die Dose nicht einfach selber auf?« Der Griff eines Mannes ist ein gutes Stück kräftiger als der einer Frau. Der Daumen eines Mannes kann bis zu zwanzigmal stärker sein als der einer Frau. Die Größe seiner Hände verschafft dem Mann bei vielen Aufgaben erhebliche Vorteile. Wenn es manchmal so aussieht, als wolle die Frau sich nur vor einer Anstrengung drücken, spiegelt ihr Verhalten doch nur die Grenzen ihrer körperlichen Struktur wider.

Das weibliche Schädeldach ist an seiner Basis schmaler, oben allerdings im Durchmesser größer, und Frauen haben auch eine vertikalere Stirn als Männer.

Frauenlippen sind nicht so beweglich wie die von Männern. Und die Augen von Frauen sind in der Lage, einen größeren Gesichtsausschnitt wahrzunehmen als die eines Mannes.

Frauen haben auch höhere Stimmen (kürzere Stimmbänder) und kleinere Lungen als Männer.

## Dickhäutig oder dicke Haut

In der Männerhaut befinden sich weniger Nervenendungen als in der von Frauen. Außerdem verfügen Männer über eine stärkere Körperbehaarung, die ihre Haut schützen soll. Die Haut eines Mannes ist dicker und weniger anfällig für Blutergüsse, und die Haut einer Frau reagiert empfindsamer auf Berührungen. Weiche Stoffe sind deshalb für das Wohlgefühl einer Frau weitaus wichtiger als für das eines Mannes.

Der Oberkörper einer Frau ist weniger kräftig als der eines Mannes, selbst dann wenn die körperliche Fitneß der beiden ansonsten vergleichbar ist. Frauen sind im Durchschnitt zehn Prozent kleiner, 20 Prozent weniger muskulös, und ihre Arme sind halb so stark wie die eines Mannes.

Die Mengen an Fett und die Methoden, nach denen es gespeichert wird, sind bei Männern und Frauen ganz verschieden. Männer haben im Durchschnitt 15 Prozent Körperfett. Bei Frauen sind es 23 Prozent. Da Fett einer der Kraftstoffe unseres Körpers ist, sind diese acht Prozentpunkte Unterschied ein wesentlicher Faktor in der Menge der Energie und Vitalität, über die Frauen — im Gegensatz zu Männern — verfügen. Stellen Sie sich einmal vor, ihr Körper nähme über Nacht entweder um acht Prozent an Umfang zu oder ab — wie würde sich das wohl auf ihre Tagesaktivitäten auswirken?

Aber — wie gesagt — nicht nur die Menge des Fettes unterscheidet sich, sondern auch die Art, in der dieses Fett gespeichert wird. Östrogen wirkt sich da für Frauen sowohl positiv wie auch negativ aus. Die gute Nachricht ist die, daß das Östrogen das Fett in seine Bestandteile zerlegt und es auf zwei unterschiedliche Arten speichert, sobald der weibliche Metabolismus einsetzt. Zunächst haben Frauen dasselbe weiche Fett, das auch Männer haben und das für den Einsatz unmittelbarer Kraft und für den unmittelbaren Gebrauch von Energie sofort Glukose liefert, wenn die Frau sie braucht. Der zweite Punkt ist der, daß das Östrogen die Metabolismusvorgänge »verlangsamt«, so daß die Frau überall am Körper das speichert, was man »härteres Fett« nennt. Wenn einem Mann unter anstrengenden Bedingungen seine 15 Prozent Energie ausgehen, hat er mit der verfügbaren Glukose Raubbau getrieben. Wenn einer Frau die sofort verfügbare Glukose ausgeht, beginnt das Östrogen das »härtere Fett« in seine Bestandteile zu zerlegen, was es der Frau ermöglicht, länger »durchzuhalten« als der Mann. Die schlechte Nachricht ist die, daß das weibliche System das Fett speichert und daß sie es nicht so schnell wieder loswerden kann wie ein Mann. Ein Mann verliert beim Stillsitzen mehr Fett als eine Frau, weil sein Muskel-zu-Fett-Verhältnis höher ist. Die Muskelmasse verbrennt mehr Kalorien als die Fettmasse, und weil ein Mann einen höheren Anteil an Muskeln hat, verbrennt er in einer Stunde ungefähr fünf Kalorien mehr als eine Frau.

Frauen haben mehr isolierendes Fett unter ihrer Haut, sind deshalb weniger kälteempfindlich, und ihre Tragfähigkeit im Wasser ist besser. Frauen sind dagegen anfälliger gegen die Auswirkungen des Alkohols und ziehen sich durch Alkoholmißbrauch eher körperliche Schäden zu als Männer. Frauen, die versuchen, soviel Alkohol zu trinken wie ihr männliches Gegenüber, fühlen sich möglicherweise von derselben Anzahl an Drinks doppelt so stark »angeschlagen«.

## Dechiffrier-Talente

Viele Frauen tendieren dazu, von Szenen zu träumen, die drinnen spielen, und andere Frauen sind in ihren Träumen prominent. Interaktionen verlaufen gewöhnlich freundlich und haben nur einen geringen offenkundig sexuellen Inhalt. In Frauenträumen sind die Gesichter gewöhnlich leichter erkennbar als in Männerträumen. Männerträume beinhalten mehr Konfrontationen mit Fremden und durchaus auch körperliche Gewalt. Außerdem sind die Männer den Frauen in Männerträumen zahlenmäßig im Verhältnis zwei zu eins überlegen; wenn in diesen Träumen Frauen auftauchen, geschieht das gewöhnlich in einem sexuellen Zusammenhang.

Jungen sind körperlich aggressiver, kämpfen mehr und hängen Tagträumen aktiver nach als Mädchen.

Mädchen sind besser, wenn es darum geht, verbale Konzeptionen zu begreifen, linguistische Entsprechungen zu finden, und sie haben ein besseres Sprachverständnis.

Mädchen sprechen früher, formulieren besser und sind generell die besseren Leser. Das frühzeitige Sprachtalent gibt Mädchen in jungen Jahren einen Vorteil in der Schule. Jungen ziehen gleich, sobald Mathematik ein wichtiger Teil des Schulpensums wird.

Die rechte Hirn-Hemisphäre (räumliche Talente) entwickelt sich bei Jungen schon mit sechs Jahren und bei Mädchen erst mit 13.

Junge Mädchen zeichnen zuerst *Menschen*, Jungen konzentrieren sich auf das Zeichnen von *Gegenständen.* Viele der Krankenschwestern, die an meinen Workshops teilnahmen, haben mir bestätigt, daß sie ein weibliches Baby, von dem sie wollen, daß es sich entspannt oder aufhört zu weinen, auf den Arm nehmen, es berühren und ihm gut zureden. Wollen sie dasselbe bei einem männlichen Baby erreichen, geben sie ihm einen Gegenstand in die Hand, den das Baby anschauen und festhalten kann.

Bei vierjährigen Mädchen ist das Zellwachstum in der linken Hirn-Hemisphäre (verbal) weiter fortgeschritten als bei gleichaltrigen Jungen. Bei Jungen schreitet dagegen die Entwicklung auf der rechten Hirnseite (räumlich) schneller fort.

Mädchen sind mit Worten aggressiver; Jungen sind körperlich aggressiver. Männer finden kraftvolle Muskelbewegungen augenscheinlich befriedigend, was mit dem Testosteronspiegel und dem daraus resultierenden Ansteigen der Sensibilität für Bedrohung und Körperkontakt im Zusammenhang stehen könnte.

Bei Jungen findet sich ein größeres Lernunvermögen als bei Mädchen. Es ist zu vermuten, daß das Problem durch den geringeren Grad an Hirnsymmetrie bei Männern ausgelöst wird.

Bei 16 wiederholten Untersuchungen waren Frauen einfühlsamer als Männer. Bei 75 Untersuchungen waren Frauen den Männern beim Dechiffrieren nichtverbaler Stichworte überlegen.

Frauen sind sprachbegabter; das beinhaltet Redegewandtheit, verbale Beweisführungen, geschriebene Prosa und Lesen.

Frauen singen sechsmal tonreiner als Männer. (Sollten wir jetzt nicht ein wenig mehr Verständnis für die Männer haben, die nicht in der Öffentlichkeit singen wollen?)

## Die Nase weiß es

Frauen sind weitaus empfänglicher für Pheromone (Lockstoffe, eine Form der Duft-Kommunikation) als Männer.

Sowohl bei Männern wie bei Frauen ist der Geruchssinn am Morgen schwächer ausgeprägt, schärfer dagegen bei Nacht. Doch — egal, wie spät es ist — nach Meinung zweier Forscher, die dieser Geruchsdiskrepanz zwischen den Geschlechtern nachspürten, haben Frauen einen besseren Geruchssinn. Robert Henkin von der Georgetown-Universität glaubt, daß die Geruchssensibilität vom Hormonspiegel im Körper abhängt. Wenn es zum Eisprung kommt und der Östrogenspiegel steigt, steigt auch die Geruchssensibilität an — bis auf das 1000fache. Henkins Erkenntnisse deuten auf eine hormonelle Basis der weiblichen Geruchstalente hin und auf eine mögliche Verbindung zur Fortpflanzung. Bei Frauen ohne Eierstöcke hatte der Geruchssinn hingegen nachgelassen.

Mütter eines sechs Stunden alten Babys können in einem statistisch bedeutsamen Ausmaß ihr eigenes Kind allein durch den Geruch von anderen unterscheiden. Männer können das nicht. Wie oft haben sich Männer und Frauen über den »Geruch« von Essen, Kleidung, der Umgebung und über »anrüchige« Hygienefragen gestritten? Wie oft hat eine Frau einem Mann erklären müssen, etwas sei alt, verdorben oder rieche schlecht? Der Mann wird den Teller, die Milchtüte oder das Kleidungsstück zur Hand nehmen und daran riechen. Das muß er tun, bevor er sein Urteil abgeben kann, und selbst dann noch wird er den Geruch nicht als so stark empfinden wie sie. Der Mann glaubt, die Frau sei zu mäkelig oder überkritisch, und die Frau glaubt, der Mann sei bequem, eigensinnig und rücksichtslos. Ihm ist möglicherweise nicht bewußt, daß der Geruch unangenehm ist, und sie kann ihre Erfahrung nicht verleugnen (obwohl der Mann das von ihr erwartet).

## Das Anheizen des Körper-Ofens

Männer und Frauen verarbeiten die Nahrung nicht auf dieselbe Weise. Die Unterschiede in unserer Gehirnorganisation, bei der Muskelmasse und den Hormonen wirken sich direkt auf die Art aus, in der die Nahrung in unserem Körper umgewandelt wird. Ein Beispiel dafür wurde bei den Ernährungsuntersuchungen gefunden, die die Medizinforscherin Elsie M. Widdowson unternahm. 1946 konzentrierte sie ihre Aufmerksamkeit auf die relativen Stärken und Schwächen der Männer und Frauen im Europa der Nachkriegszeit. Sie stellte fest, daß 60 Prozent der unterernährten Patienten Männer waren.

1947 untersuchte Elsie M. Widdowson Hunderte von verwaisten deutschen Kindern. Diese Kinder hatten allein mit Hilfe von Kriegsrationen überlebt. Die deutschen Kinder waren im Vergleich zu gleichaltrigen amerikanischen und britischen kleiner und wogen weniger. Die Forscherin stellte fest, daß die älteren Kinder mehr litten als die jüngeren, daß jedoch die Jungen aller Altersklassen stärkere Mangelerscheinungen aufwiesen als die Mädchen.

Durch Versuche mit Tieren (die Wissenschaftlerin ist Mitglied der medizinischen Fakultät der Universität Cambridge) entdeckte Elsie M. Widdowson, daß Männchen und Weibchen Proteine und Fette in unterschiedlicher Geschwindigkeit in Energie umwandeln. Indem sie eine Mangelsituation herbeiführte, fand sie heraus, daß die Männchen 16 Prozent ihres Körperproteins und 19 Prozent ihres Körperfetts verloren. Die Weibchen andererseits verloren acht Prozent Körperprotein und 37 Prozent Körperfett. Weibliche Wesen haben einen größeren Vorrat an Körperfett und sind deshalb in der Lage, Mangelerscheinungen über einen längeren Zeitraum Widerstand entgegenzusetzen.

Dazu kam, daß die Weibchen schneller fähig waren, normales Körperprotein und den Fettpegel wiederherzustellen, wenn man ihnen erlaubte, soviel zu essen, wie sie wollten. Die Männchen aber konnten das nicht. Die Unterschiede beim Speichern des Fetts nehmen in der Pubertät zu und steigen nach der ersten Schwangerschaft noch weiter an. Man nimmt an, daß das zusätzliche Fett es einer Mutter erlaubt, länger zu überleben, und daß sie dadurch in die Lage versetzt wird, ihr »Junges« mit den gespeicherten Nährstoffen zu versorgen. Männer wachsen schneller, werden während der Pubertät größer als Frauen und brauchen deshalb mehr Nahrung.

Die Forschungsergebnisse von Elsie M. Widdowson beweisen, daß Männer und Frauen im Laufe ihres Lebens, in jedem Wachstumsstadium unterschiedliche Ernährungsbedürfnisse haben. Ich glaube, es ist sehr wichtig für uns, diese Unterschiede zu verstehen und anzufangen, unsere Ernährung auf unsere individuellen Bedürfnisse abzustimmen.

Männer bestehen zu 40 Prozent aus Muskeln und zu 15 Prozent aus Fett. Frauen dagegen bestehen zu 25 Prozent aus Muskeln und zu 23 Prozent aus Fett. Männer haben »gestreifte« Muskeln (sie haben einen hohen Fasergehalt). Frauen haben »glatte« Muskeln (mit geringerem Fasergehalt). Der gestreifte Muskel ist »klarer abgegrenzt« und verbrennt mehr Kalorien als ein glatter Muskel. Männerkörper haben ein höheres Muskel-zu-Fett-Verhältnis als Frauenkörper. Außerdem verbrennen gestreifte Muskeln Fett schneller, was unmittelbar verfügbare Glukose liefert, sie jedoch damit auch vermindert. Die Auswirkung dieses Geschlechtsunterschieds auf Männer wird in Kapitel 9 »Rationierung der Energie« beschrieben.

Männliche Hormone fördern die Fettansammlung hauptsächlich oberhalb der Taille, während die weiblichen Hormone die Fettspeicherung an den Hüften und Schenkeln begünstigen, vermutlich um Energie zu speichern, die während der Schwangerschaft und Stillzeit abgerufen werden kann.

Die Fettansammlung beim Mann (höher im Körper angesiedelt) macht ihn anfälliger für Herzbelastungen und Herzerkrankungen. Die Fettzellen im Magenbereich vergrößern sich, um Fett zu speichern. Das führt dazu, daß manche Männer wie eine Orange auf Zahnstocherbeinen aussehen. Bei den Frauen wachsen die Fettzellen an den Hüften und Schenkeln *zahlenmäßig* an, um Fett speichern zu können. Es ist natürlich leichter, die Fettzellen der Magenregion zum Schrumpfen zu bringen, als die zusätzlichen Fettzellen an Hüften und Schenkeln zum Verschwinden zu bringen.

Die weibliche Haut ist durch dünne, parallele Stränge mit

den darunterliegenden Muskeln verbunden, was dem Aufbau einer Matratze gleicht. Diese Stränge verfügen jedoch nur über eine geringe »Elastizität«. Überschüssiges Fett füllt die Täler zwischen den Strängen und macht sich nach außen über die Haut bemerkbar — das bewirkt den Orangenhauteffekt, der als Zellulitis bekannt ist. Die männlichen Muskelverbindungen wiederum sind ein enges, kreuz und quer verlaufendes Netz von Gewebefasern. Das Fett sammelt sich hier in einer glatten Lage, weil es keine Täler oder Hügel gibt, in denen es sich zusammenballen könnte.

Frauen empfinden Temperaturänderungen stärker, und ihnen ist öfter »kalt« als Männern, obwohl sie über eine bessere »Isolierung« in Form von Körperfett verfügen. Die Körperwärme hängt von zwei Hauptfaktoren ab: von der Fähigkeit, Hitze zu erzeugen, und der Fähigkeit, sie nicht wieder zu verlieren. Männer haben etwas bessere Voraussetzungen, Hitze zu erzeugen als Frauen. Angesichts der Tatsache, daß der Durchschnittsmann über 40 Prozent Muskelmasse verfügt — verglichen mit durchschnittlich 25 Prozent bei Frauen —, ist sein »Stoffwechseltempo« (ein wichtiger Indikator der Körperwärmeproduktion) höher. Das Körperfett ist bei Männern gleichmäßiger über den Torso verteilt, was sich als großer Vorteil erweist, wenn es gilt, den Körper gegen Kälte zu isolieren. Der höhere Anteil an Körperfett bei der Durchschnittsfrau (23 gegen 15 Prozent) hilft, sie vor Wärmeverlust zu schützen. Dennoch verlieren sich die Vorteile der besseren Isolierung bei Frauen irgendwie. Das liegt an der schlechteren Blutzirkulation und dem geringeren »Stoffwechseltempo«.

Frauen scheinen einen bedeutend größeren Temperaturbereich zu haben, bei denen ihr Körper sich wohl fühlt, als Männer. Die männliche Körpertemperatur liegt gewöhnlich bei 37 Grad Celsius, wobei es von einem Mann zum anderen nur leichte Schwankungen gibt. Bei Frauen kann die Körpertemperatur — von normalen 37 Grad Celsius — während eines Monats um drei bis fünf Grad schwanken. Diese Fluktuation ist teilweise auf den schwankenden Hormonspiegel zurückzuführen, vor allem auf den Anstieg und Abfall des Östrogens in einem Frauenkörper während des Menstruationszyklus. Vor dem Eisprung fällt die normale weibliche Ruhetemperatur auf durchschnittlich 35,5 Grad Celsius und steigt dann im Anschluß an die Ovulation um wenigstens ein halbes Grad. Manche Frauen, die ihr Leben lang »kaltblütig« waren, reagieren weit weniger sensibel auf eisige Temperaturen, sobald sie in die Wechseljahre kommen, weil ihr Körper jetzt weniger Hormone produziert.

Welche Temperaturen Männern und Frauen am »liebsten« sind, ist augenscheinlicher geworden, weil die Geschlechter heute sowohl zusammen arbeiten als auch zusammen wohnen. Das ist teilweise auf die Tatsache zurückzuführen, daß die traditionelle männliche Bürokleidung (Hosen, langärmelige Hemden und Jacketts) folgerichtig dicker ist als Frauenkleidung. Frauen spüren die Kälte stärker, weil das Blut ihre Extremitäten verläßt, um das Körperzentrum schneller schützen zu können. Sie empfinden die Kälte stärker, weil die Temperatur ihrer Hände und Füße dann tatsächlich abrupt abfällt. Frauen können dem entgegenwirken und diese Kälteempfindlichkeit möglicherweise durch Krafttraining abstellen. Denn das steigert das »Stoffwechseltempo« für Stunden und damit auch die Fähigkeit des Körpers, Wärme zu produzieren. Und zwar um mehr als das 15fache. (Männer könnten natürlich auch sensibler auf die schwankende Körpertemperatur von Frauen reagieren und damit auf ihr Bedürfnis, die Raumtemperatur ständig verändern zu wollen.)

Eine Änderung der Eßgewohnheiten kann ebenfalls zur »Aufheizung« des Körpers beizutragen. Allgemein verspüren sowohl Männer wie Frauen nach dem Essen ein Gefühl der Wärme, weil der Metabolismus dann in Gang gekommen ist. Kohlehydrate — wie etwa in Brot und Kartoffeln — lösen eine größere Wärmeproduktion aus als fetthaltige Speisen — wie beispielsweise Frühstücksspeck —, die die Hitzeproduktion blockieren. Die Ergänzung der Körperflüssigkeit durch Getränke unserer Wahl spielt beim Aufrechterhalten des Wärmegefühls ebenfalls eine Rolle. Man sollte annehmen, daß Kaffee den Körper aufwärmt, doch auf lange Sicht vermittelt er dem Trinkenden eher ein Kältegefühl. Koffein, das harntreibend ist, fördert den Flüssigkeitsverlust; als Gefäßverenger hemmt Koffein den Blutfluß durch den Körper (Nikotin hat einen ähnlichen Effekt). Wasser und Fruchtsäfte sind weit sicherer, weil sie keine Nebenwirkungen haben.

## Fortpflanzungs-Programmierung

Die meisten Menschen sind sich der Charakteristika der Sexhormone bewußt. Wir wissen, daß sie den Haarwuchs, die Brust- und Muskelentwicklung beeinflussen, sobald die Pubertät einsetzt — und auch unsere Attraktivität für das andere Geschlecht. Wir haben eine gewisse Kenntnis über die Auswirkungen verschiedener Hormone, wenn sie von Sportlern, Transsexuellen oder anderen eingenommen werden, die versuchen, die Körperentwicklung zu manipulieren. Was dagegen nicht ganz klar ist, sind die *organisatorischen* Wirkungen dieser Hormone.

Die organisatorischen Wirkungen sind lange vor der Pubertät genetisch im Körper programmiert, tatsächlich, wie bereits angemerkt, während der verschiedenen Stadien der Entwicklung im Mutterleib. Diese organisatorischen Wirkungen verändern nicht nur die Form und Formen, die der Körper haben wird, sondern auch die Art, in der der Körper während der Pubertät auf diese hormonellen Einflüsse reagieren wird.

Menschen mit Baßstimmen haben mehr Testosteron und weniger Östrogen als Tenöre; sie haben auch ein aktiveres Sexleben. Vergewaltiger und Exhibitionisten haben einen höheren Testosteronspiegel als normal. Alkoholiker haben einen niedrigeren Testosteronspiegel.

Einige Studien haben gezeigt, daß männliche leitende Angestellte, die groß sind, mehr Sex haben als leitende Angestellte, die klein sind, und daß ihr Testosteronpegel sowohl vor wie nach dem Sex ansteigt. Ältere Männer produzieren mehr Östrogen und weniger Testosteron als jüngere. Ältere Männer sind geduldiger und potentiell bessere Liebhaber, weil sie es sein *müssen.* Die Fähigkeit, mehrmals zu ejakulieren, wird durch Schmusen, Gespräche und andere Formen des Vorspiels ersetzt.

Die Unterschiede zwischen Östrogen und Testosteron werden immer noch untersucht. Grundsätzlich wissen wir, daß Testosteron ein männliches Hormon ist, das für eine Reihe von Auswirkungen verantwortlich ist — einschließlich Aggression, Wettbewerbsgeist, tiefere und kräftigere Stimmen, derberes Haar und ähnliches. Östrogen ist ein »Achterbahn«-Hormon, das Stimmungsschwankungen (P.M.S.), Fettansammlungen und die Eiproduktion beeinflußt. Die Wirkung des Östrogens kann nicht so leicht vorausgesagt werden wie die des Testosterons.

Wie schon früher bemerkt, funktioniert das weibliche Immunsystem (wegen des XX-Chromosoms) auf einem höheren Niveau als das männliche. Dennoch gibt es auch negative Effekte, die man beachten muß. Das Immunsystem der Frau ist so effizient, daß es manchmal den Körper angreift, den es eigentlich schützen sollte. Frauen leiden häufiger als Männer unter Autoimmunerkrankungen (multipler Sklerose, Jugend-Diabetes, rheumatischer Arthritis und der Basedowschen Krankheit).

Ungefähr 500 000 Menschen in den Vereinigten Staaten leiden an Körper-Lupus (Hauttuberkulose) — mehr als

450 000 davon sind Frauen. Nach Aussagen von Forschern ist diese Erkrankung häufig besonders schwer zu diagnostizieren, weil einige ihrer Symptome (Depressionen, Zwangsneurosen oder Schizophrenie) häufig als psychosomatische Probleme fehldiagnostiziert werden.

Mutter Natur schützt Frauen für den Zweck der Mutterschaft, ob sie nun als Einzelwesen Kinder haben wollen oder nicht. Männer sind genetisch darauf programmiert, Jäger und »Sexsucher« zu sein, ob sie nun als Einzelwesen jagen oder Sex suchen mögen. Östrogen und Progesteron (Gelbkörperhormon) verleihen Frauen dieses gewisse »Glühen«, Selbstsicherheit und die Bereitschaft zur Fortpflanzung. Testosteron ruft bei Männern Selbstvertrauen und die nötige Aggressivität für die Jagd hervor.

Um die Wirkung der Hormone zu ermessen, wurden im Rahmen einer Studie 42 Kinder beobachtet, deren Müttern während der Schwangerschaft Sexual- und Nebennierenrinden-Hormone verabreicht worden waren. Jedes dieser Kinder hatte einen Bruder oder eine Schwester, die diesen Hormonen nicht ausgesetzt worden waren; diese »Kontroll«-Brüder und -Schwestern konnten dann als Vergleichsgruppe herangezogen werden. Die Forscher fanden signifikante Persönlichkeitsunterschiede zwischen diesen beiden Gruppen. Die Kinder, die Gestagenen (die wie männliche Hormone agieren) ausgesetzt worden waren, sammelten konsequent mehr Punkte bei allen Eigenschaften, die als männlich betrachtet werden, als ihre Brüder und Schwestern des gleichen Geschlechts. Das heißt, sie waren unabhängiger, individualistischer, selbstsicherer und autarker. Die Kinder, die den Östrogenen ausgesetzt worden waren, besonders dem synthetischen Diethylstilbestrol (DES), sammelten mehr Punkte bei den weiblichen Charakteristika: Sie waren stärker gruppenorientiert, stärker an Beziehungen interessiert und verfügten über ein besseres Kommunikationstalent.

Diese Forschung bestätigt die Prämisse, daß viele der Unterschiede im Wahrnehmungs- und Erkennungsvermögen sowie in der Persönlichkeit auf den Geschlechtsunterschieden basieren und das Resultat biologischer Unterschiede sind, die — zumindest oberflächlich betrachtet — relativ geringfügig zu sein scheinen.

Die Entwicklungs-Psychobiologin June Reinisch führte an 4653 Kleinkindern eine Untersuchung durch, die darauf schließen ließ, daß die Länge der Schwangerschaft eine signifikante Auswirkung darauf hat, wie schnell Kleinkinder sitzen, krabbeln oder stehen können. Sie fand heraus, daß kleine Jungen und Mädchen diese Stadien grundsätzlich zu unterschiedlichen Zeitpunkten erreichen. Diese frühen Entwicklungsareale stehen in Übereinstimmung mit psychischen Charakteristika, die normalerweise mit denen von erwachsenen Männern und Frauen assoziiert werden.

Beispielsweise sitzen kleine Mädchen schneller ohne fremde Hilfe als Jungen, verbringen jedoch mehr Zeit sitzend als kleine Jungen, bevor sie mit fremder Hilfe stehen können. Jungen fangen möglicherweise schneller an zu krabbeln als Mädchen, doch sie krabbeln über einen längeren Zeitraum, bevor sie an der Hand laufen lernen. Vielleicht erlaubt das Sitzen den kleinen Mädchen eine bessere Interaktion von Angesicht zu Angesicht, und das Kriechen ermöglicht es den kleinen Jungen, sich abzusondern und unabhängiger zu sein. In gewisser Weise hat der Junge bereits angefangen »zu jagen«, und das Mädchen hat schon begonnen, ein »Leben in der Gesellschaft« zu führen.

Anfang der siebziger Jahre, als die Psychologinnen Eleanor Maccoby und Carol Jacklin Untersuchungsergebnisse analysierten, in denen sie nach Geschlechtsunterschieden im Verhalten suchten, fanden sie einen deutlichen Unterschied in der männlichen und weiblichen Aggressivität. In *jedem* Kulturkreis waren Jungen körperlich aggressiver als Mädchen. Die Daten bewiesen auch, daß Jungen sich mit größerer Wahrscheinlichkeit vorstellen können, mit physischer Aggression auf Konflikte zu reagieren, als Mädchen.

Die Forschungsergebnisse indizieren ferner, daß Mädchen auf den verschiedensten Gebieten häufig eher wie kleine Jungen agieren, wenn sie pränatal (im Mutterleib) maskulinisierenden Hormonen ausgesetzt waren. Doch die Wirkungen bei Jungen waren sogar noch stärker, was die Forscher verblüffte. Auf der Basis von Tierstudien gingen die Forscher davon aus, daß jedwedes Hormon mit maskulinisierenden Eigenschaften in Verbindung mit denen, die normalerweise ohnehin vom männlichen Fötus produziert werden, das Verhalten nicht beeinflussen dürfte. Dennoch deuteten die Ergebnisse darauf hin, daß die Unterschiede zwischen Männern und Frauen sogar noch größer wären, wenn ein höherer Pegel dieser Hormone das Hirn eines Jungen vor der Geburt erreichte.

Versuche mit Affen haben gezeigt, daß dominante Männchen über einen höheren Pegel des Sexhormons Testosteron verfügen als andere Affen, und daß sie sexuell aktiver sind.

Die Forschungsergebnisse deuten darauf hin, daß Männer, die durch eigene Anstrengungen eine Beförderung erringen und angesichts dieser Tatsache ein gutes Gefühl haben, gleichzeitig einen Anstieg ihres Hormonspiegels verzeichnen. Dominante Männchen mit einem hohen Testosteronspiegel wiesen auch einen höheren Prolaktinpegel (ein Streßhormon) auf, was auf ein Ansteigen der Angst hindeutete. Will man den simultanen Anstieg der beiden Hormone verdeutlichen, so paßt nur ein Bild: Es ist, als trete man gleichzeitig aufs Gaspedal und auf die Bremse. Denn man nimmt an, daß Prolaktin die sexuelle Dominanz hemmt, die das Testosteron liefert.

Dieses Beweismaterial ist auch ein Anzeichen dafür, daß das Gefühl, ganz oben an der Spitze der menschlichen Gesellschaft zu stehen, nicht nur ein Gefühl der Dominanz vermittelt (mit den es begleitenden Hormonveränderungen verbunden), weil man schließlich dort angelangt ist, sondern daß es auch ein Angstgefühl hervorruft, verbunden mit der Befürchtung, wie es wohl sein dürfte, dort zu bleiben. Die Prolaktin-Veränderung deutet auf eine Fluktuation der Angst hin, die stattfindet, ob der Mann sich ihrer nun bewußt ist oder nicht.

*»Männer geben Liebe, um Sex zu bekommen, und Frauen geben Sex, um Liebe zu bekommen.«* Diese Behauptung enthält ein Körnchen Wahrheit, was unser genetisches Baumuster und die Evolution angeht.

Da Menschenfrauen — wie die der meisten Spezies — relativ viel in die Entstehung und das Überleben jedes einzelnen Kindes investieren (und Männer manchmal mit einer relativ kleinen Investition davonkommen), gehen Frauen an Sex und die Reproduktion auf eine ganz andere Art heran als Männer. Während wir uns gemeinsam als einzelne Spezies entwickelten, bedeuteten die sexuellen Bedürfnisse und Tendenzen, die sich für das eine Geschlecht als Erfolg erwiesen, vermutlich die reproduktive Katastrophe für das andere.

Ein Mann kann in zwei Sekunden mehr Fortpflanzungszellen produzieren als eine Frau in ihrem gesamten Leben. (Und er ist in der Lage, dies mehrmals täglich zu tun.) Eine Erklärung, warum Frauen dazu neigen, ältere Männer zu heiraten, ist die, daß ein älterer Mann über genügend aktives Sperma für die Fortpflanzung verfügt und gleichzeitig — zumindest scheinbar — eine größere Stabilität und einen besseren Schutz für ihre Kinder garantiert. Und das, obwohl ein jüngerer Mann gewiß mehr sexuelle Aktivität aufbringt als ein älterer. Während Frauen unabhängiger werden (nicht mehr ausschließlich der Ökonomie und der Kindererziehung ausgeliefert sind), mögen sich ihre Kriterien für die Partnerwahl ändern. Frauen suchen sich dann möglicherweise jüngere Männer aus, die eine größere Energie in die Partnerschaft einbringen, über größere Flexibilität verfügen (ältere Männer neigen dazu, »stur« zu reagieren) und die

## Zusammenfassung der biologischen Unterschiede

| Frauen | Männer |
|---|---|
| Geringere Körperbehaarung | Weniger Nervenendungen |
| Die Haut neigt eher zu Verletzungen | Dickere Haut |
| 0,5% haben Probleme mit der Farbwahrnehmung | 8% sind farbenblind |
| Bessere Sicht bei Nacht | Bessere Sicht bei Tag |
| Schweißdrüsen sind gleichmäßiger verteilt | Größere Lungen |
| Gelenke sind flexibler | Gelenke sind steifer |
| Leichtere Knochen | Dickeres Schädeldach |
| Kleinere Hände, schwächere Daumen | 10% größer |
| 25% Muskeln | 40% Muskeln |
| 23% Fett | 15% Fett |
| Verbrennen weniger Kalorien | 50% stärkere Arme |
| Gleichmäßig verteilte Fettschicht | Geringere Tragfähigkeit im Wasser |
| Frühere Faltenbildung | Haar ist gröber |
| Bessere Sauerstoffzufuhr zum Gehirn | Größere Neigung zu Lernschwächen |
| Sitzen, krabbeln, laufen, sprechen früher | Schwächeres Immunsystem |
| Als Babys weniger gereizt, lächeln mehr, essen weniger, sind früher in der Lage, die Blase zu kontrollieren | Spontan Fehlgeborene sind meist männlich, großer Anteil auch bei Tot- und Blindgeburten |
| Bis zu 40% mehr Verbindungsglieder im Gehirn, größeres Corpus Callosum | 30% mehr sterben in den ersten drei Lebensmonaten, 75% der Dyslexiker sind männlich |
| Räumliche Talente entwickeln sich mit 13 | Räumliche Talente entwickeln sich mit 6 |
| Haben mit 60 Jahren 90% der Stärke und Flexibilität, die sie mit 20 hatten | Haben mit 60 Jahren 60% der Stärke und Flexibilität, die sie mit 20 hatten |
| Anfälliger gegen Alkoholmißbrauch | Bei 90% wird Hyperaktivität diagnostiziert |
| Größeres Kleinhirn (Gefühle) | Schädeldach an der Basis breiter, schmaler im oberen Bereich |
| Weiter fortgeschrittenes Zellwachstum in der verbalen Hemisphäre im Alter von vier Jahren | |

mehr vergleichbare physische Vitalität aufbringen (nicht nur sexuell, sondern auch beim Sport, bei der Arbeit und beim Spiel).

Frauen zeigen häufig Zeichen physiologischer Erregung, wenn sie Sexfilme sehen oder erotische Bänder hören. Doch eine Frau fühlt sich nicht immer zur gleichen Zeit erregt wie ein Mann. Es gibt sozusagen einen »eingebauten Zeitraffer« zwischen ihrer Körperreaktion und dem bewußten Teil ihres Gehirns. Sie wird von der Natur vor vorschnellen Entscheidungen geschützt, die in einer Schwangerschaft enden könnten.

Das bedeutet nicht, daß sie sich nicht spontan zu einem Mann hingezogen fühlen könnte oder sollte. Und es bedeutet auch nicht, daß sie nicht eine große Zahl von Sexualpartnern anstreben könnte oder sollte. Was es bedeutet, ist, daß die Attraktion (oder die Abscheu), die sie empfindet, nicht rein körperlich sein muß. Sie reagiert möglicherweise auf die Auswirkungen der evolutionären Programmierung, die bestimmt sind, sie zu schützen. Doch dies ist nicht notwendigerweise auch ein evolutionärer Schutz für den Mann. Ganz im Gegenteil!

Eine Reihe von Untersuchungen haben bewiesen, daß eine Frau mit geringerer Wahrscheinlichkeit während eines »One-Night-Stand« einen Orgasmus erlebt, als wenn sie sich im Schutz einer stabilen, langfristigen Beziehung weiß.

Die »regulierenden« Hormone (L.H. und F.S.H.) entscheiden sowohl bei Männern wie bei Frauen über den Sexualtrieb. Sie sind beim Mann ständig vorhanden. Und sein Hormonspiegel steigt und fällt täglich viele Male. Bei Frauen fällt das Ansteigen und Absinken des Hormonpegels zeitlich mit dem Eisprung und dem Menstruationszyklus zusammen. Nur während der Ovulation arbeiten diese Hormone zusammen, um ihre Bereitschaft zum Sex (und ihre Sehfähigkeit sowie ihr Geruchs- und Geschmacksempfinden) zu steigern. Pheromone (Duftbotschaften) dringen zum Hypothalamus und anderen Bereichen des Gehirns vor, die bekanntlich mit dem Sex verbunden sind. Während der Pubertät verändern die Apocrin-erzeugenden Drüsen in den Brüsten, den Achselhöhlen und der Haut des Pubis die Stimmungen und die Anziehungskraft von Männern und Frauen — selbst dann, wenn ihnen gar nicht bewußt ist, daß da etwas duftet oder »riecht«.

Der männliche Sexualtrieb steigt nach der Pubertät erheblich an und erreicht noch vor dem 20. Lebensjahr seinen Höhepunkt. Die volle Fortpflanzungsreife erreicht ein Mann zwischen 19 und 24. Von da an nimmt sein Sexualtrieb ständig ab, bis er praktisch null ist, was gewöhnlich nach Erreichen des 70. Lebensjahres der Fall ist. Der Trieb einer Frau steigt nach der Pubertät sehr langsam an. Sie erreicht ihren sexuellen Gipfel etwa mit 28 Jahren und bleibt dann ungefähr auf diesem Level, bis sie etwa 45 ist — erst dann beginnt ein langsames Abflauen.

Für die Frau ist der Orgasmus eine »Möglichkeit«. Der Orgasmus ist für sie nicht notwendig, um sich fortzupflanzen. Für den Mann jedoch ist er notwendig! Bei Frauen ist der Orgasmus kein allgemein bekanntes Phänomen. Es gibt einige Kulturen, in denen es kein Wort für den weiblichen Orgasmus gibt, da man nicht mit einem Orgasmus rechnet. In den Vereinigten Staaten erleben fünf bis zehn Prozent der Frauen niemals einen Orgasmus, und für weitere 30 bis 40 Prozent kommt es nur gelegentlich zum Orgasmus.

Für den Mann ist der Spaß am Orgasmus die motivierende Fortpflanzungskraft, und sobald er den Orgasmus erreicht hat, ist sein biologischer Trieb befriedigt. Generell ist es der ältere, reifere Mann, der den Erregungszustand verlängern und dadurch die Befriedigung seiner Partnerin steigern kann.

Der *Hite Report* bewies, daß für eine überwältigende Zahl von Frauen Zärtlichkeit, Intimität und Liebe beim Sex den ersten Platz einnehmen — nicht der Orgasmus. Weiterhin betrachten die meisten Frauen den Augenblick der Penetration als »liebste« physische Empfindung.

Was den Sex angeht, so investiert die Frau mehr Zeit, übernimmt die größere Verantwortung und ist außerdem physisch weit verletzlicher als der Mann. Weil sie *stärker* betroffen ist, braucht und verdient sie eine größere Kontrolle über die Wahlmöglichkeiten bei Geburtenkontrolle und Fortpflanzung. Dadurch, daß sie für die Kinder sorgen, sie ernähren und ihr Überleben absichern muß, übernimmt sie eine langfristige Verpflichtung. Eine Frau weiß immer, wer die Mutter ist (sie selbst), und sie kann gewöhnlich auch sagen, wer der Vater ist. Dieser Vater muß dann allerdings ihre Bedürfnisse befriedigen, um sich ihre Treue zu erhalten, sonst riskiert er es, seine genetische Linie nicht fortsetzen zu können.

Im nächsten Kapitel wollen wir einige der Unterschiede bei der Funktion des männlichen/weiblichen Gehirns beleuchten.

## Zusammenfassung

- Die Unterschiede in der männlichen und weiblichen Biologie werden häufig übersehen, wenn man nach Erklärungen für kulturelles, soziales und emotionales Verhalten sucht.
- Kleine Kinder schaffen sich aktiv separate männliche und weibliche Welten, um sich selbst definieren zu können.
- Sogar in isolierten Kulturen gibt es typisch männliches/weibliches Verhalten.
- Forschungsergebnisse belegen, daß Männer und Frauen das instinktive, interne Bedürfnis haben, sich über ihr Geschlecht zu identifizieren.

- Sobald wir unsere *biologischen Grundlagen* kennen, haben wir eine bessere Chance, unser Leben in neue Bahnen zu lenken.
- Die Kommunikation zwischen Männern und Frauen ist ein komplexer Prozeß, der durch unrichtige Vermutungen noch erschwert wird.

Kapitel 6

# Das Gehirn — Dolmetscher unserer Erfahrung

Der Gehirnforscher und Neuropathologe Roger Gorski erklärte in einem Interview für »Films for the Humanities«, er habe Hunderte von Gehirnen untersucht und nicht nach Unterscheidungsmerkmalen gesucht, bis er männliche und weibliche Hirne nebeneinandergelegt habe. Beispielsweise stellte er dabei fest, daß der Hypothalamus bei Männern fünfmal größer ist als bei Frauen. Seit dieser Zeit hat er seine Untersuchungen ausgedehnt und erstaunt erkennen müssen, wie hoch die Zahl der Unterschiede zwischen männlichen und weiblichen Gehirnen ist.

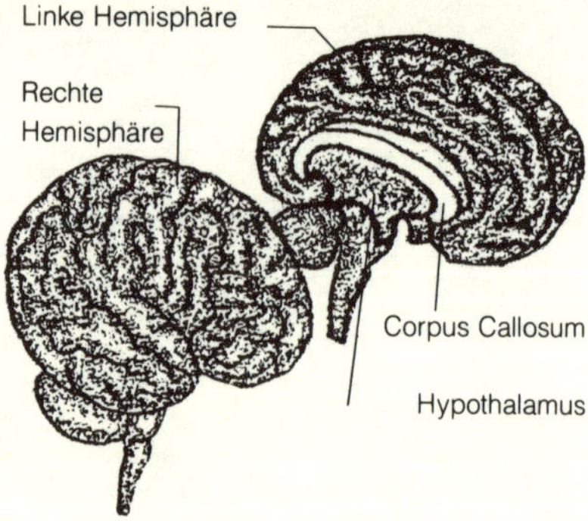


Linkes/rechtes Gehirn

Das Gehirn ist der komplexeste und subtilste Teil des menschlichen Körpers. Viele Wissenschaftler führen heute die Entwicklung des menschlichen Empfindens auf die Entwicklung und Evolution des Corpus Callosum zurück, jene Masse weißer, querverlaufender Fasern, die bei den höheren Säugetieren die zerebralen Hemisphären verbindet. Kaum konnten die beiden Gehirnhälften durch die winzigen Nerven- und Faserbündel miteinander kommunizieren, setzte das Denken ein.

Die Gehirne von männlichen und weiblichen Säugetieren sind keineswegs gleich gestaltet — weder anatomisch noch bezüglich der Verbindungen zwischen den Neuronen. Die neuere Hirnforschung stützt diese These.

Modus-Vergleichspunkte der linken und rechten Hemisphäre

Dies ist eine generelle Liste von allgemein akzeptierten Gehirnfunktionen. Beachten Sie: Die Forschung auf diesem Gebiet ist noch immer recht unzureichend, und es gibt Hinweise darauf, daß diese Aufschlüsselung nicht ganz exakt ist. Außerdem trägt sie auch nicht der Tatsache Rechnung, daß es bedeutsame Unterschiede zwischen der linken und rechten Hemisphäre von Männern und Frauen gibt.

| Linker Modus | Rechter Modus |
|---|---|
| Verbal: die Benutzung von Worten, um Gegenstände zu benennen, zu beschreiben und zu definieren. | Nichtverbal: das Bewußtwerden von Dingen, jedoch nur in sehr geringem Zusammenhang mit Wörtern. |
| Analytisch: Dinge Schritt für Schritt und Stück für Stück herauszufinden. | Synthetisch: die Zusammenfassung von Gedanken, um ganze Konzepte zu schaffen. |
| Symbolisch: die Benutzung eines Symbols, um etwas darzustellen. Das »X«-Zeichen steht beispielsweise für den Prozeß der Multiplikation. | Konkret: die Verbindung zu den Dingen des Augenblicks. |
| Abstrakt: die Fähigkeit, eine Teilinformation aufzunehmen und sie zu benutzen, um das Ganze darzustellen. | Analog: das Erkennen von Ähnlichkeiten zwischen Dingen; das Verstehen von Metaphern. |
| Temporär: zeitlich auf dem laufenden bleiben; aufeinanderfolgend zu einem bestimmten Zeitpunkt etwas Bestimmtes in der richtigen Abfolge zu tun. | Nichttemporär: ohne Sinn für Zeit. |

| | |
|---|---|
| Rational: Entscheidungen aufgrund von Vernunft und Fakten zu treffen. | Nicht rational: Entscheidungen zu treffen, die nicht auf Fakten und Vernunft basieren. |
| Digital: die Fähigkeit, mit Zahlen umzugehen. | Räumlich: die Beziehung zwischen Dingen zu erkennen und zu verstehen, wie Teile zusammenpassen. |
| Logisch: aufgrund der Logik Schlüsse zu ziehen; ein Ding folgt dem anderen in logischer Abfolge. | Intuitiv: das Verständnis gründet sich meist auf unvollständige Informationen, Ahnungen, Gefühle oder visuelle Bilder. |
| Linear: das Denken in Kategorien von assoziierten Gedanken; ein Gedanke schließt sich direkt an einen anderen an. | Holistisch: das Ganze zu sehen: alles auf einmal; die Gesamtmuster und Strukturen zu begreifen. |

Das Corpus Callosum ist bei Frauen um bis zu 40 Prozent größer als bei Männern. Gehirnforscher nehmen heutzutage an, daß die Kommunikation zwischen der rechten und linken Gehirn-Hemisphäre besser ist, je größer das Corpus Callosum ist. Um die Bedeutung dieser Entdeckung verstehen zu können, müssen wir erst einmal verstehen, wie das Gehirn in seinen Fähigkeiten aufgeteilt ist.

## Die Musik der Hemisphären

Die Hirnfunktionen der linken Hemisphäre sind bei Männern gewöhnlich stärker als bei Frauen. Männer benutzen überwiegend die linke Seite des Gehirns, wo Logik, Vernunft und rationales Denken angesiedelt sind. Die rechte Hirnseite ist für abstraktes Denken, Kommunikation, Beziehungen und holistische Lösungsannäherungen verantwortlich. Männer neigen dazu, sich in Mathematik hervorzutun, weil sie abstrakte Beziehungen besser »sehen« können (linker Modus). Die Funktionen der rechten Hemisphäre sind Männern ebenfalls zugänglich: Sie sind gewöhnlich bessere Baseballspieler als Frauen, weil sie die räumliche Beziehung zwischen Ball und Schlagholz wahrnehmen können. Männer sind auch diejenigen, die beim Kartenlesen erfolgreicher sind, weil sie besser sind, wenn es darum geht, eine Verbindung zwischen den Umrissen auf der Karte und den Objekten der wirklichen Welt herzustellen. Sie sind gewöhnlich auch besser, wenn es darum geht, das Gepäck für einen Familienurlaub ins Auto zu packen, weil sie die Fähigkeit haben, dreidimensionale Gegenstände »im Raum« unterzubringen.

Frauen sind angesichts der Tatsache, daß sie 40 Prozent mehr Verbindungen zwischen der verbalen linken Hemisphäre und der räumlichen rechten haben, besser ausgerüstet, »linkes-und-rechtes-Hirn-Denken« zu integrieren. Frauen tun sich außerdem bei Fähigkeiten hervor, die mit der rechten Hirn-Hemisphäre verbunden sind, beispielsweise dann, wenn es um verbales Ausdrucksvermögen und Sprachverständnis geht. Sie neigen dazu, besser zu reden und Fremdsprachen leichter zu lernen als Männer. Sie sind auch besser, wenn es gilt, Gefühle in Worte zu kleiden — und sie tun es mit größerer Wahrscheinlichkeit als Männer.

Bei einer Untersuchung der Neuropsychologin Sandra Witelson wurden 200 »normalen« rechtshändigen Jungen und Mädchen im Alter von sechs bis 14 Jahren die Augen verbunden, und dann wurden ihnen jeweils zwei Gegenstände gegeben, die sie festhalten sollten — einen in der linken und den anderen in der rechten Hand. Diese Objekte wurden den Kleinen dann wieder abgenommen und gegen andere ähnliche Dinge ausgetauscht. Die Augenbinden wurden entfernt, und dann wurden die Kinder aufgefordert, sich die Gegenstände zu nehmen, die sie vorher in den Händen gehalten hatten. Weil die sensorischen Informationen aus der linken Hand zur rechten Hemisphäre des Hirns geleitet werden (und umgekehrt), und weil die rechte Hemisphäre dafür bekannt ist, die räumlichen Talente zu kontrollieren, herrschte die Erwartung vor, daß die Kinder bei der Identifizierung derjenigen Gegenstände besser sein würden, die sie in der linken Hand gehalten hatten. Die Jungen entsprachen dieser Erwartung: Sie waren exakter bei der Identifizierung der Gegenstände, die sie in der linken Hand gehalten hatten. Die Mädchen jedoch waren in der Lage, mit derselben Genauigkeitsrate alle Gegenstände zu identifizieren, die sie in beiden Händen gehalten hatten. Augenscheinlich wurden die Informationen von der linken Hemisphäre weit effizienter weitergeleitet als bei den Jungen.

Wenn es ums Sprechen und um Handbewegungen geht, die zu motorischen Talenten beitragen, scheint das Gehirn bei Frauen (mit Einschränkungen) besser organisiert zu sein als bei Männern. Das mag die Tatsache erklären, daß Mädchen generell früher sprechen, sich besser artikulieren können und auch die bessere Kontrolle haben, was die Feinmotorik angeht. (Mehr Frauen als Männer sind Rechtshänder.) Doch wenn es an abstrakte Aufgaben geht, wie beispielsweise ans *Definieren* von Wörtern, sind Frauenhirne unklarer organisiert als die der Männer.

Die Tatsache, daß das weibliche Corpus Callosum größer ist, deutet darauf hin, daß Frauen mehr Möglichkeiten zu einer Kommunikation zwischen linker und rechter Hemisphäre haben als Männer, und daß Männer und Frauen möglicherweise dieselben Hirnseiten für unterschiedliche Zwecke nutzen. Das hochentwickelte Corpus Callosum erlaubt es den Frauen, Vernunft und Intuition besser zu integrieren und nach Harmonie und Ausgleich zu suchen.

Die rechte Hemisphäre erlaubt es einem Mann, sich bei räumlichen Aufgaben hervorzutun — er kann beispielsweise dreidimensionale Gegenstände vor seinem geistigen Auge kreisen lassen und sich vorstellen, wie sie von allen Seiten aussehen. Die Basis für das spezialisiertere weibliche Verständnis für Emotionen und die weibliche Fähigkeit, die Bedeutung des Mienenspiels erkennen zu können, ist in der rechten Hirnhälfte beheimatet.

## Das Plus-und-Minus-Gehirn-Spiel

Im Laufe der Forschungsarbeiten von Doreen Kimura, die mehr als 100 000 intellektuell begabte Jugendliche untersuchte, wurden Versuche unternommen, die Verbindung zwischen Kindererziehungspraktiken und mathematischen Fähigkeiten herauszufinden. Für die verschiedenen Sozialisierungs-Hypothesen wurde dabei allerdings kein Beweis gefunden. Die Forscher fanden jedoch Beweismaterial für eine biologische Erklärung.

Bei den meisten Menschen ist die mathematische Argumentationsfähigkeit vermutlich unter dem Einfluß der rechten Hirn-Hemisphäre stärker ausgeprägt. Und weil Linkshänder gewöhnlich bei Aufgaben im Vorteil sind, die mit der rechten Hemisphäre verbunden sind, erschien es den Forschern einleuchtend, daß Linkshänder beim Nachvollziehen mathematischer Gedankengänge im Vorteil sein würden. Wie vermutet, waren Heranwachsende, die auf dem Gebiet der Mathematik besonders gute Note erzielten, mit weit größerer Wahrscheinlichkeit Linkshänder.

Wie ich bereits bemerkte, hat die Forschung erwiesen, daß Linkshändigkeit und Immunstörungen mit einem hohen Testosteronspiegel verbunden sind, und daß die Geschlechtsunterschiede bei der mathematischen Argumentationsfähigkeit möglicherweise auch darauf zurückgeführt werden können, daß der Fötus prenatal Testosteron ausgesetzt war. Gehirne (ebenso wie Körper) werden von Sexhormonen gestaltet. Strukturelle Gehirnunterschiede sind bei Föten ab der 26. Schwangerschaftswoche festzustellen.

Es gibt bestimmte Endorphine (von der Körperchemie produziert und im Gehirn freigesetzt), deren Funktionen den Körper veranlassen, auf Streß, auf »Kämpf-oder-flieh«-Situationen und auf sexuelle Aktivität zu reagieren. Männern verfügen über einige Endorphine, die bei Frauen nicht vorkommen und umgekehrt. Die Wirkung der mit dem Sex verknüpften körpereigenen Chemikalien ist eine noch immer junge Wissenschaft und weit davon entfernt, voll erforscht zu sein.

Bei Frauen tritt mehr von dem körpereigenen Serotonin auf und bei Männern mehr an Dopamin. »Depressionen« werden häufiger bei Frauen diagnostiziert — und Depressionen werden auf den Serotoninspiegel zurückgeführt. Andererseits wird Schizophrenie häufiger bei Männern diagnostiziert — und Schizophrenie wird mit dem Dopaminspiegel verknüpft.

Es sind Männer, die in unserer Gesellschaft fast ausschließlich für Gewaltverbrechen verantwortlich sind. Die gesellschaftsfeindliche Haltung, die die Wurzel der meisten Verbrechen ist, scheint vom schlechten Funktionieren der linken Hemisphäre ausgelöst zu werden. (Die einzige Behandlungsmethode, mit der diese Störungen zu kontrollieren oder zu mildern sind, scheint eine Drogentherapie zu sein — nicht die Psychotherapie.)

Bei der 1970 durchgeführten »Zweiten Internationalen Wissenschafts-Studie« wurden die naturwissenschaftlichen Kenntnisse von US-Schülern der Klassen fünf, neun und zwölf untersucht; und die Resultate wurden mit denen von Schülern in 24 anderen Nationen ebenso verglichen wie mit den Leistungen von US-Studenten. Die Wissensunterschiede zwischen Jungen und Mädchen waren in den naturwissenschaftlichen Fächern am größten. Die Jungen der fünften Klassen taten sich beispielsweise in allen Ländern hervor, wenn sie aufgefordert wurden, Batterien korrekt in eine Taschenlampe einzusetzen und den Grund dafür zu erklären, warum ein hochgeworfener Ball auf den Boden zurückkehrt.

Unvermögen ist ebenfalls mit hemisphärischen Differenzen verbunden. Beispielsweise sind autistische Kinder mit Lesestörungen, die mathematisch begabt sind, mit größter Wahrscheinlichkeit männlich, linkshändig und anfällig für

Immunstörungen, einschließlich Allergien. Ausnahmen bei den Mädchen und Frauen wurden in Kapitel 4 angesprochen.

Frühere Erkenntnisse ließen vermuten, daß das männliche Hormon Testosteron bei Dyslexikern in extremen Fällen für eine Dominanz der rechten Hemisphäre verantwortlich ist, weil es die Entwicklung der linken Hemisphäre hemmt. Diese Feststellung wurde von einer Erkenntnis gestützt, die in *The Sexual Brain* veröffentlicht wurde. Danach zeigten zwei Populationen von Frauen, denen männliche Hormone verabreicht worden waren, eine ähnliche Verschiebung der Fähigkeiten der rechten Hemisphäre. Die Töchter von Müttern, die während der Schwangerschaft die Droge Diethylstilbestrol genommen hatten, und Frauen, die exzessiv männliche Hormone produzieren, zogen visuell-räumliche Fähigkeiten der Sprache vor.

Die Neuropsychologin Diane McGuiness schreibt in ihrem Buch *When Children Don't Learn: Understanding the Biology and Psychology of Learning Disabilities*, daß es keine reale Lernunfähigkeit gibt. Was allgemein als Dyslexie bekannt ist (als Leseschwäche oder Leseschwierigkeit definiert), ist keine wirkliche Störung. McGuiness glaubt, daß die Kondition von Dyslexie von einer Gesellschaft hervorgebracht wird, die eine zu große Betonung auf Belesenheit oder Bildung legt und die häufig Regeln aufzwingt, die von einem Erziehungssystem diktiert werden, das alle Kinder gleich behandelt und weder Rücksicht auf ihr Geschlecht noch auf ihre individuellen Fähigkeiten nimmt. Mehr als 75 Prozent der Dyslexiker sind Jungen. Diane McGuiness legte daraufhin zwei unterschiedliche Maßstäbe an — einen für Jungen und einen für Mädchen — und kam zu dem Schluß, daß danach zehn Prozent aller Jungen (was Millionen von männlichen Kindern betrifft) über Nacht in ihrer Alters- und Geschlechtsgruppe als normale Leser eingestuft werden könnten.

Da das Erziehungssystem das Ausmaß der akzeptierten Resultate limitiert, läßt es nicht zu, daß sich individuelle Talente entwickeln. Dies gilt besonders auf dem Gebiet des Lese- oder Mathematiktalents. Diane McGuiness behauptet, daß wir toleranter sind, wenn es sich um die unterschiedlichen Fähigkeiten der Kinder beim Sport und in der Musik handelt, aber nicht tolerant genug, wenn es um Lernfähigkeit — wie beim Lesen und in der Mathematik — geht.

Was die Mathematik angeht, glaubt man allgemein, daß Mädchen unter einer »Mathematik-Phobie« leiden. Diane McGuiness stellte fest, daß Mädchen tatsächlich ungefähr ab der siebten Klasse bei den mathematischen Fähigkeiten zurückfallen, jedoch liegt das ihrer Meinung nach nicht an einer Gesellschaft, die sie davon abhalten will, Fortschritte zu machen. Sie weist darauf hin, daß die Schwierigkeiten für die Mädchen beginnen, wenn die linke Hirn-Hemisphäre (männlich dominant) für die Konzeption von Algebra und Geometrie benutzt werden soll.

Was die Hyperaktivität im Klassenzimmer angeht (zu 90 Prozent bei Jungen diagnostiziert), bemerkt Diane McGuiness, daß es da ein Definitionsproblem gäbe, welches Verhalten für das jeweilige Geschlecht normal sei. Schlicht ungezogenes Verhalten bei einem Jungen mag als Hyperaktivität betrachtet werden, wenn es mit dem Verhalten eines Mädchens der gleichen Altersgruppe verglichen wird.

Wenn wir uns unser Erziehungssystem anschauen und uns bewußt werden, wie es bei unseren Kindern angewandt wird, wird offensichtlich, daß wir alle Faktoren der Hormone, der Hirn-Hemisphären-Lokalisierung, der Genetik und der Ernährung in Rechnung ziehen müssen, bevor wir das Potential jedes einzelnen Kindes genau einschätzen können. Tatsächlich ist es möglicherweise so, daß jede Etikettierung von Störungen die Unfähigkeit des Kindes und sein Gefühl, versagt zu haben, steigert, sowie seine ohnehin geringe Selbstachtung schwächt.

## Zusammenfassung

- Das Gehirn ist der komplexeste und subtilste Teil des menschlichen Körpers.
- Sobald die beiden Gehirnhälften durch die winzigen Nerven- und Faserbündel miteinander kommunizieren konnten, entstand das Bewußtsein.
- Das Corpus Callosum ist bei Frauen bis zu 40 Prozent größer als bei Männern.
- Männer benutzen überwiegend die linke Gehirnhälfte, wo Logik, Vernunft und rationales Denken angesiedelt sind.
- Frauen tun sich bei Talenten — wie verbalen Fähigkeiten und Sprachverständnis — hervor, die in der rechten Hirn-Hemisphäre angesiedelt sind.
- Männer und Frauen nutzen wahrscheinlich die gleichen Hirnseiten für unterschiedliche Zwecke.
- Gehirne werden (ebenso wie Körper) von Sexhormonen gestaltet.
- Strukturelle Gehirnunterschiede finden sich bei Föten ab der 26. Schwangerschaftswoche.
- Bei Männern finden sich einige Endorphine (von der Körperchemie produziert und im Gehirn freigesetzt), die es bei Frauen nicht gibt — und umgekehrt.
- Es sind Männer, die in unserer Gesellschaft fast alle Gewaltverbrechen verüben.
- Unvermögen wird mit den hemisphärischen Unterschieden verbunden.
- Die große Mehrheit (75%) der als Dyslexiker eingestuften Kinder sind Jungen.
- Fast alle Schüler, die unter »Mathematik-Phobie« leiden, sind Mädchen.

**Kapitel 7**

# Die unterschiedlichen Arten der Wahrnehmung

Ich habe ein sehr einfaches Modell kreiert, um die Skala der Wahrnehmungsfähigkeit von Menschen darzustellen. Ich benutze es für die unmittelbare Verhaltensidentifizierung — etwa so, wie man einen Bilderrahmen benutzt, um ein Bild »zur Geltung zu bringen«. Den meisten Männern und Frauen gibt dieses gebräuchliche Modell einen vorläufigen Überblick darüber, wie die Realität wahrgenommen werden könnte. Ich schätze, daß der Prozentsatz der Bevölkerung, der möglicherweise in die androgyne Kategorie paßt, klein ist — und weniger als zehn Prozent beträgt.

Wie das Modell zeigt, verfügen Männer im Grunde über zwei Arten der Wahrnehmung: physisch oder intellektuell. Frauen verfügen über vier Arten der Wahrnehmung: physisch, intellektuell, emotional und seelisch/geistig (spirituell). Diese Modi-Definitionen werden angewandt, um Verhaltensskalen festzulegen.

Den *physischen* Modus bezeichne ich als objektive Realität — die mit Hilfe der fünf Sinne wahrgenommen werden kann: harte, kalte Tatsachen; oder solide, meßbare Objekte. Den *intellektuellen* Modus definiere ich als Denken, sich vorstellen können, Erkenntnisse gewinnen, Haltungen einschätzen und Standpunkte wahrnehmen. Die emotionalen und seelisch/geistigen (spirituellen) Modi werde ich in diesem Kapitel an späterer Stelle untersuchen.

## Arten der Wahrnehmung

### Männliche Modi

| |
|---|
| Physisch |
| Intellektuell |

### Weibliche Modi

| | |
|---|---|
| Physisch | Intellektuell |
| Emotional | Seelisch/geistig (spirituell) |

Die Interaktion eines Mannes mit der Welt findet durch den physischen oder den intellektuellen Modus statt. (Diese Beschreibung trifft auch auf Frauen zu, die ausschließlich einen dieser beiden Modi anwenden.) Ein Mann nimmt die Lage mittels des Verstandes wahr und drückt sie durch seinen Körper aus. Männer »sprechen« eine physische Sprache, und sie »sprechen« eine Geistessprache, sofern sie gebildet sind. Wie wir in dem Abschnitt über die frühe Kindheitsentwicklung festgestellt haben, reagieren männliche Babys auf die objektive Realität. Wenn sich kleine Jungen und kleine Mädchen mit ihren Malstiften hinsetzen, zeichnen Jungen Gegenstände und Mädchen Menschen. Während sich beim männlichen Geschlecht der Intellekt entwickelt, läßt sein Vertrauen in die physische Ausdrucksweise nach. Aus diesem Grund sucht ein »intelligenter« Mann nach mentalen Lösungen für Probleme und Streß, wogegen weniger gebildete Männer sich auf physische Demonstrationen verlassen, um kommunizieren zu können. Der rationale Verstand eines intelligenten Mannes kann gegen ihn arbeiten, wenn seine Allokation an Entschlußkraft erschöpft ist. Sein Verstand wird jede Verhaltensweise in diesem ungelösten Bereich schnell als Bedrohung empfinden und unverzüglich zum physischen Modus der Emotionen übergehen, solange er das Problem nicht intellektuell (psychisch) lösen kann. Männer interpretieren die physische Realität zuerst und übersetzen sie unverzüglich für den Verstand. Der Verstand wiederum kann Probleme schnell lösen, wenn die Lösung innerhalb der Parameter seines Intellekts liegt. Die Intelligenz eines Mannes und die Menge an Zeit und Energie, die er aufgebracht hat, um ein Problem zu lösen, ist bestimmend dafür, wie rasch er sich dem physischen Lösungsmodus zuwendet. Lassen Sie uns nicht vergessen, daß jede Art der Kommunikation von Frauen mit Männern, von den Männern durch die physischen und intellektuellen Modi interpretiert wird. Ein Mann wird versuchen, eine Situation oder ein Problem intellektuell zu klären oder zu lösen, und wenn ihm das mißlingt, wird er auf eine physische Lösung zurückgreifen. Männer geben Fingerzeige und Signale, wenn sie vom intellektuellen auf den physischen Modus umschalten, und sie gehen davon aus, daß Frauen sich zumindest einiger dieser Signale bewußt sind.

Diese Signale schließen möglicherweise einen starren Blick ein, den Anstieg des Atemtempos, einen Blutandrang in die Muskeln, einen leichten Adrenalin-Ausstoß, eine lautere Stimme (anschnauzen, anfauchen), Aufstehen (eine Ausdehnung der physischen Präsenz, um eine leichte Bedrohung zu projizieren) und die Akzentuierung eines Punktes durch eine physische Geste (Deuten mit dem Finger oder Schlagen auf eine Tischplatte). Das alles sind Demonstrationen der Bereitschaft, die Grenze zwischen dem intellektuellen und dem physischen Modus zu überschreiten. Das mag sich ein wenig so anhören, als sei es an den Haaren herbeigezogen, doch sobald wir das männliche Verhalten genau beobachten, werden wir das Umsteigen vom intellektuellen zum physischen Modus leicht feststellen können.

»Sich von einen Komplex befreien« — das passiert, wenn jemand die Grenze von der intellektuellen Drohung zum Willen, sich auf einen körperlichen Kampf einzulassen, überschreitet. Dieses Umsteigen geschieht möglicherweise auf der Stelle oder niemals. Das hängt von der Intelligenz der beiden beteiligten Parteien ab. Eine Verhaltensänderung ist an *dem* Punkt möglich, an dem die Gedanken enden und die physische Ausdrucksform beginnt. In der Lage zu sein, diesen Punkt zu erkennen, ermöglicht es, Gedanken zu modifizieren und sie in eine geeignete Aktion oder eine geeignete Ausdrucksform zu übersetzen.

Wenn ein Mann als »Intellektueller« gilt, liegen seine Emotionen in seinen Gedanken. Ist er mehr physisch orientiert, liegen seine Emotionen in seinem Körper. Frauen erleben Emotionen auf eine völlig andere Art als Männer. Für den Mann wird *alles* durch einen seiner beiden Wahrnehmungsmodi interpretiert. Männer »denken« traurige Gedanken, oder sie »denken« glückliche Gedanken (Intellekt). Männer drücken ihre Gefühle durch den Körper aus (physisch).

Deshalb sollte es uns nicht überraschen, daß Männer, wenn Frauen bei ihnen über Gefühle reden, annehmen, sie meinten »Denken« oder »Fühlen«. Männer wissen nicht, ob etwas real ist oder nicht, bis es körperlich (zu objektiver Realität) wird. Ein Mann kann planen und planen und planen, doch solange er das Objekt nicht wirklich anfassen kann, haben all seine Pläne für ihn überhaupt keine Bedeutung. Zum Beispiel:

Sie fragt: »Wäre es nicht schön, ein neues Haus zu haben?«

Er sagt: »Nun, du weißt doch, daß jetzt eine schlechte Zeit zum Kaufen ist. Der Zinssatz ist gestiegen.«

Sie fragt: »Aber ist es denn keine gute Idee?«

Er antwortet: »Nein, wegen des Zinssatzes (oder anderer Fakten) ist es keine gute Idee! Sobald wir das Geld und die Zeit haben, werden wir darüber reden.«

Sie entgegnet: »Du bist *immer* so ...« (Den Rest werden Sie sich denken können.)

Warum finden solche Unterhaltungen zu Hunderten von Themen wieder und wieder statt? Was geschieht, ist, daß der Mann alles das, was die Frau sagt (»Dies ist einfach eine gute Idee, und ich möchte nur darüber reden)«, vom Intellekt her ins Physische (»Ich spreche über ein neues Haus, und wir müssen deswegen *sofort* etwas unternehmen!«) übersetzt. Er denkt sich, warum würde sie das Thema wohl überhaupt anschneiden, wenn sie nicht *gleich* etwas wegen eines neuen Hauses unternehmen wollte?

Wenn sie sagt: »Laß uns darüber reden«, denkt er, sagt er oder würde er gern sagen: »Nun, mir macht es keinen Spaß, darüber zu reden, wenn es zu nichts führt. Warum sollte ich? Der einzige Sinn, den ich darin sehe, mit dir über etwas zu sprechen, was zu nichts führt, ist der, daß es dir Spaß macht. Und um dich zufriedenzustellen oder dir einen Gefallen zu tun, werde ich mich herablassen und über ›dummes Zeug‹ reden.«

## Der Schritt von einem Modus zum anderen

Der Schritt vom intellektuellen zum physischen Modus ist nicht notwendigerweise negativ, weil schließlich alle menschlichen Wesen aus Gedanken physische Resultate produzieren. Männer stellen auf eine kreative Weise Nachforschungen an, planen, entwerfen etwas und ersinnen Projekte. Sobald der Intellekt seine Arbeit getan hat, wird dieses Projekt dann in den physischen Modus umgesetzt. Männer tun das instinktiv und folgerichtig, und sie sind sich gewöhnlich des Übergangs von dem einen in den anderen Modus nicht bewußt.

Irrigerweise nehmen Männer an, daß auch Frauen nur die intellektuelle und physische Art der Wahrnehmung anwenden. Diese Annahme veranlaßt Männer, die Signale des emotionalen und des seelisch/geistigen (spirituellen) Modus der Frauen falsch einzuschätzen, weil Männer alles automatisch mittels ihres intellektuellen oder physischen Wahrnehmungsvermögens für sich übersetzen.

## Die emotionalen und seelisch/geistigen (spirituellen) Modi

Die emotionalen und seelisch/geistigen (spirituellen) Modi sind von Männern nicht leicht zu beschreiben, weil sie zu diesen Bereichen gewöhnlich keinen Zugang haben. Ich definiere die emotionalen und seelisch/geistigen (spirituellen) Modi als jene Bereiche der Wahrnehmung, die außerhalb und jenseits der Objektivität, der physischen Sprache und des intellektuellen Verständnisses liegen.

Will er eine Emotion beschreiben, deutet ein Mann gewöhnlich auf eine Körperregion. Er deutet auf seinen Kopf (intellektuell/spirituell), sein Herz (emotional/spirituell) oder seinen Bauch (emotional/physisch). Die Art, in der er »Emotion« interpretiert, ist, sich an Gefühle zu erinnern oder sie sich vorzustellen. Ich behaupte, daß Frauen, zusätzlich zur männlichen Erfahrung mit Emotionen, eine *direkte Erfahrung* mit Emotionen haben, die weder physisch noch intellektuell ist. Diese direkte Erfahrung verwirrt den Mann, weil er vermutet, daß die Frau in der Lage ist — und es auch sein sollte —, ihre Gefühle durch seine beiden Modi zu übermitteln.

## Ich habe einfach so ein Gefühl

Manchmal *haben* Frauen einfach Gefühle; sie sind fähig, ohne jeden Grund, Emotionen zu erleben. Die meisten Männer (und Frauen, die erzogen wurden, ihren eigenen *direkten* emotionalen und spirituellen Gefühlen nicht zu trauen), finden diese Behauptung so gut wie unverständlich. Falls es einen Grund für sie gibt, eine Emotion zu haben, ist die Frau sich dessen womöglich gar nicht bewußt, aber es gibt auch Zeiten, zu denen eine Emotion rein aus sich selbst heraus existiert. Frauen »fühlen« sich manchmal ohne jeden Grund glücklich oder traurig, und sie erzählen das den Männern. Da Männer *immer* einen Grund für ihre Emotionen haben (sie mögen sich des Grundes zwar nicht bewußt sein, *wissen* jedoch, daß es einen Grund gibt), tendieren sie dazu, sich über den emotionalen Status einer Frau lustig zu machen oder ihn als unbedeutend abzutun. Besonders dann, wenn sie ihnen (oder einer von Männern erzogenen Frau) erzählt, daß es keinen »Grund« für diese Gefühle gibt. Das Ergebnis dieser großen Kluft zwischen den Geschlechtern ist, daß Frauen entweder gelernt haben, nicht so häufig über ihre Emotionen zu sprechen, oder aber Meisterinnen darin geworden sind, Gründe für ihre Emotionen zu erfinden, um die Männer zu beruhigen. Wenn ein Mann beispielsweise merkt, daß eine Frau deprimiert ist (gemäß seiner Definition vom »Deprimiertsein«), könnte sich folgendes Gespräch entwickeln:

Mann: »Bist du traurig?«

Frau: »Ich schätze, das bin ich.«

Mann: »Worüber bist du traurig?«

Frau: »Ich weiß es nicht.«

Der Mann (er denkt, er könne ihr aus ihrer Verwirrung heraushelfen) wird dann versuchen, die möglichen Gründe für ihre Traurigkeit einzukreisen, um ihr eine Lösung anbieten zu können. Männer operieren bei Gesprächen oder unter Umständen, die ihren physischen oder intellektuellen Modi nicht völlig entsprechen, nicht besonders gut. Wenn eine Frau über etwas spricht, was außerhalb der beiden Modi (intellektuell und physisch) des Mannes liegt, nimmt er an, die Frau müsse es zu schätzen wissen, aus dieser »Ich weiß es nicht«-Lage auf dieselbe Art herauszukommen, wie er sich ihrer zu entledigen pflegt. Die Frau aber hat das Gefühl, der Mann wolle sie nicht einfach »sie selbst sein« lassen. Sie nimmt an, er wolle ständig auf ihr herumhacken oder versuche, ihr das Gefühl zu vermitteln, »unintelligent« zu sein. Keine dieser Annahmen ist richtig.

Er versucht nur, eine Situation zu klären, in der er sich unwohl fühlen würde. Er unternimmt den Versuch, ihr zu »helfen«, indem er sie in *den* physischen oder intellektuellen Modus zurückversetzt, in dem *er* sich wohl fühlt.

## Das Geistige (Spirituelle)

Der spirituelle Modus liegt außerhalb des physischen oder intellektuellen Bereichs eines Mannes. Und noch einmal: Männer haben die Spiritualität in ihre physischen Formen (Ikonen, Idole, Statuen, Flaggen, Fastenregeln, kunstfertig gestaltete Kathedralen und Tempel) oder in ihre intellektuellen Formen (Philosophie, Religion, Dogmen, eine hochtrabende Sprache und Rituale) umgesetzt. Wenn ein religiöser Mann über seine Religion spricht, redet er gewöhnlich über ihre Prinzipien, ihre Struktur, ihre Rituale, ihre Geschichte und über die Art, in der sie zelebriert wird. Eine Frau spricht von ihrem spirituellen Erlebnis. Frauen nehmen an der religiösen Zeremonie teil, um ein Erlebnis spiritueller Natur »zu wiederholen«.

Wie sie es mit den Emotionen tun, nehmen die meisten Frauen auch das Spirituelle als *direkte* Erfahrung wahr. Falls und wenn Männer *tatsächlich* ein »geistiges« Erlebnis haben, neigen sie dazu, eine Religion ins Leben zu rufen oder um dieses Erlebnis herum ein Dogma aufzubauen, um es innerhalb ihrer beiden Modi unterbringen zu können. Ein Mann findet in Regeln und Regulierungen Halt, so daß er sich nicht allzuhäufig in den spirituellen Bereich vorwagen muß. Jene Männer, die auf einer konstanten Basis in geistige Höhen emporgestiegen sind, haben die Kontrolle über ihre physische Realität aufgegeben (oder sie niemals gehabt). Viele der berühmten »Meister« und Gurus muß man daran erinnern, zu essen und zu baden, und gewöhnlich sind es ihre treuen Gefolgsleute, die sich um all das (Körperliche) kümmern. Die meisten Männer können sich entweder nicht den Luxus leisten, den physischen Modus öffentlich zu verdammen, um den spirituellen Status zu erreichen, oder sie halten die Vorteile (der spirituellen Ebene) dieser Mühe nicht für wert.

Frauen dagegen können in den Genuß des spirituellen Modus gelangen, *ohne* dafür ihre physische Realität aufgeben zu müssen. Männer aber müssen zwischen dem physischen oder spirituellen und zwischen dem intellektuellen und emotionalen Modus *wählen*. Eine der häufigsten Klagen, die ich von Frauen höre, ist die, daß sie keinen »ausgeglichenen Mann« finden können. Mit »ausgeglichen« meinen Frauen einen Mann, der sich so frei zwischen den vier Modi hin und her bewegen kann wie sie selbst. Frauen nehmen an, Männer genössen es, darauf zu bestehen, daß alles durch ihre beiden Modi interpretiert werden muß. Gleichzeitig versuchen Männer, sich in Geduld zu üben, weil sie annehmen oder hoffen, daß Frauen sich schließlich für den physischen oder intellektuellen Modus entscheiden werden, bevor sie selbst ihre Zeit damit »verschwenden«, sich zu bemühen, »auf dieser Ebene« mit ihnen zu kommunizieren.

## Das Überschreiten der physischen Barriere

Wenn ein Mann angefaßt wird — ob nun von einem Mann oder von einer Frau —, ist seine physische Barriere überschritten worden. Eine Berührung ist für ihn das Signal dafür, daß die Situation sich von der intellektuellen auf eine physische Ebene verlagert hat. Dieses Signal kann sowohl positiv bewertet werden (eine freundliche Geste, eine sexuelle Geste) als auch/oder negativ (Dominanz, territoriale Bedrohung, Ausdruck von Wut). Frauen werden manchmal dazu angehalten, am Arbeitsplatz mit zufälligen Berührungen vorsichtig umzugehen. Was für eine Frau einfach wie eine freundliche Geste aussieht (das Berühren eines Arms oder eine kurze Umarmung), könnte von einem Mann falsch ausgelegt werden — nämlich so, daß die Beziehung damit auf eine physische Ebene verlagert worden ist. Falls er gemäß der Interpretation seiner eigenen Signale reagiert, indem er freundlicher darauf eingeht, als die Frau es beabsichtigt hatte, könnte er aller Wahrscheinlichkeit nach das Gefühl haben, gefoppt worden zu sein, oder glauben, die Frau hätte mit ihm gespielt. Die Frau jedoch ist sich dieser (seiner) Gefühle nach wie vor nicht bewußt. Männer überprüfen in all ihren zwischenmenschlichen Beziehungen solche Fingerzeige ständig durch ihren intellektuellen oder physischen Wahrnehmungs-Modus.

Konkurrenz zwischen Männern drückt sich gewöhnlich durch körperliche Stärke oder durch intellektuelle Ausdauer aus. Physische Stärke beinhaltet wahrscheinlich Geld, Territorialbesitz oder Muskeln als Ausdrucksformen körperlicher Macht. Intellektuelle Geduld beinhaltet Referenzen, akademische Titel sowie geschäftliche/berufliche Kontrolle als Ausdrucksformen intellektueller Macht. Männer sind eher bereit, sich auf Gebieten miteinander zu messen, auf denen sie sich am stärksten fühlen.

## Disparität beim physischen »Spiel«

Wenn Männer physisch »spielerisch« mit Frauen umgehen, oder wenn Frauen versuchen, sich auf physische Spielereien einzulassen, wird gewöhnlich eine Reihe von Signalen fehlinterpretiert. Die größere physische Stärke eines Mannes vorausgesetzt, könnte er sich der Frau gegenüber benachteiligt oder sich von ihr manipuliert fühlen, weil er ihr gegenüber seine Stärke nicht in dem gleichen Maße zeigen darf, wie er es bei einem Mann tun könnte. Er könnte also annehmen, daß sie sich in ihrer Zartheit sonnt oder »die Schwache spielt«. Wie wir schon erwähnt haben, bekommt ein Mann nicht so leicht blaue Flecken wie eine Frau und hat auch weniger Nervenendungen, die ihn Schmerz empfinden lassen; seine Haut ist dicker, und sein Blut gerinnt schneller. Diese körperlichen Charakteristika und geistigen Vorstellungen in ihrer Kombination können eine Frau »erdrücken«, und sie »übersetzt« sie dann als offensichtliche Grobheit oder starken Mangel an Sensibilität von seiten des Mannes. Der Mann, der die Disparität zwischen seinem physischen Potential und dem der Frau kennt, muß sich ständig »im Zaum halten«, es sei denn, die Frau verfügt über einen hohen Testosteronspiegel oder wurde eigens trainiert, es körperlich mit Männern aufnehmen zu können. Männer und Frauen müssen sich bewußt sein, daß Männer einen überwältigenden Vorteil haben, wenn rohe Gewalt ein Faktor des Konkurrenzkampfes ist.

## Emotionaler Dialog kontra Angriff

Eine Frau andererseits kann den emotionalen Modus nicht völlig freisetzen, weil ein Mann nicht in der Lage wäre, dem standzuhalten, was für ihn wie ein Angriff aussehen *muß.* Ähnlich wie in Anbetracht der körperlichen Benachteiligung der Frau, kann der Mann auch emotional nicht auf derselben Ebene reagieren wie die Frau. Forschungsergebnisse lassen darauf schließen, daß Frauen genauso Streß erzeugen wie Männer, doch ein Frauenkörper setzt den Streß schneller frei und kehrt bald wieder zum »Normalzustand« zurück. Der Männerkörper hat es schwerer, zum Normalzustand zurückzukehren, was dem Mann das Gefühl gibt, »blaue Flecken auf der Seele« zu haben — weit mehr noch, als die Frau sie zu haben scheint! Die Äußerung eines Mannes, »er könne im Augenblick nicht mehr reden oder streiten«, mag zu dem Schluß führen, er wolle eine Konfrontation vermeiden. Aber er spricht *tatsächlich* die Wahrheit — von *seinem* Standpunkt aus. Die Frau wird von Emotionen nicht so berührt wie er. Also ist er geneigt, sich selbst vor ihrem offensichtlichen Mangel an Anteilnahme und Sympathie für seine Realität zu schützen.

Physische Gewalt von Männern gegen Frauen resultiert aus der Unfähigkeit des Mannes (oder aus seinem Unwillen), seine Frustration in ein intellektuell entwickeltes emotionales Ventil zu lenken. Um physisch mißhandelte Frauen sorgt sich die Nation gewiß zu Recht, und ich rate durchaus dazu, daß Männer und Frauen sich zu diesem Thema mehr Wissen aneignen. Die *emotionale Mißhandlung von Männern* durch Frauen wird jedoch selten diskutiert. Sie findet sich fast ausschließlich in Form von Witzen und Spott. Wenn ein Mann sich gegen eine Frau wehrt, indem er ihr sagt, sie ginge zu weit, mißdeutet sie sein Signal häufig und glaubt, er sei schließlich soweit, Emotionen zu äußern. Da sie das Gefühl hat, auf dem richtigen Weg zu sein, fährt sie fort, ihn zu bedrängen. In meinen Workshops gaben Frauen wiederholt zu, daß sie bewußt Dinge sagen, die einen Mann verärgern müssen, nur um ihn dazu zu kriegen, sich zu öffnen. Der Versuch einer Frau, den Mann dazu zu bekommen, durch den *emotionalen* Modus »Ballast abzuwerfen«, gibt ihm häufig das Gefühl, von einer Frau manipuliert und/oder ernsthaft verletzt zu werden, weil sie ihre emotionale »Muskelkraft« einsetzt.

## Modus-Fehlinterpretation

Männer versuchen konstant, die emotionalen Stadien der Frauen in ihre eigenen Interpretationen der Realität einzubeziehen, um damit umgehen zu können. Frauen, die mit Männern über ihre Gefühle sprechen, müssen damit rechnen, daß ihnen Fragen gestellt werden, die einem anderen Mann gewiß helfen würden, sich auf die Wurzel seiner Emotionen zu konzentrieren und sich darüber klarzuwerden. Frauen jedoch belegen diese Interpretationsversuche mit Eigenschaften wie Engstirnigkeit und Ungeduld von seiten des Mannes — eine Dynamik, die wir später genauer untersuchen werden.

Unglücklicherweise lösen die »Übersetzungs«-Versuche eines Mannes bei einer Frau das Gefühl aus, mißverstanden, ignoriert oder »dressiert« zu werden, und sie wird ärgerlich, regt sich auf, fühlt sich frustriert — oder auch alles zusammen. Sie geht dann zu einer Freundin, mit der sie sprechen kann. Und sie hat jetzt nicht nur das Gefühl, daß der Mann ihre emotionalen Bedürfnisse nicht befriedigt, sondern ist auch enttäuscht, weil ihr Intimpartner (von dem sie glaubte, er sei ihr bester Freund) sie »im Stich ließ«. Die Unterstützung durch die Freundin wird für sie zum weiteren Beweis dafür, daß ihr Intimpartner eigentlich hätte fähig sein müssen, ihr zuzuhören. Sie nimmt nun an, der Mann sei das »Problem«. Immerhin war die Freundin in der Lage, sie zu verstehen und ihr Dilemma augenblicklich in den Griff zu bekommen. Auch ein Freund wäre möglicherweise fähig gewesen, ihr verständnisvoll zuzuhören, da er emotional nicht beteiligt ist (er investiert schließlich keine Energie) und ihrer Situation gegenüber »objektiv« erscheinen kann.

## Kampf oder Flucht

Jahrtausendelang haben Männer schnelle Entscheidungen treffen müssen — aufgrund von »Signalen«, die sie in Situationen erhielten, die es ihnen abverlangten, Stellung zu beziehen (zu kämpfen) oder wegzulaufen (zu flüchten). Als Ergebnis der Evolution verfügen Männer über eine »eingebaute« Hirnchemie und physische Attribute, die die Wahl, die sie treffen, auf natürliche Weise unterstützen. Wenn die Reaktion die ist, kämpfen zu wollen, ist der Körper des Mannes — wie wir bereits festgestellt haben — vorbereitet: Er hat eine dickere Haut, weniger Nervenendungen, mehr Haar und größere Lungen, die die Muskeln mit dem benötigten Sauerstoff versorgen. Seine Gelenke sind fest verbunden, um dem Anprall widerstehen und mit Wucht zuschlagen zu können, seine Knochen sind massiv und schwer, um Schläge abfangen zu können, und sein Hirn setzt Endorphine frei, die den Herzschlag beschleunigen. Weitere Körperchemikalien machen ihn schmerzunempfindlich (es ist derselbe Betäubungseffekt, den Kokain und Morphium erzeugen), und sein Blut gerinnt schneller. Falls seine Reaktion die ist, wegzulaufen, wird Adrenalin freigesetzt, was ihn schneller macht. Und auch seine Muskeln werden elastischer.

## Die fünf Konzessionen der Frauen

Das physische Universum ist die ideale Männerdomäne. Der Mann orientiert sich *physisch*, und Männerhirne sind so organisiert, daß sie mit der objektiven Realität umgehen können. Nichtsdestotrotz habe ich bei meiner Arbeit mit vielen verschiedenen Frauengruppen (und bei meiner Beratungstätigkeit in Einzelgesprächen) festgestellt, daß Frauen ständig abverlangt wird, sich mit einer Reihe von Punkten auseinanderzusetzen, die für sie nur deshalb ein Thema sind, weil sie sich *nicht* auf der Basis des physischen Universums orientieren. Diese Punkte nenne ich »Konzessionen«, und ich möchte sie frei als »ungelöste Konfrontationen« beschreiben, die in Frauen das unbestimmte Gefühl auslösen, »nachgegeben zu haben« oder »etwas/jemandem ausgeliefert« zu sein.

Diese Konzessionen liegen einem Großteil weiblichen Verhaltens zugrunde, selbst dann, wenn die Frauen sich nicht bewußt mit ihnen auseinandersetzen mögen. Falls Sie eine Frau sind, erkennen Sie möglicherweise eine oder alle dieser Konzessionen als Situationen wieder, die Sie entweder (mühsam) toleriert oder aber mit denen Sie sich lange, lange Zeit herumgeschlagen haben. Da die Männer um Sie herum diese Sorgen nicht zu haben scheinen, geben Sie sich entweder selbst die Schuld oder beschließen irgendwann, mit dem zu leben, was eine fast unerträgliche Bürde zu sein scheint. (Viele homosexuelle Männer und extrem kreative, linkshändige Männer sind sicher ebenfalls gezwungen, eine — jedoch gewiß nicht alle — dieser Konzessionen zu machen.) Falls Sie ein Mann sind, erkennen Sie vielleicht einige dieser jahrhundertealten Konzessionen, die Frauen zu verbalisieren suchten, denen Sie jedoch möglicherweise wenig Beachtung geschenkt haben. Ich betrachte diese Konzessionen als feminine »höhere Instanz« — den Preis, den Frauen zahlen müssen, um im physischen Universum leben zu können. Doch obwohl Konzessionen für die Existenz einer Frau im physischen Universum ein ständiger Begleiter sind, müssen sie nicht zwangsläufig eine Bürde sein.

## *Existenz auf der physischen Ebene*

Die erste Konzession, die Frauen machen, ist, überhaupt im physischen Universum leben zu müssen. Allein das »Sein« im physischen Universum bedeutet für Frauen eine große

Einschränkung. Die Tatsache, daß sie einen Körper hat, kann für die Frau sehr lästig und beengend sein. Manchmal wird dieser Körper krank, und sie muß ihn pflegen. Manchmal fühlt er sich großartig an, und manchmal tut er das nicht. Frauen haben tief in ihrem Innern das Gefühl, sie müßten nicht in der physischen Realität verankert sein oder sich in ihr orientieren. Für Frauen existieren andere Realitäten, die nicht so schwerfällig sind wie das physische Universum (emotionale und spirituelle Modi). Dennoch muß eine Frau in der objektiven Realität operieren, ob es ihr nun gefällt oder nicht. Sie kann nicht einfach mit den Fingern schnippen und irgendwo anders auftauchen, selbst dann nicht, wenn sie nach ihrer eigenen Erfahrung irgendwo das Gefühl hat, genau das tun zu können.

Ich behaupte, daß Frauen und ihre Beziehungen außerhalb der objektiven Realität existieren. Was wir normalerweise subjektive Realität nennen (Emotionen, Intuition, außersinnliche Wahrnehmung, Spiritualität und ähnliches), existiert zwar innerhalb des Gehirnbereichs, und trotzdem liegen diese Elemente jenseits der männlichen Wahrnehmungs- und Verständnisfähigkeit. Deshalb würdigen Männer (wie die meisten Menschen) alles herab, was jenseits ihrer Verständnisfähigkeit liegt. Ist es da ein Wunder, daß Männer mit Frauen umgehen, als hätten sie keine Ahnung, seien launisch und unrealistisch?

Die Vorstellung, daß Frauen außerhalb der männlichen Realität existieren können, ist für Männer sehr verwirrend, weil sie einen Bereich impliziert, der außerhalb ihrer Kontrolle liegt. Frauen fordern Männer kontinuierlich auf, ihre physischen und intellektuellen Grenzen zu überschreiten, ohne sich bewußt zu sein, daß ein Mann diese Begrenzungen aufrechterhalten *muß*, um geistig gesund zu bleiben. Diese Grenzen sind für Männer auf dieselbe Art gesund, wie sie für Frauen *un*gesund sind. Wenn Frauen mit Männern zusammenarbeiten wollen, müssen sie erkennen, daß die physische Ebene (obgleich sie selbst sie als Last empfinden), für Männer von entscheidender Bedeutung ist. Einen Mann aufzufordern, diese Grenzlinie zu überschreiten und in die grenzenlose weibliche Realität einzutauchen, mag *einer Frau* als simple Forderung erscheinen, doch *einem Mann* könnte es lebensbedrohend vorkommen.

## *Das Unterdrücken von Wut*

Frauen hegen einen innerlichen Groll, auf der physischen Ebene »gefangen« zu sein. Um diese Wut loszuwerden, müssen sie bereit sein, eine Balance zwischen den Ebenen männlicher/weiblicher Existenz zu finden.

Frauen wissen, daß sie nicht so »schlecht« sind, wie sie sein könnten! Sie disziplinieren sich, halten einen Großteil ihrer Impulse unter Kontrolle und zahlen einen enormen Tribut an diese »höhere Instanz«, um ihren emotionalen Zorn zu unterdrücken. (Das männliche Äquivalent zu dieser Konzession ist es, die physische Aggression einzudämmen.) Manchmal würden Frauen gern Situationen heraufbeschwören, nur um zu beobachten, wie die Männer sich dann winden, doch sie tun es nicht. Wenn sie in Gesellschaft von Männern sind, lachen Frauen nicht soviel, wie sie es in Gesellschaft anderer Frauen tun würden. Sie zügeln ihre Spontaneität, ihre Intelligenz und ihre generell feminine Perspektive, um mit Männern zurechtkommen zu können.

Nimmt man all dies als gegeben hin, so ist es für Frauen sehr wichtig, sich *gesunde* Möglichkeiten zu suchen und diese Wut freizusetzen, ohne sich selbst oder ihren Familien zu schaden.

## *Das Aufgeben von Frustration*

Die dritte Konzession, die Frauen machen, ist es, mit der ständigen Frustration fertig zu werden, unterdrückt, mißverstanden und mißbraucht zu werden. Frauen überprüfen sich auch ständig, um sich »richtig« zu verhalten. Da sie aber gewöhnlich an den Maßstäben der männlichen Realität gemessen werden, scheint es für sie keine Möglichkeit zu geben, durchgehend »okay« zu sein. Frauen müssen ihre eigene Realität klar umreißen und ein Selbstbewußtsein entwickeln, das nicht auf männlichen Standards basiert.

## *Die männliche Realität aushalten*

Die vierte Konzession, die Frauen machen, ist es, die männliche Vorstellung von Realität überhaupt zu ertragen. Frauen müssen fähig sein, in der rationalen, physischen Welt zu arbeiten, um mit den Männern zurechtzukommen, doch Männer sind nicht gezwungen, in der femininen Welt leben zu müssen, um zu *über*leben. Um des lieben Friedens willen gehen Frauen ständig Kompromisse ein. (Männer gehen ebenfalls Kompromisse ein, um Konflikte zu vermeiden.) Manchmal stimmen Frauen mit Männern überein, vor allem dann, wenn Männer »kneifen«. Kneifen hingegen Frauen, beschuldigt man sie, »unterwürfig« zu sein; beziehen sie aber Stellung und kämpfen, beschuldigt man sie, biestig zu sein, selbst wenn sie merken, wie ihre Energie mißbraucht wird. Bis Männer sich der weiblichen Realität bewußt werden und sie respektieren, können weder Männer noch Frauen »dieses Spiel gewinnen«.

Die fünfte Konzession, die Frauen machen, ist es, geduldig abzuwarten, bis die männliche Abhängigkeit von der physischen Ebene sich wandelt, so daß wir uns als Spezies darauf einstellen können, das intuitive und spirituelle Reich mit einzuschließen und uns weniger von der physischen Realität abhängig zu machen.

Diese Konzessionen erscheinen Frauen sinnvoll. Doch den meisten Männern sind weder die Härten bewußt, denen Frauen ausgesetzt sind, wenn sie innerhalb des physischen Universums operieren, noch die enormen Folgerungen dieser Konzessionen.

Wenn Männer etwas nicht erklären können, verbannen sie es an die äußeren Grenzen des Unbekannten oder ins Reich des Spiritismus, oder sie bezeichnen es als Glückssache — entweder positiv oder negativ. Und obwohl Männer sich möglicherweise über die physische objektive Realität beklagen, finden sie doch Trost in ihrer Voraussehbarkeit.

Es hat immer einen Kampf der Geschlechter gegeben. Trotzdem war der Geschlechterkampf vor 15 000 Jahren nur ein Gesprächsthema der Reichen oder wurde durch mythologische Mächte oder Gottheiten in männlicher und weiblicher Form dargestellt. Bei einer durchschnittlichen Lebenserwartung von 24 Jahren war der Großteil der Bevölkerung nur mit dem Überleben beschäftigt, und die meisten Menschen waren sich des Kampfes der Geschlechter deshalb gar nicht bewußt — geschweige denn, seiner Intensität. In vielen Kulturkreisen verfügen Männer und Frauen heute über genügend freie Zeit, sich darüber klarzuwerden, daß wir nicht vergleichbar sind. Und ich bin der Meinung, daß es noch gar nicht so lange her ist, daß wir uns der Immensität unserer Unterschiede bewußt wurden.

Als *Menschen* scheinen wir uns durch unser individuelles Potential und durch milieubedingte Zwänge weiterzuentwickeln. Dieses Wechselspiel (Natur und Nahrung) scheint unsere genetische Entwicklung zu beherrschen, läßt uns aber unserer eigenen Gnade ausgesetzt zurück.

Viele Menschen halten feminine Eigenschaften, wie fürsorglich zu sein und sich einander verbunden fühlen zu wollen, für unreif und unnötig, obwohl dies — meiner Meinung nach — einige der wichtigsten Elemente bei der Entwicklung der Zivilisation waren und sind. Sicherlich ist jetzt die Zeit gekommen, neu zu definieren, was es bedeutet, ein reifer Erwachsener zu sein, und die weiblichen Werte in das neu entstandene Modell der »ausgeglichenen Humanität« einzugliedern.

Wenn wir unsere Fähigkeit einsetzen, mit unserem Denken umzugehen und die Art, in der wir leben zu ändern, können wir uns einige Optionen schaffen. Doch diese Optionen werden — nach wie vor — durch die Körper ausgedrückt werden, in denen wir leben. Aus diesem Grund ist es an der Zeit, daß wir uns beide mit unseren Unterschieden vertraut machen und lernen, mit ihnen zu leben.

Zu Beginn dieses Kapitels habe ich konstatiert, daß die Wahrnehmungs-Modi sich als Verhaltensskalen erwiesen haben. Das folgende Modell der Verhaltensskala erläutert meine Theorien über männliche und weibliche Realität und erklärt, wie sie jeweils wahrgenommen wird. Möglicherweise sind Sie in der Lage, sich selbst und andere in diesem Modell wiederzufinden, und beginnen zu sehen, warum und wo die strittigen Punkte bei Ihren Beziehungen zu anderen zu Konflikten führen können.

## Verhaltensskalen

Die männliche beginnt
hier und expandiert
nach außen

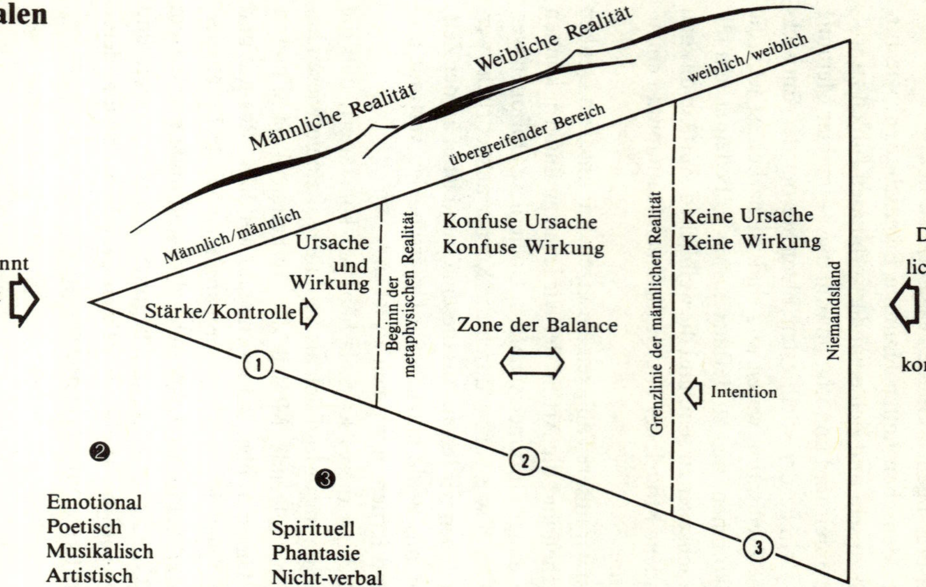


Die weib-
liche fängt
hier
an und
kontrahiert
einwärts

❶

Physisch
Logisch
Organisatorisch
Exklusivität
Verbal
Analytisch
Linear
Rationale Existenz
(Objektives Wissen)

❷

Emotional
Poetisch
Musikalisch
Artistisch
Humorvoll
Irrationale Existenz
(Subjektives Wissen)

❸

Spirituell
Phantasie
Nicht-verbal
Inklusivität
Spontane Existenz
Impulsives Wissen

## Zusammenfassung

- Männer verfügen grundsätzlich über zwei Arten der Wahrnehmung: physisch und intellektuell.
- Frauen verfügen über vier Arten der Wahrnehmung: physisch, intellektuell, emotional und spirituell.
- Ein Mann nimmt seine Orientierung verstandesmäßig wahr und drückt sie durch den Körper aus.
- »Intelligente« Männer suchen mentale Lösungen für Probleme und Streß.
- Weniger intelligente Männer greifen auf physische Demonstrationen zurück, um zu kommunizieren.
- Männer geben Fingerzeige und Signale, wenn sie vom intellektuellen zum physischen Modus übergehen.
- Männer wissen nicht, ob etwas real ist oder nicht, bis es körperlich greifbar wird (objektive Realität).
- Männer nehmen fälschlicherweise an, daß Frauen nur die intellektuellen und physischen Modi der Wahrnehmung nutzen.
- Der Schritt vom intellektuellen zum physischen Modus ist ein positiver Schritt, um Ideen in physische Resultate umzusetzen.
- Frauen haben eine *direkte* Erfahrung mit Emotionen und der Spiritualität, die *weder* physisch *noch* intellektuell ist.
- Männer haben den Spiritualismus in physische oder intellektuelle Formen übersetzt.
- Wenn ein Mann angefaßt wird — ob nun von einem Mann oder einer Frau —, liegt seine Wahrnehmung im physischen Modus.

- Konkurrenzkampf zwischen Männern drückt sich gewöhnlich durch physische Stärke oder intellektuelle Ausdauer aus.

- Männer sind Frauen gegenüber im Vorteil, wenn rohe Gewalt ein Faktor des Konkurrenzkampfs ist.

- Männer fühlen sich häufig von Frauen manipuliert und/oder verletzt, weil die ihre »emotionalen Muskeln« spielen lassen.

- Eine Frau steht genauso unter Streß wie ein Mann, doch ihr Körper befreit sich schneller vom Streß und kehrt rascher zum »Normalzustand« zurück.

- Männer haben eine »eingebaute« Hirnchemie und physische Attribute, die die Wahl zwischen »kämpfen« oder »fliehen« auf natürliche Weise unterstützen.

- Frauen machen ständig eine Reihe von Zugeständnissen, weil ihre Wahrnehmungsorientierung sich nicht auf das physische Universum gründet.

- Konzessionen sind unlösbare Konfrontationen, die bei Frauen das Gefühl auslösen, »nachgegeben zu haben« oder »etwas/jemandem preisgegeben zu sein«.

- Die fünf Konzessionen, die Frauen machen:
  Existenz auf der physischen Ebene
  Das Unterdrücken von Wut
  Das Aufgeben von Frustration
  Das Aushalten der »männlichen« Realität
  Geduld

- Als Menschen scheinen wir uns durch individuelles Potential und milieubedingte Zwänge weiterzuentwickeln.

## Kapitel 8

# Objektive kontra subjektive Realität

Einige der Einschränkungen und Optionen zu verstehen, die für uns als menschliche Wesen existieren, kann den Druck mildern, der uns zwangsläufig befällt, weil wir sonst denken müßten, mit uns stimme etwas nicht. Außerdem kann uns das das Verständnis für das »natürliche« Verhalten der anderen vermitteln, auch wenn es sich möglicherweise von unserem eigenen unterscheidet.

## Unübersetzbare Unterschiede

Wir haben alle festgestellt, daß es Lebenserfahrungen gibt, die für Männer und Frauen nicht austauschbar sind, obwohl wir als Männer und Frauen derselben Spezies angehören. Männer werden beispielsweise niemals wissen, wie es ist, neun Monate lang ein Baby auszutragen oder einen Monatszyklus zu haben. (Selbst unter Frauen mag die Erfahrung unterschiedlich empfunden werden, doch die Gemeinsamkeit dieses Erlebens wird auf jeden Fall akzeptiert.) Die Frau kann versuchen, dem Mann diese Erfahrung in — wie sie glaubt — »äquivalenten« Begriffen zu beschreiben, doch sie wird trotzdem niemals völlig übertragbar sein. Ein Mann kann die Empfindung, wie es ist, Leben in seinem Körper zu tragen, nur erahnen. Das gilt auch für die Auswirkungen, die dieses Erleben auf die Frau hat — ihre erhöhte Sensibilität für Geräusche, Temperaturen und Berührungen.

Entsprechend sind auch die Lebenserfahrungen von Männern nicht immer auf Frauen übertragbar. Beispielsweise reagieren Männer in manchen Situationen aufgrund einer Geschlechtsprogrammierung aus der Vergangenheit.

Männerkörper und der männliche Verstand entwickelten sich, um die Funktion des Mannes als Jäger zu stützen. Männer haben die Fähigkeit, Zeit und Entfernungen relativ exakt abzuschätzen, weil ihr Leben davon abhing. Sie mußten genau wissen, wie weit ein Tier oder ein Feind von ihnen entfernt war; sie mußten wissen, wie schnell sie laufen mußten oder wie weit ein Rivale seinen Speer werfen konnte. Diese »technischen« Talente entfalteten sich im Laufe von Hunderttausenden von Jahren.

Ein Beispiel für das instinktive Verhalten in der heutigen Zeit liefert ein Mann, der mit seiner »Verabredung« ausgeht. Sie reden und amüsieren sich beim Abendessen in einem Restaurant. Dann gehen sie hinaus auf den dunklen Parkplatz, und man kann beobachten, wie der Mann, der in dem Restaurant so entspannt und liebenswürdig war, sich verschließt und sehr still wird. Auf einer unbewußten Ebene überprüft er kritisch, ob auf dem Parkplatz irgendeine Gefahr lauert. Er muß nicht nur sich selbst schützen, sondern auch die Frau. Da werden in seinem Körper Chemikalien freigesetzt, und da werden in seinem Gehirn Endorphine freigesetzt, ganz so als ob es eine potentielle physische Bedrohung gäbe. Er überprüft das mit seinem Radarsystem, und die Frau — blind gegen die Gefahr — möchte weiterplaudern.

> Sie sagt: »Oh, hat das nicht Spaß gemacht? Was möchtest du jetzt unternehmen?«

Seine Kiefer beginnen sich zusammenzupressen, und bis zu dem Augenblick, da sie das Auto erreicht haben, ist er total verärgert, und sie hat keine Ahnung, warum. (Er weiß es möglicherweise selbst nicht!) Der Grund, aus dem er ärgerlich wird, ist der, daß er sich verletzt fühlt und sauer ist, weil sie so »leichtsinnig« gewesen ist. Da war *er*, der versuchte, ihr Leben zu retten (es spielt keine Rolle, daß es keine *reale* Bedrohung gab — die Umgebung und die besonderen Umstände vermitteln ihm nun einmal *das Gefühl* der Bedrohung und lassen ihn reagieren, als stünde ein Angriff bevor), und alles, was *sie* tat, war, über etwas zu »plappern«, was für ihn weder wichtig noch bedeutsam war. Er denkt: »Das hätte doch Zeit gehabt, bis wir in der Sicherheit des Autos sitzen.« Und er fühlt sich nicht mehr wohl neben ihr.

Die meisten Männer sind sich nicht einmal bewußt, daß dieser Prozeß abläuft. Wenn ich dieses Beispiel allerdings in meinen Workshops anbringe, sagen viele Männer: »Oh, ich habe gar nicht realisiert, daß es *das* ist, was da vorgeht. Aber, Sie haben recht, ich tue das«, oder: »Ich glaubte, sie *wüßte*, was ich da tue.«

## Ego-Orientierung

Eines der Evolutionsergebnisse der Spezialisierung im männlichen Gehirn ist seine Orientierung oder sein Standpunkt — die Art, wie er seinen Platz auf dem Planeten wahrnimmt. Das Wort, das man normalerweise für diese Orientierung benutzt, ist Ego. Die erste Wörterbuchdefinition von »Ego« ist einfach: »Das Selbst, das Individuum, das sich seiner selbst bewußt ist.«

In der Art und Weise, in der ich es anwende, um die männliche Realität zu beschreiben, ist Ego ein Wort, das Frauen niemals, wirklich *niemals* auf Erfahrung beruhend verstehen werden. Außerhalb seiner Verwendung in der klinischen Psychologie wird das Wort häufig in einem negativen Zusammenhang benutzt, und seine Implikationen schließen Selbstgerechtigkeit, Rücksichtslosigkeit und Eigendünkel ein.

Ein Hauptunterscheidungsmerkmal zwischen Männern und Frauen ist dieser »Brennpunkt« oder die »Ego«-Orientierung.

## *Das mißverstandene männliche Ego*

Die Realität eines Mannes beginnt in ihm selbst und bewegt sich nach außen. Sie beginnt an einem »Punkt« in seinem Körper. (Wenn er intellektuell orientiert ist, ist der »Punkt« in seinem Kopf; ist er physisch orientiert, ist der Punkt gewöhnlich in seinem Herzen oder Bauch angesiedelt.) Er dehnt sich nach außen aus, verbraucht dabei Energie und beginnt, mit dem physischen Universum durch das zu interagieren, was normalerweise als »Sichbewußtsein« definiert wird. Das bedeutet, daß es jetzt *mehr* gibt, was ihm bewußt ist, als nur sein »Punkt«; er ist sich jetzt seines Körpers bewußt. Während er fortfährt, sich nach draußen zu bewegen, wird er sich allmählich seiner Umgebung und der Dinge um ihn herum bewußt. (Jedesmal, wenn er sich weiter »herauswagt«, kostet ihn das Energie.) Alles um ihn herum steht nun in Beziehung zu seinem »Punkt« und betrifft seinen »Punkt«. *Sein* »Punkt« ist der Mittelpunkt des Universums. Er *muß* der Mittelpunkt seines Universums sein, weil sich alles um ihn dreht. Die Orientierung eines Mannes ist »exklusiv«, diskriminierend und analytisch.

Wenn ein Mann einen Raum betritt, sucht er einen Platz, an dem sein »Punkt« sich wohl fühlen wird. Dann beginnt er, sich nach draußen zu bewegen. Wenn er genügend Energie hat, wird er fortfahren, sich auszudehnen, bis er schließlich den ganzen Raum einschließen kann. Es kostet ihn Energie, »draußen« zu bleiben, und die Energiemenge, die er dafür aufwenden muß, hängt davon ab, wie stark er ist, wie klug er ist und wieviel Kontrolle er über seine Umgebung ausüben kann. (Wenn er müde wird, kann man feststellen, wie er sich nach innen bewegt, bis er sich nur noch mit sich selbst beschäftigen kann. Er hat keine Energie mehr für irgend etwas anderes.)

Wenn Sie das »Sichbewußtsein« eines Mannes testen wollen, veranlassen Sie ihn, die Augen zu schließen, und fragen Sie ihn dann: »Wie viele Lampen gibt es in diesem Zimmer? Wie groß ist es? Wie viele Quadratmeter hat es?« Er wird alles das analysiert haben (oder andere wichtige Faktoren), um für sich selbst zu wissen, wo genau er sich im physischen Universum befindet.

## *Männer sind exklusiv*

Auf der Basis des Aufbaus und der Organisation männlicher Gehirne, behaupte ich, daß die natürliche männliche Orientierung »exklusiv« ist. Der *Webster* definiert das so:

1. Alle anderen ausschließend; andere Erwägungen, Geschehnisse, Existenzen, Okkupationen werden ausgeschlossen, (d. h.. so wie Pflanze und Mineral exklusive Begriffe sind);
2. Die Tendenz oder die Macht zu haben, alle anderen auszuschließen; sich gesellschaftlich abschließend, abgrenzend;
3. Alles außer dem ausschließend, was spezifiziert ist.

Um den Begriff »exklusiv« in diesem Zusammenhang weiter abzuklären, ist es wichtig, daran zu erinnern, daß Männer durch die *objektive* Realität (Zeit, Entfernung und Meßmethoden) diskriminieren beziehungsweise Unterschiede machen. Dadurch, daß man eine einzelne »Stelle« oder einen spezifischen Ausgangspunkt hat, kann jede Realität etabliert werden.

Männer lokalisieren sich selbst im Zentrum ihrer Existenz und verbrauchen Energie (gespeichertes Fett, Handelsgut oder Persönlichkeit), während sie sich über den »Punkt« hinaus ausbreiten, um mit dem physischen Universum zu interagieren.

Eine der Maßeinheiten des Mannes ist seine Einflußsphäre. Erinnern wir uns: Männer messen alles — Territorien, Firmen, Häuser, Bankkonten, wirklich alles! Ein sehr »sichbewußter« Mann ist jemand, der länger als jemand anderes »draußen« bleiben kann. Von seinem Zentrum wird seine Stärke dadurch gemessen, wieviel der Welt um ihn herum er beeinflussen oder kontrollieren kann. Seine »Macht« ist möglicherweise Energie in Form von körperlicher Vitalität (einige Männer sind einfach deshalb gute Führungspersönlichkeiten, weil sie länger durchhalten können als andere) oder Energie in Form von Geld (er kann sich die Vitalität anderer kaufen) oder in Form von Persönlichkeit (er kann andere so überzeugen, daß sie zu seiner Macht beitragen).

Ein Mann mit starkem Willen verbraucht große Energiemengen, um die Kontrolle über die Elemente zu behalten, deren »Exklusivrechte« er besitzt. Er wird sich gelegentlich zu seinem »Punkt« zurückziehen, um »aufzutanken« (oder neue Energien aufzunehmen), doch er informiert niemals irgend jemanden, wenn er das tut. Diese Erholungsphase ist für ihn ein Augenblick, in dem er sich angreifbar fühlt. Er muß »nachladen« und die Kontrolle zurückgewinnen, bevor irgend jemand merkt, daß seine Energie erschöpft ist. (Einige Männer verfügen nur über begrenzten Einfluß und können nur ihre unmittelbare Umgebung oder ihre unmittelbaren Lebensumstände kontrollieren — wie ihre Jobs oder die

Umgebung, in der sie wohnen). Wenn ein Mann irgendwie »entmachtet« ist, ist seine Fähigkeit, sich auszubreiten und seine Umgebung zu beeinflussen, ebenso geschwunden wie sein »Selbst«-Gefühl. Seine Machtgrundlage ist schmal, und sein Einfluß reflektiert das. Wenn ein Mann seine Umgebung nicht kontrollieren kann, wendet sich seine Frustration und Wut möglicherweise gegen seine Familie oder seine Kollegen.

Die meisten Frauen haben diese »exklusive« Orientierung nicht, und wenn ein Mann sagt: »Ich bin der Mittelpunkt des Universums«, klingt das für sie, als sagte er: »Ich bin der Mittelpunkt des Universums, und *du bist es nicht.*« Es scheint sehr egozentrisch, wenn der Mann sagt: »Alles dreht sich um mich.« Doch das ist keine egoistische Äußerung; *für ihn* stimmt sie, und *Männer* interagieren auf dieser Ebene miteinander. Sie ist weder beleidigend gemeint noch setzt sie andere herab, weil Männer voneinander annehmen, daß sie *alle* so orientiert sind. Ein Mann geht mit den Dingen in seiner Umgebung um und reagiert dann auf sie. Er weiß, *was* er tut, wenn er weiß, wo sein *»Punkt«* ist. Und wo er steht oder sitzt, ist sein »Punkt«; von dieser Stelle strahlt er aus, und alles, was außerhalb von ihm ist, ist Teil seines Universums. Wenn er in einem Raum ist, ist das »sein« Raum, sind das »seine« Stühle, »seine« Tische und ist das »sein« Stift. Wenn in diesem Raum etwas umgestellt wird, muß der Mann seine Aufmerksamkeit neu konzentrieren, indem er für einen Moment zu seinem internen »Punkt« zurückkehrt. Dann beginnt er den Prozeß, Energie zu verbrauchen, um sich neu zu orientieren, *wer* er ist, indem er beobachtet, *was* um ihn herum in der physischen Realität passiert. Er ist jetzt neu definiert, weil die Elemente in seinem Universum wieder definiert wurden. In dem Ausmaß, in dem er die Elemente in seinem Universum kontrollieren kann (sie davon abhalten kann, sich wahllos zu bewegen), kann er damit zurechtkommen, wieviel Energie er verbraucht, um am Leben zu bleiben. Ein Mann verbraucht weniger und weniger Energie, wenn die Dinge bleiben, wie sie sind.

Sobald der Mann seinen »Punkt« innerhalb des Raumes definiert hat, schränken die Wände Behinderungen von außen ein, und er muß keine Energie aufbringen, um sich mit irgend etwas außerhalb der Mauern herumzuschlagen. In einem abgeschlossenen Raum zu sein (Regeln und Reglementierungen agieren ebenfalls als »Mauern«) ist für den Mann wohltuend, weil es feste Objekte sind, mit denen er sich beschäftigen muß. Wenn eine Mauer verschwindet, muß er neue Elemente in seine Umgebung aufnehmen und dadurch mehr Energie verbrauchen. Sind da vier Wände (eine relativ permanente Einschränkung), muß er nur genügend Energie aufbringen, um den Raum zu füllen. Danach kann er sich entspannen.

Wenn die Möbel im Zimmer eines Mannes ohne sein Wissen umgestellt werden, wird er für einen Augenblick verwirrt sein. Möglicherweise ist er sich des Unterschiedes nicht einmal im selben Moment bewußt, doch er weiß, daß etwas nicht so ist, wie er es erwartet hat. Man kann diese Verwirrung tatsächlich beobachten, bis die Veränderung festgestellt ist (dabei handelt es sich möglicherweise um eine bewußte oder unbewußte Suche seinerseits). Er wird zu seinem internen »Punkt« zurückkehren, Energie verbrauchen, um herauszufinden, was sich verändert hat und wo es jetzt ist. Dann wird er sich darauf einstellen und kann sich wieder wohl fühlen. Dieser Prozeß kann Sekunden oder Monate dauern. Das hängt ganz von der Energie und dem Selbstwertgefühl des Mannes ab. (Diese Faktoren entscheiden auch darüber, wie schnell er sich desorientiert fühlt.)

Wenn in seinem Zimmer etwas ohne seine »Erlaubnis« verändert wird, ist er aller Wahrscheinlichkeit nach verwirrt, frustriert und verärgert. In seiner Realität ist er jetzt gezwungen, sich zu beeilen, um festzustellen, *wer* und *wo* er im Universum ist. Wenn jemand anderes als er selbst diese Veränderung auslöst, hat er zwei Alternativen: Er kann versuchen zu kontrollieren, wer oder was auch immer außerhalb seines Selbst diese Veränderung verursacht hat, oder er kann sich unterordnen. Das wiederum kann er tun, indem er versucht, die Ursache der Veränderung zu meiden oder zu verhindern, daß es noch einmal zu einer solchen Veränderung kommt. Er wird versuchen, mit seiner physischen Umgebung zurechtzukommen, so daß sie ihn nicht kontrollieren und zwingen kann, sich ständig neu zu orientieren. Er wird den Versuch machen, Regeln aufzustellen, so daß Veränderungen reguliert sind, oder um seiner Wut und Frustration freien Lauf lassen zu können — gegen den, der die Regeln gebrochen hat.

## *Einige Konsequenzen der männlichen Exklusivität*

Ein typisches Beispiel dafür, wie es aufgrund der exklusiven Realität der Männer zu Problemen in der Partnerschaft kommen kann, ist die Szene, in der ein Mann fernsieht. Dabei handelt es sich möglicherweise nicht einmal um eine besondere Sendung; es kann eine Wiederholung sein oder sogar eine Werbeeinblendung. *Es geht nur darum, daß die ganze Aufmerksamkeit des Mannes auf den Fernseher konzentriert ist.* Die Zeitung, ein Buch oder sein Hobby könnten hier ebenso als Beispiel dienen.

Jetzt kommt die Frau auf den Mann zu, dessen ganze Aufmerksamkeit dem Bildschirm gilt, und sie spricht ihn an, beginnt zu reden. (Tatsächlich ist der Mann *»im«* Fernsehapparat, doch dies entzieht sich dem Verständnis der meisten Frauen.) Der Mann beginnt, sich gestört zu fühlen, hat ein unangenehmes Gefühl oder hört auch nur ein Geräusch, das von irgendwoher zu kommen scheint. Er ist sich jedoch noch nicht sicher, wo dieses Gefühl herrührt, und er hofft, daß es vorübergeht. Die Frau fährt jedoch fort zu reden, als spräche sie mit einer anderen Frau, die sich — wie sie selbst

— auf *mehr* als eine Sache gleichzeitig konzentrieren kann. Wenn ihm klar wird, daß die Störung unumgänglich ist, entzieht der Mann dem Fernsehapparat seine Aufmerksamkeit und fragt mit leicht verärgerter Miene und leicht gereizter Stimme: »Was?«

Sie sagt: »Also, was hältst du davon?«

Er sagt: »Was halte ich wovon?« (Seine Verärgerung wächst.)

Sie sagt: »Von dem, wovon ich geredet habe!« (Sie ist nun sicher, daß sie es mit einem Fall von Hirnschädigung zu tun hat.)

Er sagt: »Ich habe nicht gehört, was du gesagt hast!«

Die Frau sieht sich jetzt einer der folgenden Alternativen gegenüber:

1. Sie kann tief durchatmen und noch einmal alles wiederholen. Dann toleriert sie den Mann und glaubt entweder, daß er sich nur für sich selbst interessiert, oder sie gibt seiner Verärgerung nach und nimmt an, daß möglicherweise mit ihr selbst etwas nicht stimmt, weil er ihr durch sein Verhalten gezeigt hat, daß sie nicht seiner ganzen Aufmerksamkeit wert ist.

2. Sie kann annehmen, daß er sie wohl *gehört* hat, aber *vorgibt*, keine Ahnung zu haben, um dem Thema aus dem Wege zu gehen, und wiederholt: »Also, was hältst du davon?« Daß sie das wiederholt, frustriert ihn, weil das so aussieht, als glaube sie ihm nicht — oder wolle ihm nicht glauben —, daß er sie nicht gehört hat.

3. Sie hat sich ihre Frage in der Zwischenzeit selbst beantwortet und kann ihm entgegnen: »Oh, ist schon okay. Schon gut.«

Er sagt: »Schon gut? Schon gut! Du hast mich wegen eines ›Schon gut‹ unterbrochen?«

*Die Frau* realisiert nicht, daß der Mann sie als störend empfunden hat, und *er* realisiert nicht, daß sie eine andere Frau (oder einen von Frauen erzogenen Mann) *nicht* gestört hätte.

Sein »Punkt« wurde zum Brennpunkt auf dem Fernsehschirm, und für ihn war es ein riesiger Energieaufwand, aus dem Gerät herauszukommen, sich seine Aufmerksamkeit »zurückzuholen« und sie dann auf die Quelle der Unterbrechung zu konzentrieren. Er ist jedoch nicht auf *sie* im besonderen ärgerlich. *Jede* Unterbrechung — der Hund, die Kinder, ein Telefonanruf, ein Geräusch von draußen — würde bei ihm dieselbe Reaktion hervorrufen. Die Frau ist in diesem Moment nichts anderes als ein weiteres »Objekt«, mit dem seine objektive Realität fertig werden muß. Die weibliche Realität — gerade auf dem Gebiet von Beziehungen und Partnerschaften — erlaubt es der Frau, mit vielen »Objekten« gleichzeitig zu interagieren, ohne daß irgendeines von ihnen ein besonderes Problem darstellt.

Unglücklicherweise denken sowohl der Mann wie auch die Frau in diesem Beispiel, die/der andere sei rücksichtslos, was nicht stimmt. Was stimmt, ist daß *beide* annehmen, sie arbeiteten mit *derselben Realität*.

Ein Mann nimmt an, jedes menschliche Wesen habe im physischen Universum dieselbe Orientierung. Den meisten Männern ist diese Konzeption auf einer *bewußten* Ebene »klar«, doch wenn ein Mann seine *Erfahrung* als Mann betrachtet, wird er seine »Punkt«-Orientierung im Universum entdecken. Wo er physisch lokalisiert ist, da ist sein Ego. Wer er ist, identifiziert er, indem er um die Dinge um sich herum weiß, und *alles, was außerhalb von ihm ist, definiert sich durch ihn und wirkt sich auf ihn und seinen »Punkt« aus.* Wenn er in seiner Umgebung so viele Dinge wie nötig identifiziert und lokalisiert hat und sie kontrollieren kann, kann er sich entspannen.

## *Frauen sind inklusiv*

Frauen sind aus dem sozialen Zusammenhang heraus zu verstehen. Sie haben keinen Fix-»Punkt«, sondern sind in ihrer Annäherung an die Realität *holistisch*. Was die Wahrnehmung angeht, existieren Frauen *außerhalb* der physischen Realität und scheinen für die Männer am Rande ihrer (der männlichen, physischen) Realität präsent zu sein.

Die meisten Frauen müssen ihre Wahrnehmungsfähigkeit limitieren, um mit der physischen Realität zurechtzukommen. Eine Frau muß die grenzenlose Freiheit ihrer Realität verlassen, um sich konzentrieren zu können und zielstrebig zu sein. Frauen verbrauchen Energie, um in die physische Realität eintauchen und mit ihr interagieren zu können. Wenn Frauen Energie wiedergewinnen oder speichern wollen, entfliehen sie den physischen Beschränkungen, indem sie »weggehen«, sich etwas vorstellen oder mit anderen interagieren. Sie sind *in*klusiv.

»Inklusiv« wird vom *Webster* definiert als:

1. Einschließlich oder zum Einschließen tendierend; besonders, alles in Rechnung zu ziehen; mit allem zu rechnen;
2. Die erwähnten Begriffe, Grenzen oder Extreme inbegriffen.

Daß eine der Definitionen von »inklusiv« als »die Extreme ... inbegriffen« formuliert ist, heißt, daß Frauen ein Bild *jenseits* der Begrenzungen sehen, um die Begrenzungen sehen zu können. Männer gehen so weit, wie es ihnen die Begrenzungen erlauben, doch nicht darüber hinaus.

»Exklusiv« oder »inklusiv« zu sein sind Demonstrationen dafür, wie Männer und Frauen die Realität wahrnehmen. Es ist leicht zu erkennen, wie und warum wir uns das Leben erschweren, wenn wir annehmen, daß das andere Geschlecht mit derselben Orientierung operiert.

Weil sie *in*klusiv sind, schlüsseln Frauen gewöhnlich weder Zeit noch Entfernung auf, noch sorgen sie sich wegen ihrer »Energieverluste«, wie Männer es tun. Die Teilnehmer meiner Workshops merken häufig an, daß Frauen dazu neigen, die Lichter anzulassen oder das Radio oder den Fernseher weiterlaufen zu lassen, wenn sie den Raum verlassen. In einem Workshop erzählte ein Mann die Geschichte, wie er das »Licht«-Problem gelöst habe. Er sagte stolz: »Ich habe das Problem gelöst, das ich hatte, weil meine Frau immer das Licht im Wandschrank anließ.«

> »Wie haben Sie das gemacht?« fragten die anderen Männer eifrig.
>
> »Nun, ich habe einfach einen dieser Schalter an der Tür angebracht, die bewirken, daß das Licht automatisch ausgeht, wenn sie die Tür schließt!«
>
> Alle Männer lachten und hielten das für eine gute Idee.
>
> »Und wie kriegen Sie sie dazu, die Tür zu schließen?« fragte ich.
>
> Er antwortete: »Daran arbeite ich noch!«

## *Frauen und Kontext*

Frauen beginnen auf dem Realitätsmodell an der Stelle, die als »Inklusive Realität« etikettiert ist (Kontext, außerhalb der physischen Realität), und bewegen sich nach innen auf ihren »Punkt« zu. Sie sind jedoch niemals *wirklich* in der Lage, ihn zu erreichen. Die Gemeinschaftserfahrung von Frauen, die einen Raum — *jeden* Raum — betreten, ist die, daß sie »kleiner« werden müssen, um hineinzupassen. Frauen müssen jenen Teil ihrer nicht-physischen Erfahrung ausschließen, der *außerhalb* des Raumes liegt. Frauen erleben sich selbst als größer als den Raum, und wenn sie ihn betreten, schränkt er sie tatsächlich ein. Sie fühlen sich von den Wänden manipuliert, unterdrückt und kontrolliert, weil Mauern Frauen nun einmal davon abhalten, die Erfahrungen zu machen, die außerhalb des Raumes existieren. (Dies ist nicht notwendigerweise für alle Frauen ein bewußtes Gefühl, doch wenn dieses Szenario in Frauen-Workshops diskutiert wird, nicken alle Frauen wissend.) Nachdem ich die Konzeptionen von inklusiv und exklusiv bei einem Firmen-Workshop diskutiert hatte, kam eine der Managerinnen zur nächsten Sitzung mit einem schönen Beispiel dafür zurück. Sie hatte ein Meeting veranstaltet und sowohl die anwesenden Männer wie auch die Frauen ohne Vorwarnung aufgefordert, die Augen zu schließen. Dann hatte sie die männlichen und weiblichen Teilnehmer gebeten, den Raum zu beschreiben. *Alle* Männer waren in der Lage, die Größe des Raumes einzuschätzen, die Zahl der Stühle und ihre Entfernung von der Wand zu nennen, sowie die Zahl der anwesenden Männer und Frauen. *Nicht eine* der Frauen konnte alle Einzelheiten des Raumes so exakt wie die Männer wiedergeben (einige der Frauen waren sich weder der Zahl der Wände, Trennwände noch der Fenster sicher), doch die Frauen waren sich der Gespräche, die gerade abliefen, als sie aufgefordert wurden, die Augen zu schließen, sehr viel bewußter als die Männer und konnten auch die Stimmung im Raum, die Einstellung jedes einzelnen, die Temperatur und die Farbschematik des Raumes besser beschreiben.

Das Beispiel dieser Managerin ist auch eine exzellente Demonstration dafür, wie Geschlechtsunterschiede manchmal gegen den einzelnen verwendet werden können, um zu beweisen, daß er oder sie nicht aufgepaßt hat. Für einen Mann bedeutet aufpassen, die physischen Informationen im Raum in sich aufzunehmen. Für eine Frau bedeutet aufpassen (sich bewußt sein), ihrer subjektiven Umgebung sensitiv gegen-

## Das Realitätsmodell von Männern und Frauen

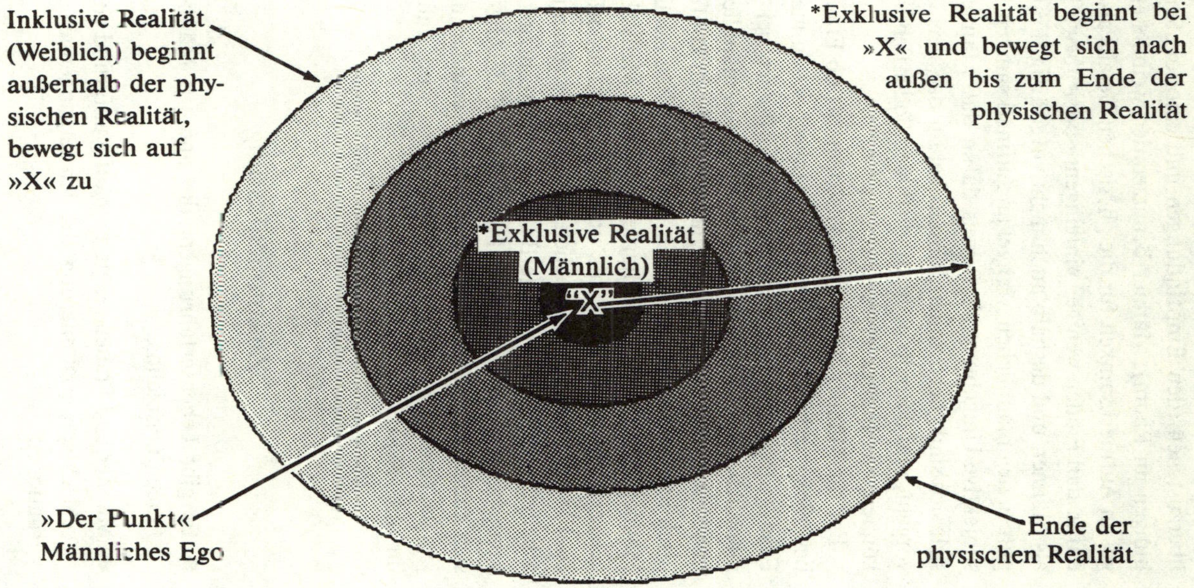

überzustehen (den Empfindungen und emotionalen Beziehungen im Raum). Männer benutzen den weiblichen Mangel an Aufmerksamkeit für die physischen Details als Beweis dafür, daß Frauen weniger »intelligent« oder »bewußt« sind als Männer, und deshalb auch nicht zuverlässig. Frauen benutzen den männlichen Mangel an Aufmerksamkeit für ihre subjektive Umgebung als Beweis dafür, daß Männer rücksichtslos sind gegen andere, unsensibel für das, was *wirklich* vorgeht, und deshalb nicht so mitfühlend oder liebevoll sein können, wie Frauen es sind.

Für die Männer hat es den Anschein, als ob Frauen sich bewußt so verhielten, daß sie (die Männer) sich immer in die Ecke gedrängt fühlen müßten. Wenn Männer bei Frauen männliche Maßstäbe anlegen oder bei ihnen männliche Verhaltensmodi voraussetzen, erscheinen sie ihnen konfus, launisch und respektlos gegenüber der physischen Realität der Männer. Wenn Frauen an Männern weibliche Maßstäbe anlegen, erscheinen sie ihnen stur, unflexibel und humorlos. Für zwei Menschen ist es unmöglich, harmonisch zusammenzuarbeiten oder eine liebevolle Beziehung aufrechtzuerhalten, wenn beide Beteiligten darauf warten, daß der/die andere sich ändert, besonders dann, wenn diese Veränderung demjenigen sinnlos erscheint, von dem erwartet wird, daß er sich ihr unterzieht!

## Zusammenfassung

- Es gibt Lebenserfahrungen, die sind für Männer und Frauen beispiellos.
- Männer und Frauen reagieren häufig aufgrund einer Geschlechtsprogrammierung aus der Vergangenheit auf Situationen.

- Ein Hauptunterscheidungsmerkmal zwischen Männern und Frauen ist die »Ego«-Orientierung.
- Die Realität eines Mannes beginnt mit seinem »Punkt« und bewegt sich nach außen.
- Sich von seinem »Punkt« wegzubewegen kostet einen Mann Energie.
- Die Orientierung eines Mannes ist exklusiv, diskriminierend und analytisch.
- Eine der Maßeinheiten, die ein Mann benutzt, ist seine Einflußsphäre.
- Männer ziehen sich zu ihrem »Punkt« zurück, um aufzutanken, ihre Energie oder die Kontrolle wiederzugewinnen.
- Ein Mann ist im Mittelpunkt des Universums, und alles bezieht sich auf *ihn*.
- Ein Mann braucht weniger und weniger Energie, wenn die Dinge um ihn herum bleiben, wie sie sind.
- Dic Realität einer Frau erlaubt es ihr, gleichzeitig mit mehreren »Objekten« zu interagieren.
- Frauen sind in ihrer Annäherung an die Realität »inklusiv« und holistisch.
- Frauen können außerhalb der physischen Realität existieren, und den Männern erscheint es, als existierten sie an den Grenzen der männlichen (physischen) Realität.
- Frauen müsscn ihr Sichbewußtsein verkleinern, um mit der physischen Realität umgehen zu können.
- Frauen verbrauchen Energie, um in die physische Realität eintauchen und in ihr interagieren zu können.

- Frauen sehen ein Bild *jenseits* der Begrenzungen, um die Begrenzungen sehen zu können.
- Frauen fühlen sich von Mauern generell manipuliert, unterdrückt und kontrolliert.
- Männer erleben innerhalb solcher Beschränkungen wie Mauern oder Regeln generell ein Gefühl der Freiheit.

## Kapitel 9

# Einteilung der Energie

Ein weiteres Gebiet möglicher Fehlinterpretationen zwischen Männern und Frauen bezieht sich auf eine Konzeption, die ich »Einteilung der Energie« nennen möchte. Ein Mann überprüft unbewußt die Energie, die er aus seinen Fettreserven verbraucht, weil seine Energie — ist sie erst einmal erschöpft — buchstäblich zu Ende geht. Er hat nicht das Durchhaltevermögen einer Frau (siehe Kapitel 5.) Ein Mann bewilligt sich eine gewisse Zeit, um eine Aufgabe zu erledigen; dann hört er auf. Er verbraucht seine Energie und muß dann »in sich gehen«, um sich zu erholen.

Männer holen sich Energie auf eine der folgenden Arten zurück:

1. Sie gehen »zurück in ihre Körper«, was gewöhnlich in Form eines Mittagsschläfchens oder einer langen Schlafperiode stattfindet; oder
2. Sie konzentrieren sich auf eine »begrenzte« Sache, wie beispielsweise aufs Fernsehen oder ein Buch.

Während der Erholungsperiode geben Männer offen oder versteckt die Botschaft aus: »Stör mich nicht! Ich habe einfach meine Energie aufgebraucht, und ich muß wieder in mich gehen, um mich aufzubauen.« (Frauen haben es möglicherweise ebenfalls nötig, sich unter ungewöhnlichen Umständen zurückzuziehen. Generell allerdings sind sie fähig, Energie zurückzugewinnen, während sie fortfahren, mit der Außenwelt zu interagieren.)

Hier ist ein weiteres klares Beispiel dafür, daß wir unrealistische Erwartungen hegen, was Gefühle und Verhaltensweisen angeht, wenn wir annehmen, daß Männer und Frauen gleich sind. Wenn ein Mann an einem Projekt Seite an Seite mit einer Frau gearbeitet hat, hat er sich — bewußt oder unbewußt — eine bestimmte Energiemenge zugebilligt, und er *muß* wissen, wo Anfang, Mitte und Ende des Projekts aller Wahrscheinlichkeit nach liegen. Dies ist — wieder einmal — eine Situation, die Frauen wahrhaft frustriert: »Warum müssen Männer immer schon das Ende kennen? Warum können wir nicht einfach weitermachen, einfach etwas herausfinden, einfach ›spielen‹ und dann feststellen, wohin das alles führt?«

Für einen Mann ist es nicht leicht, spontan zu sein, weil er *vorher* wissen muß, wann seine Energie knapp wird. Der Metabolismus und das Fettsystem einer Frau machen auch einen Unterschied beim Energiehaushalt. Sie hat eine Fettreserve, die er *nicht* hat. Sie kann einfach tief Luft holen und sagen: »Okay, laß uns anfangen«, und dann die nächste Aufgabe anpacken. Weil das einem Mann nicht so leichtfällt, ist er sehr in Sorge (und weiß vermutlich nicht einmal, warum), daß mit seiner Energie Mißbrauch getrieben werden könnte. Für die Frau sieht es so aus, als sei der Mann unflexibel oder stur, oder als ernähre er sich möglicherweise sogar falsch. (Frauen wissen, daß Männer mehr Energie hätten, wenn sie nur besser äßen. Und die Wahrheit ist, daß Männer mit Sicherheit besser essen *könnten*; sie widmen einem ausgeglichenen Speiseplan und gesunder Ernährung jedoch weit weniger Aufmerksamkeit als Frauen.)

Eine Frau verbraucht und erschöpft ihre Energien, um sich *konzentrieren* zu können. Streß im Job tritt für eine

Frau dann auf, wenn der Boß sagt: »Hier sind ein paar Details; konzentrieren Sie Ihre Aufmerksamkeit darauf.« Die meisten Frauen müssen sich (verglichen mit Männern) unbehaglich einschränken, um sich für eine längere Periode konzentrieren zu können. Dann, wenn sie mit dem »Konzentrieren« fertig sind, müssen sie wieder aus sich *heraus*, um sich erholen zu können. Sie wollen Spaziergänge machen, einen Film sehen oder sich mit anderen Spielformen beschäftigen. Sie wollen reden, sie wollen sich ausdrücken, sie wollen etwas tun, um aus dieser engen, kleinen Kiste herauszukommen, die ihnen so viel Energie abverlangt hat. Das ist das genaue Gegenteil vom Bedürfnis des Mannes, »in sich zu gehen«, nachdem er »außerhalb« seines Selbst gearbeitet hat.

Was passiert normalerweise in einem Haushalt am Ende des Tages? Der Mann kommt nach Hause und möchte sich entspannen, fernsehen, schlafen oder nichts tun. Die Frau schlägt möglicherweise vor, zum Essen auszugehen. Darauf entgegnet der Mann vermutlich: »Warum hast du mir nicht heute morgen gesagt, daß du ausgehen willst?« Da die Frau sich wegen ihrer Energieversorgung nicht solche Sorgen machen muß wie er, muß sie nicht so sorgfältig wie er darauf achten, den Energieverbrauch zu planen.

Selbst wenn sie es schafft, ihn zum Nachgeben zu bewegen, indem sie lange genug auf ihm herumhackt, braucht der Mann immer noch eine Erholungsfrist. Also erklärt er: »Gib mir nur zwanzig Minuten, Schatz, dann bin ich okay. Laß mich solange in Ruhe.«

Sie entgegnet: »Okay, ich laß dich allein. Wie fühlst du dich?«

(Was Männer mit »Laß mich in Ruhe« meinen, ist: »Ich muß zurück in meinen Kopf« oder »in meinen Körper« — das hängt ganz davon ab, welchen Wahrnehmungsmodus sie benutzen.)

Wenn die Frau nicht fähig ist, seine Bedürfnisse zu erkennen, könnte sie erwidern: »Laß mich einfach nur neben dir sitzen. Ich werde dich nicht stören..« Oder sie könnte sagen: »Warum können wir nicht einen Spaziergang machen, während du dich entspannst?« Sie realisiert nicht, daß *jede* Art von Aktivität den Mann »Aufmerksamkeitsenergie« kostet. Ein Mann muß auf gleicher Ebene mit seinem »Punkt« sein, um reden zu können, oder er muß aus sich herauskommen, um ihre Berührung genießen zu können. Frauen haben die Fähigkeit, mental »einzuchecken« und allein mit Willenskraft »auszuchecken«. Wenn es ein wenig heiß wird im Raum oder ein wenig langweilig, »gehen« sie einfach. Ihre Körper bleiben, doch ihre Energie verläßt sie. Tatsächlich gehen die Frauen »in ihrer Erfahrung« irgendwo anders hin — vermutlich, um genügend neue Energie aufzutanken, damit sie es im Raum auszuhalten vermögen, bis sie seinen Beschränkungen entfliehen können. Wenn Frauen dies tun, halten Männer sie für launisch oder denken, sie seien unaufmerksam. »Was stimmt mit ihnen nicht? Warum können sie sich bloß nicht konzentrieren?« Männer wollen, daß Frauen sich konzentrieren, um darüber entscheiden zu können, ob sie »sichbewußt« sind und ob man ihnen vertrauen kann oder nicht. Männer würdigen auch andere Männer herab, wenn sie den »Sichbewußtseinstest« nicht bestehen.

Eine der ersten Theorien, die einem Studenten für positive Kommunikation beigebracht werden, ist es, die ganze Aufmerksamkeit seines Gegenübers zu gewinnen. Man nimmt nämlich an, daß das Gegenüber, wenn man sich nicht seiner vollen Aufmerksamkeit versichert, einem auf eine sehr subtile Art zu verstehen gibt, man sei ihm völlig gleichgültig. Da Männer sich nur auf *eine* Sache »gleichzeitig« konzentrieren können, ist Konzentration ein wichtiger Punkt der männlichen Kommunikation. Wenn ein Mann das Büro einer Frau betritt und sie ein Telefongespräch führt oder sich Notizen macht, *weiß* er, daß er »zurückgesetzt« wird. (Er nimmt an, er sei ihr nicht so wichtig wie der Telefonanruf oder ihre Notizen.) Frauen andererseits können fünf, sechs oder zehn

Dinge gleichzeitig tun. Wenn eine Frau sagt: »Du hast meine ganze Aufmerksamkeit«, aber weiter an etwas anderem arbeitet, wird ein Mann aller Wahrscheinlichkeit nach sagen: »Nein, schau mich an. Schau mich an, wenn ich mit dir rede!« Er kann einfach nicht glauben, daß sie mit Erfolg zwei Dinge gleichzeitig tun kann (siehe auch Kapitel 6).

Eine Frau, die an einem meiner Workshops teilnahm, gewann bei einem Zwischenfall, den sie uns schilderte, eine gewisse Einsicht in die männliche Konzentrationsfähigkeit:

> »Ich sah eines Nachmittags mit den Jungs das Endspiel im Football, und während ich vor dem Fernseher saß, machte ich gleichzeitig Eintragungen in mein Rechnungsbuch, schrieb einige Listen, strickte oder nähte ein wenig oder tat etwas anderes. Alle Männer drehten sich zu mir um und sagten: ›Schau dir entweder das Spiel an oder verschwinde, verdammt noch mal!‹«

Die Männer hatten den Eindruck, daß sie, hätte sie wirklich Interesse an dem Spiel gehabt, unmöglich etwas anderes hätte tun können — weil das Männern eben unmöglich ist. Sie nahmen an, daß sie ihre Realität (die der Männer) bewußt herabsetzte. Sie hielten sie außerdem für launisch und glaubten, sie könne es nicht wirklich gemeint haben, als sie sagte, sie schaue tatsächlich aufmerksam zu.

Männer können auch nicht verstehen, wie Frauen ein Kino oder das Wohnzimmer während des wichtigsten Teils eines Films verlassen können, um auf die Toilette zu gehen. Ein Mann würde sich das verkneifen! Er hat seine Prioritäten. Er hat auch die größere Blase! Andererseits gibt der »Inklusiv«-Modus einer Frau auch einen Vorteil, denn sie hat »im Gefühl«, wie der Film weitergeht, und kann ihn auch noch »sehen«, während sie auf der Toilette ist. Wenn ein Mann einen Film nicht physisch sieht, verpaßt er etwas. Doch die Frau hat nicht das Gefühl, etwas zu verpassen, selbst wenn sie nicht alle Einzelheiten mitbekommen sollte.

## Wer arbeitet härter?

Lassen Sie uns einmal annehmen, ein Mann und eine Frau arbeiteten Seite an Seite an derselben Aufgabe oder an einem gemeinsamen Projekt. Sie gibt 100 Prozent, und der Mann gibt 100 Prozent; doch wenn die Aufgabe abgeschlossen ist, ist der Mann »fertig«, verbraucht und muß zu seinem »Punkt« zurückkehren. Er beschließt, welche Aufgabe als nächstes angepackt wird, überprüft seine Energiereserven und bereitet sich auf eine Ruhe- und Erholungsperiode vor. Die Frau jedoch verhält sich aller Wahrscheinlichkeit nach ganz anders. Sie ist nach Beendigung der Aufgabe nicht nur tatkräftiger als der Mann, sondern war während der Arbeit vermutlich auch gesprächiger und mobiler als er. Was alles noch viel schlimmer macht, ist, daß sie womöglich — wie in dem Football-Beispiel — weit mehr tat, als nur die bewußte Aufgabe zu lösen. Und nachdem sie damit fertig war, war sie bereit, sich zu amüsieren oder sich unverzüglich dem nächsten Projekt zuzuwenden. Der Mann nimmt daraufhin unbewußt automatisch an, die Frau könne nicht so hart gearbeitet haben wie er. Immerhin *weiß* er, daß sie — hätte sie es getan — genauso müde sein müßte wie er.

Aufgrund seiner irrigen Annahme wertet der Mann die Arbeit der Frau ab. *Er* hatte sich auf die Aufgabe, die vor ihm lag, konzentrieren müssen, und der (gemäß *seinem* Maßstab) relative Mangel an Aufmerksamkeit von seiten der Frau verwirrte ihn in seinem Versuch, wirklich zu realisieren, wie sie an die Aufgabe herangegangen ist.

Männer und Frauen könnten mehr Freude an der gemeinsamen Arbeit haben, wenn wir mit dem gleichen »Handwerkszeug« ausgerüstet wären, oder wenn wir verstünden, wie positiv die verschiedenen Arten, an eine Aufgabe heranzugehen, einander ergänzen.

## Der Mißbrauch von Energie

Das Verrücken der Couch gehört wohl zu den klassischen Unstimmigkeiten zwischen Männern und Frauen. Es ist eins meiner Lieblingsbeispiele für inklusive/exklusive Realität, die Einteilung von Energie und das Aufrechterhalten der Kontrolle. Jedesmal, wenn ich dieses Beispiel in einem meiner Workshops erzähle, höre ich sowohl von Männern wie von Frauen ein wissendes Stöhnen.

Zuallererst fragen Männer: »*Warum* soll die Couch überhaupt verrückt werden?« Da Männer ihre Energie-Einteilung überprüfen müssen, müssen sie zuerst fähig sein, die *Notwendigkeit* zu erkennen, die Couch zu verrücken. Wenn der Mann davon nicht überzeugt ist und sie trotzdem verrückt, hat er seine Energien mißbraucht, sie verschleudert — eine Tatsache, die wieder einmal Licht auf das männliche Credo »Wenn etwas nicht kaputt ist, repariere es nicht!« wirft.

Die Frau bricht also arglos in die männliche Realität ein, wenn sie den Mann bittet, ihr dabei zu helfen, die Couch zu verrücken. Er sagt: »Sicher, kein Problem.« Er liebt sie, also beißt er die Zähne zusammen, nimmt sich etwas von seinen Energiereserven, schaut dahin, wo die Couch hinsoll, stellt sich mental vor, sie zu verrücken, und rückt sie dann physisch. Anfang, Mitte und Ende. Er hat die Aufgabe vollbracht, für die er sich Energie zugeteilt hat. Dann sagt sie plötzlich: »Ich find sie nicht gut, da unter dem Fenster; laß es uns mal an der Wand da drüben versuchen.«

Der Mann beginnt sich zu ärgern. Nichtsdestotrotz holt er Luft — sofern er in relativ guter Verfassung ist (nicht übermäßig gestreßt und energielos) — bringt sein Universum wieder in Ordnung und teilt sich noch etwas *mehr* Energie zu (er hatte sich bislang nur genug zugeteilt, um die Couch *einmal* zu verrücken), um ihr zu helfen, das Möbelstück dahin zu rücken, wo sie es haben will.

Dann sagt sie möglicherweise noch: »Da, wo sie vorher stand, gefiel sie mir besser/Da paßt sie wirklich nicht hin/Wir brauchen eine neue Couch/Laß es uns jetzt mit dem Tisch versuchen.«

Nun schnauzt er sie an: »Laß es mich wissen, wenn du weißt, wo du die ... Couch haben willst«, oder: »Wo ist das Millimeterpapier? Warum hast du nicht vorher alles ausgemessen?«

Ständiges Verrücken frustriert Männer, weil sie wissen, daß sie bei mentaler Aktivität weniger Energie verbrauchen als bei physischer Bewegung. Ein Mann würde vermutlich den Raum ausgemessen haben, die Wände und die Couch; er hätte die Steckdosen lokalisiert und die Lampenschnüre gemessen, so daß er die Couch nur *einmal* hätte verrücken müssen.

Für ihn steht fraglos fest, daß die Frau rücksichtslos und egoistisch gewesen ist und ihn ärgern wollte. Sie hat einfach seine Energie mißbraucht. Wenn er ihr wirklich wichtig wäre, hätte sie die Angelegenheit durchdacht (intellektuell), bevor sie ihn bat, ihr zu helfen (physisch).

Wenn ich Frauen beobachte, wie sie mit anderen Frauen Gegenstände verrücken oder Bilder aufhängen, habe ich jedesmal das Gefühl, daß sie je mehr sie rücken, desto mehr Spaß haben. (Und sie lachen und scherzen noch, während sie das tun!) Männer lachen und scherzen gewiß nicht, während sie etwas verrücken! Weil ein Mann, jedesmal, wenn er etwas verrückt, in sich selbst zurückkehren, seine Energie neu einteilen, sich neu orientieren und dann wieder aus sich herauskommen muß. Lachen und Spaß haben würde einen Teil der Energie aufbrauchen, die er sich fürs Verrücken zugeteilt hat.

Frauen sind auf physische Dinge nicht so fixiert wie Männer. Das Umstellen der Couch war für die Frau kein Problem, weil *alles* in ihrer Umgebung *Teil ihrer Erfahrung* ist. Sie hatte Spaß; in ihrer physischen Welt hatte es eine Bewegung gegeben. Doch Bewegung verändert die gesamte Orientierung eines Mannes.

Ein Mann richtet seine Wohnung auf die Art ein, wie er sie haben will, und könnte sie 20 Jahre lang so lassen. Warum sollte er sich die Mühe machen, etwas zu verrücken, wenn etwas da, wo es steht, seinen Zweck erfüllt? Für eine Frau impliziert das, daß Dinge fixiert sind, daß sie stagnieren, nicht kreativ sind, sich nicht entwickeln. Sie fühlt sich von einem permanenten physischen Arrangement eingeengt, weil ihre Welt nicht fixiert ist; sie ist mobil und bewegt sich ständig. Die Welt eines Mannes ist *fixiert*.

Ein Teil des Freiheitsgefühls, das Frauen sich wünschen (das Gefühl der Spontaneität, das Gefühl der Freude, am Leben zu sein), wird dadurch hervorgerufen, daß Dinge lebhaft, lebendig und aufregend sind und sich bewegen. Je mehr ein Mann also versucht, Strukturen in das Leben einer Frau einzubringen, desto mehr fühlt sie sich dominiert, manipuliert, schikaniert, verärgert und mißverstanden.

## Das Überprüfen der Muskelkraft

Wie wir in Kapitel 5 festgestellt haben, müssen Männer ihre Energiereserven aus einer Reihe von Gründen auf einer unbewußten Basis immer wieder überprüfen. Ihre gestreiften oder willkürlichen Muskeln (fibröser und deshalb massiger und klarer umrissen) verbrauchen Energie in einer weniger

## Das Energie-Modell

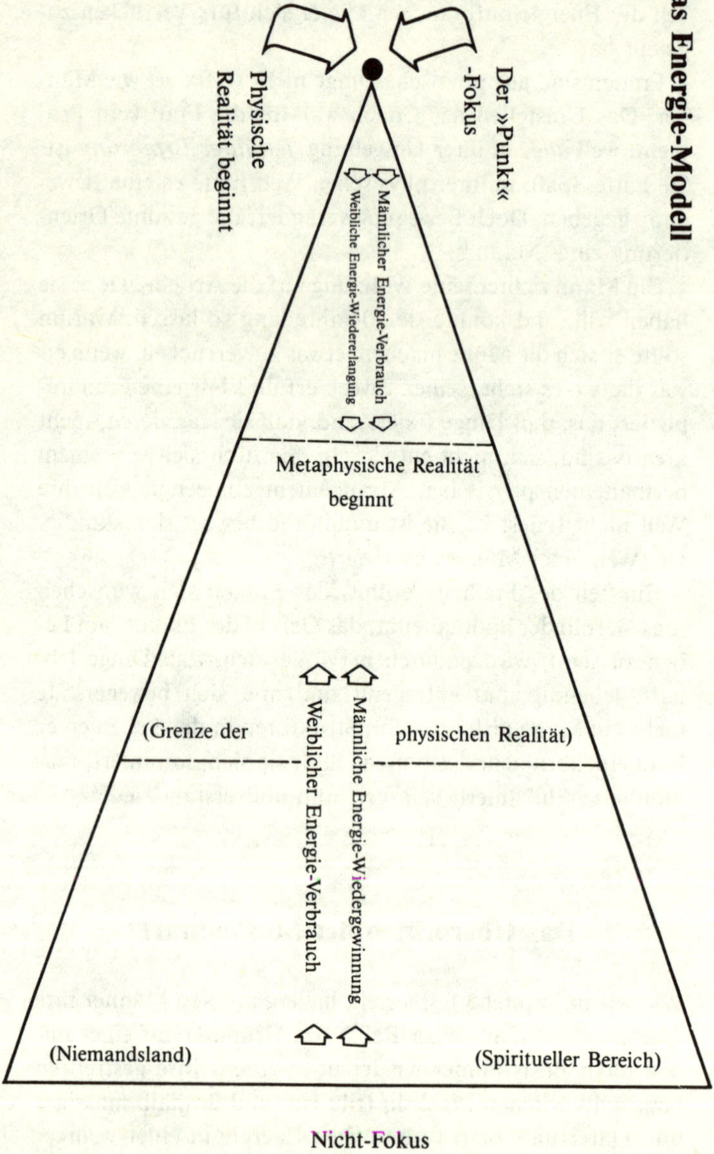

effizienten Manier als die weiblichen. Gestreifte Muskeln erlauben die unverzügliche Nutzung der Kraft, verbrennen jedoch schneller (das heißt: sie erzeugen mehr Wärme) und erschöpfen dadurch auch die Körperreserven schneller.

Männer und Frauen speichern das Körperfett nicht nur auf unterschiedliche Art, sondern speichern auch unterschiedliche Arten von Glukose und erlangen auf unterschiedliche Arten Zugang dazu. Männer produzieren Endorphine, um mit unmittelbarem Streß fertig zu werden, bauen jedoch bei längeren Streßperioden schneller ab als Frauen.

## Der Streit um Veränderungen

In meinen Workshops beklagen sich Frauen gewöhnlich über den Unwillen der Männer, etwas zu ändern/zu verändern. Die meisten Männer sträuben sich gegen Veränderungen. Jetzt kann man auch verstehen, warum Frauen Männer für stur halten. Männer dagegen sind der Meinung, daß Frauen zu vieles verändern wollen und daß der Mann, »würde er sich *nicht* Zeit lassen«, in ständiger Gefahr und Verwirrung leben müßte — denn genau das können Veränderungen für ihn bedeuten. Dennoch empfinden Männer Veränderungen nicht immer als beunruhigend, besonders dann nicht, wenn sie selbst sie angeregt haben. Falls ein Mann eine Veränderung initiiert, hat er die Energie, die notwendig ist, sie durchzuführen, bereits berechnet und eingeteilt. Dann hat er alles unter Kontrolle. Falls jedoch jemand anderes die Änderung anregt, muß er entscheiden, ob sie notwendig ist. Und falls er sich dafür entscheidet oder sie zuläßt, wird er seine Energie entsprechend einteilen. Allein in der Tatsache der Energie-Einteilung liegt für uns eine beruhigende Erklärung für das, was die beiden Geschlechter so häufig »ungleich« macht. Dessen müssen wir uns wahrscheinlich so lange bewußt bleiben, bis wir das in den Griff bekommen, was uns in unserer eigenen Version von Dankwart und Blondie oder der anderer wenig vorteilhafter Charaktere so häufig auf die Palme treibt.

## Zusammenfassung

- Männer teilen die Energieaufwendungen aus den Fettreserven des Körpers bewußt oder unbewußt ein oder überprüfen sie ständig.

- Frauen haben Fettreserven, die Männer nicht haben, und der weibliche Metabolismus und das weibliche Fettsystem regulieren Energieaufwand/Energie-Wiedergewinnung auf eine ganz andere Art.

- Männer gewinnen Energien zurück, indem sie in ihre Körper zurückkehren oder sich auf eine »begrenzte« Sache konzentrieren.

- Frauen sind fähig, Energie zurückzugewinnen, während sie fortfahren, mit der Außenwelt zu interagieren.

- Männer müssen in der Lage sein, Anfang, Mitte und Ende als Teil des Energie-Einteilungsprozesses zu bestimmen.

- Männer sind von Natur aus nicht spontan.

- Frauen müssen aus sich selbst herausgehen, um Energie wiederzugewinnen — ein Prozeß, der genau das Gegenteil des männlichen Bedürfnisses ist, in sich zu gehen.

- Frauen müssen sich weder so sehr wie Männer um den Energieaufwand sorgen, noch müssen sie wegen des Energieverbrauchs so vorsichtig sein.

- Frauen haben die Fähigkeit, mental »einzuchecken« und mit Willenskraft »auszuchecken«; ihre Körper bleiben, doch ihre Energie verläßt sie.
- Männer wollen, daß Frauen sich konzentrieren, um zu entscheiden, ob sie »sichbewußt« sind und ob man ihnen trauen kann oder nicht.
- Männer können sich nur auf eine Sache »gleichzeitig« konzentrieren, und Konzentration hat in der männlichen Kommunikation eine wichtige Funktion.
- Frauen können sich auf viele Dinge gleichzeitig konzentrieren.
- Auf der Basis irriger Annahmen über den Arbeitsstil werten Männer manchmal die Arbeit von Frauen ab.
- Die meisten Männer leben nach der Devise: »Repariere es nicht, wenn es nicht kaputt ist!«
- Männer verbrauchen bei mentalen Aktivitäten weniger Energie als bei physischer Bewegung.
- Alles in der Umgebung einer Frau ist Teil ihrer Erfahrung.
- Frauen fühlen sich durch permanente physische Arrangements eingeengt, weil ihre Welt mobil und ständig in Bewegung ist.
- Die Auferlegung von Strukturen gibt den meisten Frauen das Gefühl, dominiert, manipuliert, schikaniert, belästigt und mißverstanden zu werden.
- Männer können zwar mit unmittelbarem Streß umgehen, nutzen sich aber bei längeren Streßperioden schneller ab als Frauen.
- Wenn ein Mann eine Veränderung anregt, hat er auch bereits die Energie ausgerechnet und eingeteilt, die nötig ist, diese Veränderung durchzuführen.

# Kapitel 10

# Etwas tun kontra es geschehen lassen

## Der Reihe nach denken/nicht der Reihe nach denken

Frauen verschaffen sich zunächst einen Überblick, bevor sie an Probleme herangehen (sie benutzen beide Gehirn-Hemisphären gleichzeitig), wogegen Männer Probleme zuerst in ihre Bestandteile aufspalten müssen und wollen, um zu einer Lösung zu kommen.

Frauen »sehen« holistisch, und Männer »sehen« auf einer höchst linearen Basis. Männer setzen Logik ein, um über Vertrauen zu entscheiden, weil Fakten Vertrauen aufbauen. Für Männer führen Tatsachen zu logischen Schlüssen (»a«, deshalb »b«, deshalb »c«, deshalb »d«); und wenn die Reihenfolge unterbrochen wird, sind alle folgenden Schlüsse und Entscheidungen suspekt. Männer benutzen die Abfolge, um Argumentationspunkte zu haben, und sie reagieren frustriert, wenn Frauen *das* zu umgehen scheinen, was für sie — die Männer — unbestrittene »Realität« ist.

Taucht bei einem geschäftlichen Meeting ein Problem auf, gehen Männer gewöhnlich folgerichtig vor — a, b, c, d — während sie ihr logisches System entwickeln, um zu einer Lösung oder einem Schluß zu kommen. Diese regelmäßig aufeinanderfolgenden Muster sind für Männer wichtig, und *erst sie* ermöglichen es ihnen, den »Beweisen« zu trauen. Frauen können dagegen das ganze Bild »sehen«, müssen *nicht* der Reihe nach denken — sondern beispielsweise: a, c, d, b —, können sich einfach etwas herauspicken und sagen: »Oh, ich weiß, was wir tun sollten.« Ein Mann aber kann diesem »Un-Prozeß« unmöglich trauen.

Beispiel: Eine Frau findet fünf Minuten, nachdem das Meeting begonnen hat, die Lösung. Ihre Lösung ist akkurat, die Männer aber »können« sie nicht hören, weil sie noch nicht für eine Lösung bereit sind. Sie haben ihre »a, b, c, d«-Schritte noch nicht hinter sich gebracht. Die Männer werden weiterreden und argumentieren; dann, eine Stunde später, wird ein Mann genau denselben Lösungsvorschlag machen, den die Frau bereits gemacht hatte. Alle Männer werden zustimmen: »Ja, genau das ist es; das ist das, was wir tun sollten.« Die Frau hat jetzt keine andere Möglichkeit, als anzunehmen, daß die Männer ihr einfach *deshalb* nicht zugehört haben, weil sie eine Frau ist. Tatsache ist jedoch, daß die Männer nicht deshalb nicht zuhörten, weil die Information von einer Frau kam, sondern weil sie für diese Information noch nicht *bereit* waren. Hätte ein Mann zum selben Zeitpunkt »außerhalb der Reihe« denselben Vorschlag gemacht, wäre der ebenfalls ignoriert worden.

Hätte die Frau während der Diskussion ihren Vorschlag an die Tafel geschrieben, hätte sie (sowenig selbstgefällig wie möglich, hoffe ich doch) später darauf hinweisen können, um von den Männern Anerkennung für ihren Einfall zu bekommen. Hat sie das *nicht* getan, werden die Männer sich mit Sicherheit eine andere Version ihres Original-Lösungsvorschlages ins Gedächtnis rufen; das heißt, falls und wenn sie diese Anerkennung überhaupt will.

Für eine Frau ist es wichtig, ihre Arbeit zu dokumentieren, um sicherzustellen, daß sie die richtige Würdigung erhält. Dieses Verhalten mag Frauen zwar separatistisch erscheinen, und möglicherweise glauben sie auch, ein Teammitglied dürfe sich nicht so verhalten, doch die männlichen Mitglieder des Teams würden *genau das* tun und erwarten deshalb von ihr, daß sie dasselbe tut. Denn Männer sind der

Meinung, daß sie die Arbeit einer Frau nicht allzu hoch bewerten müßten, wenn sie es selbst nicht tut.

Hier ist ein weiteres Beispiel für »Der Reihe nach denken/*nicht* der Reihe nach denken«:

> Er fragt: »Weißt du, wo das Restaurant ist?«
>
> Sie antwortet: »Sicher, ich bin zum Mittagessen dort gewesen.«

Je nach dem Stand der Beziehung fragt der Mann nun möglicherweise nach konkreten Beweisen dafür, daß die Frau wirklich weiß, wo das Restaurant ist (was möglicherweise zu einem Streit führt), oder er verkneift sich die Fragen und wartet darauf, daß sie auf dem Weg dorthin einen Fehler macht (dann preßt er die Kiefer zusammen und täuscht Gelassenheit vor). Die Frau ist möglicherweise darauf »trainiert«, ein guter »Navigator« zu sein, um Problemen aus dem Weg zu gehen. Wenn sie allerdings nicht von einem Mann dazu erzogen worden ist oder es nicht für wichtig hält, »vorbereitet« zu sein, oder sich für einen Augenblick vergißt und sich natürlich verhält, könnte sie jetzt laut sagen: »Ich frage mich, ist es diese Ecke oder die nächste?«

Der Mann nimmt unverzüglich an, daß sie keine Ahnung hat, wo es langgeht, und daß sie gelogen hat, als sie sagte, sie wüßte, wie man dorthin kommt. Nach seinem Denkschema kann sie augenscheinlich »c« oder »d« nicht kennen, wenn sie das Stadium »b« nicht kannte. Es kann alles nur noch schlimmer werden. Sein Schluß: »Sie hat die Kontrolle verloren!«

Als die Frau sagte, sie wüßte, wie man zu dem Restaurant kommt, stellte sie sich einfach sich selbst dort vor. Auch wenn sie sich verirrt, was soll's? Sie weiß, es wird alles funktionieren, und sie vertraut darauf. Nebenbei könnte es Spaß machen, neu zu entdecken, wie man dorthin kommt; für sie ist es ein Abenteuer! Sie könnte unterwegs sogar ein noch vielversprechenderes, noch aufregenderes Restaurant entdecken. (Sie sollte jedoch nicht erwarten, daß der Mann begeistert ist, wenn sie eine Änderung der Pläne vorschlägt, denn er muß sich *neu* orientieren und sich in einem solchen Fall unzählige Fragen beantworten. Beispielsweise: »Nehmen sie dort Kreditkarten? Was steht auf der Karte? Bin ich richtig angezogen? Ist der Service gut?«)

Wegen ihres Vorgehens, sich Energie einzuteilen und »der Reihe nach« zu denken, sind Männer nicht so flexibel wie Frauen, wenn es darum geht, ihre Pläne zu ändern. Wenn ein Mann Schemata und Systeme entwickelt, die mit der geringsten Fehlerquote und dem geringsten Energieaufwand wieder und wieder wiederholt werden können, verläuft sein Leben sehr angenehm. Während die Fähigkeit eines Mannes, »der Reihe nach« vorzugehen, bewundert wird (Männer sind sehr gern bereit, ohne weiteres Routineaufgaben zu übernehmen, sobald ein Grund vorliegt und eine Belohnung winkt), habe ich festgestellt, daß sein Mangel an Spontaneität für Frauen gewöhnlich Anlaß zu Frustrationen ist. (Jede positive Eigenschaft hat ihre »negative« Seite!)

Ein weiteres Beispiel des »der Reihe nach«-Denkens brachte ein verheiratetes Paar bei einem meiner Workshops vor. Die Frau hatte sich bei ihrem Mann beklagt, weil er niemals die Lebensmittel einkaufen ging. Er erklärte ihr, er würde die Einkauferei gern übernehmen, wenn sie ihm nur helfen würde, alles in den Griff zu bekommen. Sie stimmte zu, hatte aber keine Ahnung, worauf sie sich da einließ! Ein paar Tage später kam er mit einer genauen Skizze des Supermarkts zu ihr. Jeder Gang war so deutlich gekennzeichnet, wie die Anordnung der in jedem Regal erhältlichen Waren aufgelistet war. Alles, worum er sie bat, war, ihre Einkaufsliste »der Reihe« nach zu ordnen, so daß er jeden Artikel finden könnte, ohne lange in den einzelnen Gängen herumsuchen zu müssen.

Sein System erschien ihm absolut sinnvoll, wurde von ihr aber völlig falsch verstanden. Sie dachte, er hätte sich bewußt ein Schema ausgedacht, um um die Einkauferei herumzukommen! Sie benutzte seine Skizze niemals und erwähnte nie mehr, daß er den Einkauf übernehmen sollte.

Er nahm dies als weiteren Beweis dafür, daß seine Frau sagte, sie wolle etwas, was sie nicht wirklich meinte. Tatsächlich war er schrecklich enttäuscht gewesen, daß ihr nicht eingeleuchtet hatte, wie fabelhaft sein Plan war, und daß sie seine Bereitschaft, einkaufen zu gehen, nicht gewürdigt hatte. Er hatte Zeit und Energie »vergeudet«, um ihr Problem zu lösen, und sie hatte egoistisch ihre Meinung geändert.

Sowohl in dem Mann wie auch in der Frau hatte sich wegen dieser Sache eine Menge Groll angestaut. Der war zwar nicht stark genug, um zu einem *großen* Problem zu werden, doch gewiß stark genug, der Beziehung zu schaden. Später — während des Workshops — hatte das Paar Gelegenheit, über diese Sache zu lachen, die sie beide in ihrer »niemals zu lösender Konflikt«-Schublade abgelegt hatten. Die beiden waren erleichtert, zu erfahren, daß es sich bei der Einkaufsgeschichte eher um eine Reihe von Mißverständnissen und einen Fall totaler Fehlkommunikation handelte und nicht um einen bewußten Mangel an Rücksichtnahme.

## Zeitverzerrung

Für einen Mann ist Zeit eine lineare Abfolge von Momenten. Sie hat einen Anfang, eine Mitte und ein Ende, und sie kann und sollte kontrolliert werden.

Für eine Frau dagegen ist Zeit ein Entdeckungsprozeß. Sie ist relativ und flexibel; man muß sie nicht immer ernst nehmen; und sie ist etwas, mit dem man spielen kann.

Wenn ein Mann eine Frau bittet, um sieben Uhr fertig zu sein, hält die Frau den Zeitfaktor möglicherweise nicht für bedeutend und wird irgendwann *gegen* sieben fertig sein (es sei denn, sie ist von einem Mann erzogen worden). Für den Mann ist die verabredete Zeit jedoch eine ernste Sache, und wenn die Frau um sieben Uhr nicht fertig ist, sieht es für ihn so aus, als wolle sie ihn bewußt »manipulieren« und ärgern. Die Frau weiß, daß sie, wäre sie um sieben mit einer anderen Frau verabredet, vermutlich ohne weiteres »spät dran sein« könnte und es auch wäre, weil die andere Frau sich *nicht* darüber aufregen würde.

Es gibt eine Zeit und einen Ort für die Kontrolle von Zeit. Männer können eine Menge von Frauen lernen, wenn es darum geht, sich die Zeit »gefügig zu machen« und sich mehr zu entspannen. Da Zeit für Frauen eine flexible und übertragbare Erfahrung ist, ist es falsch, von ihnen zu erwarten, sich zu ändern, um in den männlichen Modus oder in die männliche Realität zu passen.

Frauen gehen aus der Perspektive des Fortschreitens und Entdeckens an Aufgaben heran. Deshalb ist es für eine Frau manchmal unmöglich, das Ergebnis einer gegebenen Aufgabe vorauszusagen, was den Zeit- und Energieaufwand angeht — sogar dann, wenn sie diese Aufgabe schon tausendmal erledigt hat.

## Das Einkaufs-Syndrom

Die meisten Frauen betrachten Einkaufen als ein Entdeckungserlebnis. Die meisten Männer dagegen gehen den Einkauf wie eine *Aufgabe* an, *nicht* als *Abenteuer*. Wenn Männer einkaufen, gibt es gewöhnlich ein oder zwei Artikel, die sie kaufen wollen, und das ist auch alles, wonach sie sich umschauen werden. Sich nach Dingen umzuschauen, für die sie sich keine Zeit, keine Energie und kein Geld zugeteilt haben, kann für sie ein Erlebnis sein, das Frustration und Zorn auslöst. Auch hier verbrauchen Männer wieder mehr Energie als Frauen. Das liegt an ihrem konstanten Bedürfnis, sich jedesmal neu zu orientieren, wenn sie von Abteilung zu Abteilung, von Laden zu Laden, von Einkaufszentrum zu Einkaufszentrum gehen. Frauen jedoch spüren neue Energien und neuen Schwung, wenn sie etwas Neues sehen, hören und riechen.

Was Männer verblüfft, ist die Tatsache, daß Frauen *gerade wegen* des Unvorhersehbaren und Abenteuerlichen gern einkaufen und daß sie es tatsächlich schaffen, den ganzen Tag mit einem »Einkaufsbummel« zu verbringen, nichts zu kaufen und trotzdem zufrieden zurückzukommen. Können Sie sich vorstellen, daß ein Mann weggeht, um etwas zu kaufen — Reifen, beispielsweise —, nicht findet, was er gesucht hat und glücklich und zufrieden nach Hause kommt? (»Ich sah diese großartigen Reifen von Goodyear und ein paar sehr hübsche von Pirelli, doch sie hatten einfach keine in meiner Größe da! Junge, war das ein Spaß!«)

## Wollen kontra Haben-Können

Für einen Mann wird das, was er *will*, von dem entschieden, was er haben *kann*. Mit anderen Worten: Ein Mann muß angesichts eines bevorstehenden Ereignisses zuerst eine Reihe von Fragen stellen, bevor er weiß, ob er daran teilnehmen will. Etwas tun zu wollen (es sich zu wünschen) und in der Lage zu sein, es zu tun (die Mittel zu haben), sind für Männer und Frauen ganz unterschiedliche Dinge. Für Männer sind »Wollen« und »Haben-Können« eng miteinander verknüpft. Frauen nehmen sie als verschiedene Konditionen wahr.

Sie fragt: »Möchtest du zu einer Party gehen?«

Er fragt zurück: »Wann findet sie statt? Wo findet sie statt? Wann fängt sie an? Wer geht sonst hin? Was wird's zu essen geben? Müssen wir ein Geschenk mitbringen?«

Sie antwortet: »Was soll's?« oder: »Kannst du nicht einfach meine Frage beantworten? Alles, wonach ich gefragt habe, ist, ob du zu der Party gehen *willst?*«

Die Frau realisiert nicht, daß der Mann *versucht*, ihre Frage zu beantworten. Er stellt nur zunächst Fragen, um entscheiden zu können, ob er *in der Lage* ist hinzugehen. *Falls* er *in der Lage* sein sollte, wird er entscheiden, ob er hingehen *will.* Wäre der Mann in der umgekehrten Situation, würde das Gespräch ungefähr so ablaufen:

Er fragt: »Möchtest du zu einer Party gehen?«

Sie antwortet: »Ja.«

Er sagt: »Gut, die Party ist am Samstag.«

Sie erwidert: »Oh, am Samstag kann ich nicht.«

Er entgegnet: »Warum hast du dann gesagt, daß du hingehen willst!«

Frauen bringen »Wollen« und »Können« keineswegs durcheinander. Die Frau gab in diesem Beispiel eine direkte Antwort auf die Frage, was sie wolle. Für sie war es nicht nötig, erst festzustellen, ob es möglich, vernünftig oder machbar ist. Der Mann hatte nicht gefragt: »Bist du *in der Lage*, zu der Party zu gehen?« Er hatte gefragt, ob sie gehen *wolle*, und sie beantwortete nur die Frage, die er gestellt hatte!

Den Unterschied zwischen »Wollen« und »Können« verdeutlicht auch den Grund, aus dem Ehemänner und Freunde so ungern einen »Schaufensterbummel« unternehmen. Wenn ein Mann etwas sieht, das er haben will, übersetzt er seinen Wunsch in: »Ich glaube, ich (oder du) kann (kannst) es kaufen.« Wenn eine Frau etwas sieht, das ihr gefällt, heißt das noch lange nicht, daß sie es wirklich haben und besitzen will. Der Mann nimmt an, daß die Frau es ernst meint, wenn sie sagt, sie wolle etwas haben, und er nimmt ebenfalls an, daß sie von ihm erwartet, daß er es ihr kauft. Die meisten Männer fühlen sich von der Anzahl der Dinge überwältigt, bei denen Frauen indizieren, daß sie sie gern kaufen würden. Und gewöhnlich fühlen sie sich minderwertig, weil sie nicht fähig sind, den Frauen all ihre »Wünsche« zu erfüllen. Ich rate Frauen, sorgfältiger auf das zu achten, wovon sie sagen, daß sie es haben wollen, weil der Mann sechs Monate später glauben könnte, er täte ihnen einen großen Gefallen, wenn er es ihnen zum Geburtstag schenkt. Obwohl dies ein Zeichen dafür ist, daß der Mann ihr zugehört hat und sich ihrer Wünsche bewußt ist, kann es sein, daß sie sich nicht einmal daran erinnert, gesagt zu haben, daß ihr etwas gefällt.

Ein weiteres Beispiel für »Wollen« kontra »Können« erlebte ich während eines privaten Beratungsgesprächs mit einem Paar, das sich scheiden lassen wollte. Die Entscheidung war bereits gefallen, doch einige Leute, die den beiden nahestanden, hatten ihnen geraten: »Wenn schon Scheidung, dann solltet ihr sehen, daß sie wenigstens freundschaftlich abläuft. Geht doch zu Joe Tanenbaum.«

Als sie kamen, fragte ich den Mann: »Wann wurden Sie sich bewußt, daß Ihre Ehe am Ende ist? Wann fühlten Sie sich wirklich verletzt? Was ist passiert?«, und er begann zu weinen.

Er erzählte dann, er und seine Frau seien eines Tages durch die Gegend gefahren, weil sie erwogen hatten, ein neues Haus zu kaufen. Sie fanden eins, von dem sie sagte, es sei ihr »Traumhaus«, hatten jedoch nicht genügend Geld, es zu kaufen. Also bemühte er sich um einen Nebenjob und arbeitete jahrelang, um das Geld für die Anzahlung zusammenzukriegen. Schließlich waren sie in der Lage, das Haus zu kaufen. Am Tag, an dem sie einzogen, schaute sie die Straße entlang, während er in die neue Einfahrt einbog, sah ein anderes Haus und sagte: »Oh, schau dir *dieses* da bloß an!« Ohne daß sie mehr sagte oder mehr sagen mußte, *wußte* er, daß sie nun mit dem neuen Haus unzufrieden war und daß er wieder anfangen müßte zu sparen, um das größere Haus kaufen zu können. Er war am Boden zerstört.

Seine Frau war über dieses Statement total verblüfft. Sie hatte keine Ahnung gehabt, welchen Einfluß ihre unschuldige Bemerkung auf ihren Mann oder ihre Ehe gehabt hatte. Doch er konnte sich nicht von »diesem Schlag« erholen, und das war das Ende der Geschichte.

Frauen sagen manchmal arglos Dinge (siehe Kapitel 11), die ihnen wenig bedeuten und die auch anderen Frauen wenig bedeuten würden. Ein Mann aber kann aus solch arglosen Kommentaren schließen, daß seine Frau niemals glücklich sein wird — egal, was er auch tut. Der Mann aus unserem Beispiel mit dem Haus hatte sofort angefangen, sich zu sorgen, ob seine Frau sich nun jeden Tag beklagen, ob sie jemals zufrieden sein würde und ob er sich wohl wieder einen Nebenjob würde suchen müssen, um ihr das größere Haus kaufen zu können. Frauen sagen manchmal spontan Dinge, die Männer »aufnehmen«, speichern und denen sie noch nachhängen, wenn die Frau diese Äußerung längst vergessen hat, weil sie bereits zu dem Zeitpunkt, da sie sie machte, für sie kaum Gewicht hatte. Das demonstriert eine weitere Situation, in der Männer glauben, Frauen gingen rücksichtslos mit ihren Energien (denen der Männer) um, stellten ständig Forderungen und verlangten immer zuviel, ohne jemals ganz zufrieden zu sein.

Männer wollen Frauen ehrlich eine Freude machen und ihnen geben, worum sie bitten. Den Männern kommt es allerdings so vor, als ob Frauen häufig um Dinge bäten, ohne sich darüber Gedanken zu machen, was es »kostet«, sie zu bekommen.

## Entscheiden kontra entdecken

Wir haben festgestellt, daß Männer Beständigkeit mögen. Bei Routineangelegenheiten verbraucht man nicht viel Energie mit dem Versuch, jedesmal herausfinden zu müssen, was »funktioniert«, und was nicht. Sobald Männer herausgefunden haben, wie etwas »funktioniert«, bleiben sie ihr Leben lang bei dieser Methode. Ist Beständigkeit nicht ein Spaß? Regeln haben ihre eigene Form von »Freiheit«.

Männer müssen immer wissen, wo, wann, wie und warum. Einer der interessantesten Punkte, die sich aus dem Unterschied zwischen »Wollen« und »Haben-Können« ergeben, sind die Unterschiede zwischen Entscheiden und Entdecken. Die wenigsten Männer verfügen über die nötige Flexibilität, um *entdecken* zu können. Entdecken verlangt eine große Überantwortung von Mitteln, und als Konsequenz daraus ist es für Männer leichter, etwas zu *entscheiden* (zu kontrollieren), als es zu *entdecken* (sich einem Prozeß zu unterziehen).

Für Frauen kann Entdecken ein erfreulicher und aufregender Veränderungsprozeß sein. Wenn Frauen etwas nicht mögen, selbst wenn es »funktionieren« sollte, werden sie es ändern und ändern, bis es *besser* ist, als es war — oder zumindest *anders*. Doch Männer werden sich eher mit etwas abfinden, das sie *nicht* mögen, als die Energie aufzuwenden, eine Veränderung zu riskieren, die dann möglicherweise nicht »funktioniert«. Immerhin — warum sollte jemand etwas reparieren, das nicht kaputt ist? Was für eine Verschwendung von Zeit und Energie!

## Wer führt hier den Befehl?

Damit Männer sich wohl fühlen, muß immer irgend jemand Kontrolle ausüben. Die Kontroll-Autorität kann ein anderer Mann, eine Frau, ein Kind, ein Tier, eine Regel, eine Prozedur, ein Autoritätsträger oder eine Tradition sein. *Wer* die Kontrolle hat, ist nicht so wichtig, wie *daß jemand* oder *etwas* die Kontrolle hat. Ohne irgendeine sichtbare Kontrolle verliert ein Mann sein »Zentrum« — das Gefühl, eine Grundlage zu haben.

Der Aufbau von Armeen und der meisten Firmen (traditionell männliches Milieu) wurde festgelegt, um Kontrollrichtlinien zu definieren, so daß Männer sich entspannen und gut funktionieren können. Männer versuchen nicht so sehr, Frauen zu kontrollieren, sondern versuchen eher, Chaos und Verwirrung auszuschließen. Männer benutzen Macht als Kontrolle; Frauen benutzen Intention.

Männer setzen Armeen und Firmenstrukturen ein, so daß Kontrolle *kein Thema*, sondern eine *feste Größe* ist. Sie etablieren Kontrolle, Autorität und Kommunikationsrichtlinien, um sich ihre Energie zu bewahren. Indem sie Regeln aufgestellt und sich im voraus verpflichtet haben, sie zu befolgen, vermeiden sie es auch, gekränkt zu werden oder das Gesicht zu verlieren. Wenn ich der Feldwebel bin, und er ist der einfache Soldat, wissen wir genau, wie wir miteinander umzugehen haben. Dann kommen Frauen dazu und sagen: »Es gibt keine Regeln«, oder: »Laßt uns die Regeln ändern«, und sie erwarten auch noch, daß man das anerkennt und ihnen Beifall klatscht!

## Kontrolle kontra Intention

### *Kontrolle*

Wenn ich mit einer Männergruppe arbeite, albern alle Männer rum, sind ganz entspannt und amüsieren sich, weil sie wissen, daß *ich* die Kontrolle ausübe. Es ist mein Job. Falls die Männer bemerken würden, daß ich die Kontrolle *verliere*, gäbe es unter ihnen gewiß eine kleine Rempelei, bei der sich einer von ihnen schließlich »durchsetzen« und die Kontrolle übernehmen würde. An diesem Punkt könnten sich all die anderen Männer wieder entspannen. Solange *ich* jedoch die Kontrolle ausübe, verbrauche ich meine Energie sehr, sehr viel schneller als sie. Sie bezahlen mich lieber dafür, meine Energie aufzuwenden, statt ihre eigene zu verbrauchen. Solange ich das tun kann, leben sie länger, weil sie sich nicht an »der Arbeit« beteiligen müssen.

Erinnern wir uns also an das Beispiel, in dem es darum ging, zu dem Restaurant zu kommen . . . Wenn die Frau dem Mann sagt: »Oh, ich weiß, wie man zu dem Restaurant kommt«, »denkt« er etwas anderes von ihr zu hören: »Ich übernehme die Führung, und ich treffe die Entscheidungen.«

Ein weiteres Kontroll-Beispiel könnte sich so anhören:

> Sie sagt: »Okay, ich weiß, du bist bist müde. Ich werde mich um alles kümmern. Was möchtest du essen?«
>
> Er erwidert: »Ist mir egal. Koch, was du willst.« (Er hat ihr nun die Kontrolle übergeben.)
>
> Sie fragt: »Möchtest du lieber Huhn oder Kalb?«
>
> Er antwortet: »Ist mir egal. Triff du die Entscheidung.«
>
> Sie fragt weiter: »Kartoffeln oder Reis?«
>
> Er entgegnet: »Ich würde weiße Mäuse essen. Laß mich nur in Ruhe.«

Die Frau hat nicht mitbekommen, daß er ihr die Kontrolle übergeben hat, weil sie statt dessen eine Beziehung, Kommunikation und Partnerschaft will. Ich behaupte, daß der Vorwurf, ein Mann wolle immer *selbst* die Kontrolle ausüben, unwahr ist. *Richtig* ist: Er *braucht jemanden*, der die Kontrolle hat; gibt es den nicht, wird seine Energie mißbräuchlich eingesetzt.

Wenn eine Frau sagt, sie hätte alles unter Kontrolle, jedoch die Kontroll-»Gesetze« (so wie der Mann sie sieht) nicht kennt, kann er ihr nicht trauen. Oder wenn ein Mann versucht, einer Frau die Kontrolle zu überlassen, und sie das nicht akzeptieren will, ist er (in *seiner* Realität) gezwungen, die Kontrolle wieder selbst zu übernehmen. Frauen tendieren dazu, dies als »Wichtigtuerei« zu interpretieren, und wenn eine Frau dem Gefühl Ausdruck verleiht, sie fühle sich dominiert, denkt er: »Nun, das hast du falsch verstanden. Was verstehst du sonst noch alles falsch? Du weißt nicht, wie ich mich wirklich fühle, warum also sollte ich dir vertrauen? Du bist schließlich nicht bereit zu begreifen, was ich sage.« Zur gleichen Situation kommt es, wenn eine Frau einen Mann sagen hört: »Ja, ich verstehe«, obwohl sie weiß, daß er ihr nicht richtig zugehört hat. Der Mann empfindet das genauso. Männer und Frauen neigen wohl gleichermaßen zur Sturheit und Selbstgerechtigkeit. Dennoch muß man wieder einmal sagen: Hier darf man nicht von Feinden sprechen, sondern einfach von noch eher harmlosen Fehlern.

## *Intention*

Ich beschreibe Intention als »zweckbestimmte Ausrichtung auf ein Ziel oder eine nicht zweckbestimmte Technik, eine Ausrichtung zu finden«. Ein Beispiel für Intention lieferte mir eine Frau, die an einem meiner Workshops im Mittleren Westen teilnahm. Dieses Gespräch fand während einer Sitzung statt, bei der »nur Frauen« anwesend waren und bei der wir uns über Kontrolle unterhielten. Die Frau, um die es geht, war vielleicht 1,50 Meter groß und kann höchstens 95 Pfund gewogen haben. Sie sagte, sie hätte dieses Thema nicht angesprochen, wäre außer mir ein anderer Mann im Raum gewesen, weil sie wisse, daß den meisten Männern und sogar einigen Frauen bei ihrer Geschichte nicht ganz wohl wäre.

Sie erzählte, sie habe immer den Wunsch gehabt, Kapitän auf einem Wildwasserfloß zu werden. Sie hatte sich bei einer der Bootsfirmen beworben und festgestellt, daß nur große, starke Männer die Flöße führten. Das Management und einige der stämmigen männlichen Angestellten erklärten ihr höflich — aber bestimmt —, sie sei zu klein, das Floß auf dem reißenden Fluß kontrollieren und »die Gewalt« darüber behalten zu können. Sie blieb trotzdem beharrlich und überzeugte ihre Gesprächspartner, sie wenigstens für eine Probezeit einzustellen. Nach zwei Jahren war sie immer noch Kapitän, und tatsächlich hatte sie die besten Leistungen von allen vorzuweisen — war besser als ihre kräftig gebauten männlichen Kollegen. Auf *ihr* Konto ging nämlich die *geringste* Zahl von Unfällen und Stürzen. Als ich sie fragte, wie sie das geschafft hätte, warnte sie mich und die Frauen im Raum vor. Sie sagte, sie würde uns zwar die Wahrheit erzählen, doch die Männer, denen sie versucht hatte, das zu erklären, hätten ihr nicht geglaubt.

Die Flößer hatten angenommen, sie hätte ihr hervorragendes Ergebnis deshalb erzielt, weil sie irgendeine »Technik« besser beherrschte oder die Passagiere dazu bekommen hätte, sich besser zu benehmen, weil sie eine Frau ist. Nichts davon stimmte. Aber sie hatte gelernt, aufzuhören, mit ihnen zu streiten. Sie erzählte uns dann, sie hätte nur zwei »Techniken«. Wenn sie das Gefühl hätte, das Floß geriete außer Kontrolle, oder wenn es den Felsen gefährlich nahe käme, würde sie mit dem Floß und den Felsen reden und ihnen sagen, sie sollten sich voreinander in acht nehmen. Ihre zweite Technik (wenn die erste versagte) war es, dem Fluß zu erzählen, er solle langsamer machen, er sei zu schnell.

Ich weiß, daß manche Leute (besonders Männer) auf die Erklärung dieser Frau recht skeptisch reagieren werden. Wenn wir jedoch einmal *annehmen*, daß sie die Wahrheit sagt? Können Sie sich vorstellen, wie das Leben sein würde, wenn *Sie* Gaben besäßen, die anderen eigenartig und irrational vorkommen? Ich behaupte, daß Sie nach einer Weile nicht nur aufhören würden, über Ihre Begabungen zu sprechen, sondern tatsächlich anfangen würden, an sich selbst zu zweifeln, und schließlich vergessen würden, daß Sie diese Fähigkeiten jemals hatten.

Unser weiblicher Kapitän konnte ganz offensichtlich nicht seine (physische) »Kraft« gegen den Fluß einsetzen, »seine« *Intention* aber konnte »er« benutzen. Da Intention nicht leicht in die physischen und intellektuellen Modi paßt, haben Männer Schwierigkeiten, sie zu »begreifen«.

Intention ist nicht verläßlich, beständig oder meßbar und fällt deshalb der »rationalen« Diskussion zum Opfer.

Allerdings schätzen Männer Endresultate. Deshalb hätten sich die Äußerungen dieses weiblichen Kapitäns gegenüber den Männern etwa so anhören sollen:

> »Ob ihr mir nun glaubt oder nicht, oder ob ihr versteht, wie ich meine Resultate erziele — *ich* jedenfalls kann den Beweis antreten. Ich denke, ihr seid ein wenig neugierig zu erfahren, wie ihr eure Fähigkeiten verbessern könnt.«

oder:

> »Die Natur gab *euch* Muskeln, das Floß zu steuern, und *mir* gab sie die Intention. Ich denke, damit sind wir alle recht gut dran.«

Eine andere Frau teilte uns während eines Workshops eine andere sehr relevante Erfahrung mit. Sie erzählte, daß man ihr, als sie für die Regierung arbeitete, eine Konzeption beigebracht hatte, die *Management By Objectives* (MBO) genannt wird. Jedes Jahr wurde ihr gesagt, was sie tun solle, und sie wurde über all die Schritte unterrichtet, die sie unternehmen müsse, um das Ziel zu erreichen. Sie erbrachte immer die erwarteten Resultate, doch sie sagte, daß sie in Wirklichkeit niemals all die verlangten Schritte unternommen habe. (Sie gab zu, deshalb immer Schuldgefühle gehabt zu haben.)

Als diese Frau den Regierungsjob aufgab und anfing, für eine weibliche Chefin in einer kleinen Firma zu arbeiten, die nur 15 Frauen beschäftigt, stürzte sie das in Verwirrung. Die Frauen hielten alle zwei Wochen Meetings ab, und beim ersten, bei dem sie dabei war, saßen alle am Konferenztisch und redeten über fast alles. Es gab keine nach Punkten aufgeteilte Tagesordnung, und häufig redete mehr als eine der Anwesenden zur gleichen Zeit. Alle »Ordnungsregeln«, die sie bei ihrem Regierungsjob über das Abhalten einer Konferenz und darüber, Resultate zu erzielen, gelernt hatte, waren hier außer Kraft gesetzt. Und es schien ihr, daß positive Resultate und eine Meinungsbildung unmöglich seien. Während sie diesen Prozeß beobachtete, in dem die Frauen gegeneinander zu kämpfen oder manchmal auch einfach nur zu klatschen schienen, realisierte sie jedoch, daß dieser Prozeß seine eigene Triebkraft und seinen eigenen Wert hatte. Zu ihrer Überraschung hatten die Frauen gegen Ende des Meetings mehr Arbeit erledigt und mehr Resultate erzielt, als sie für möglich gehalten hätte. Später wurde ihr klar, daß ein Mann — hätte er an diesen Meetings teilgenommen — diesen sehr produktiven Prozeß als völliges Fehlen eines Prozesses betrachtet und daß ihn das wahnsinnig gemacht hätte!

## Die Werbung ums andere Geschlecht

Es gibt Zeiten, zu denen Männer sagen: »Ich weiß nicht, was aus der Romantik in meiner Beziehung geworden ist. Ich weiß nicht, warum der Sex nachgelassen hat.« Ich habe einen sehr einfachen Vorschlag für sie. Ich rate ihnen, noch einmal zu der Zeit der »Verabredungen« zurückzukehren, rate ihnen, noch einmal all die Dinge zu tun, die sie in den frühen Stadien ihrer Beziehung zu tun pflegten: Blumen zu schenken, liebevolle Telefonanrufe zu tätigen, an ganz besonderen Orten ganz besondere Dinge zu tun.

Männer heiraten häufig, um sich nicht mehr ständig verabreden zu müssen. Verabredungen sind teuer, fordern ihren Tribut — finanziell, emotional und physisch. Männer können ihre Energie in einem solchen Ausmaß nicht für eine sehr lange Zeit einteilen, also ist für sie einer der Gründe zu heiraten der, diesen ständigen Energieverlust zu stoppen.

Die Einstellung der Frauen ist jedoch: »Oh, wir sind verheiratet, jetzt ist's an der Zeit, sich zu amüsieren!« Aber für die Männer ist die Spielerei vorbei. Diese Entscheidung ist gefallen. Er sagt: »Nun, wir sind jetzt verheiratet. Wir haben das gedeichselt. Laß uns die Verabredungen und all das Zeug vergessen. Jetzt kann ich mich wieder um meinen Job kümmern.« Er ist jetzt soweit, zum »Normalzustand« und den bekannten Lebenselementen zurückzukehren.

Zu den wichtigen Daten, die ich über die Jahre gesammelt habe, gehört, daß ein Mann eine Frau *deshalb* heiratet, weil er beschlossen hat, daß sie DIE EINE ist. Er liebt sie so, wie sie ist, und sie muß sich nicht ändern. Nach ein paar Monaten oder Jahren beobachtet der Mann allerdings, daß die Frau ihr Leben, ihren Stil und ähnliches zu ändern beginnt, und das verwirrt ihn. Er hat sie als das geheiratet, was sie war, nicht als das, was sie sein wird. Er betrachtet die Veränderung an/in ihr als Bruch ihrer Übereinkunft über das, was sie war, als er sich bereit erklärte, sie zu lieben. Tatsächlich ist es möglich, daß er diese »neue Frau« *nicht* liebt und sogar glaubt, in eine Falle gegangen zu sein. Eine Frau heiratet einen Mann andererseits wegen seines *Potentials*, seiner Möglichkeiten. Sie erwartet von ihm, daß er sich weiterentwickelt und sich ebenfalls ändert, und sie reagiert frustriert, wenn er das *nicht* tut. Er hat nun möglicherweise das Gefühl, ihre Liebe sei eine Lüge gewesen, als sie ihn damals heiratete. Er ist schließlich heute noch so, wie er damals war. Warum also liebt sie ihn nicht immer noch auf dieselbe Weise?

Zu den interessanteren Themen meiner Workshops »Nur für Frauen« gehört die Diskussion über Sex. (Männer diskutieren das Thema Sex in ihren Workshops ebenfalls, doch ohne die Details, den Humor und die Freude, die Frauen zum Ausdruck bringen, wenn man ihnen Gelegenheit gibt, eine offene Diskussion zu führen, ohne daß Männer im Raum sind.)

Eines der vielen Themen, über die Frauen sprechen, ist die häufig langweilige sexuelle Routine der Männer.

Wie auf fast allen anderen Gebieten suchen Männer auch hier nach Techniken, die Resultate bringen und/oder nach Regeln, die immer funktionieren werden. Für einen Mann ist Sex eine weitere Aufgabe, der er sich stellen muß (wobei das Wort »Aufgabe« für ihn nicht denselben negativen Beiklang hat wie für Frauen). Erinnern wir uns daran, daß Männer alles *definieren*, um über die Erfordernisse entscheiden und sie verstehen zu können. Sex ist gewöhnlich eine der »angenehmeren Aufgaben«, denen ein Mann sich unterzieht, doch er hat immer noch einen Anfang, eine Mitte und ein Ende. Der »Anfang« ist dann, wenn einer oder beide Partner an Sex interessiert sind; die »Mitte« besteht aus seiner Technik; das »Ende« ist der Höhepunkt (gewöhnlich seiner).

Sobald der Mann sein Interesse gezeigt hat, wird er eine Technik anwenden, die in der Vergangenheit funktionierte. Der Unterschied zwischen einem guten Liebhaber und einem Mann, der nur an seiner eigenen sexuellen Befriedigung interessiert ist, liegt gewöhnlich nur in der Anzahl dieser Techniken.

Sobald der Mann am Körper der Frau einige »geheime« Stellen gefunden hat, wird er sich jedesmal mit Vitalität auf ebendiese Stellen stürzen. Ich behaupte, daß 99 Prozent aller Männer sehr glücklich wären, wenn *nur eine Stelle* ihres Körpers die ganze Aufmerksamkeit einer Frau fände, und sie muß nicht einmal besonders extravagant sein! Eine Frau hat nicht nur mehr erogene Zonen als ein Mann, sondern sie ändern sich möglicherweise auch noch von Nacht zu Nacht oder sogar von Augenblick zu Augenblick. Das ist für Männer sehr verwirrend. (Wenn es gestern funktionierte, dann sollte es heute doch auch funktionieren, richtig?) Wenn die »Stelle« diesmal nicht »funktioniert«, glaubt der Mann, die Frau habe etwas anderes im Kopf oder sie hätte beim vorigen Mal gelogen, als sie sagte, ihr hätte gefallen, was er tat.

Das letzte, was eine Frau in einer romantischen und spontanen Stimmung möchte, ist es, so rational sein zu müssen, daß sie einen Mann auf ihre sensitiven Stellen hinweisen muß. Und trotzdem könnte die Frau während des Liebesspiels möglicherweise reden wollen. Ich sage Frauen immer wieder: »Erwarten Sie das lieber nicht. Das ist für einen Mann wirklich schwer machbar.« Die meisten Männer, die gelernt haben, das zu tun, »stehlen« sich in Wirklichkeit einen Teil ihres »Zyklus«. Mit anderen Worten: Sie denken in der einen Sekunde an den Sex, und in der nächsten denken sie darüber nach, was sie sagen sollen. Aber der Mann muß zu seinen Sex Gedanken zurückkehren, will er nicht das Interesse verlieren. Mein Rat an Männer ist, den Frauen, die während des Liebesspiels reden wollen, zu sagen: »Warte einen Moment, ich verrichte gerade meinen Job.« Je nach der Konditionierung der Beziehung könnte dies entweder zu einem (guten) Streit führen oder ein Lachen hervorrufen.

Der Mann weiß, er ist »kaputt«, wenn er den Höhepunkt erreicht hat. Die meisten Frauen aber sind möglicherweise nicht nur zu vielfachen Orgasmen fähig, sondern unter Umständen auch einfach mit dem Zauber des Augenblicks, der Tatsache, im Arm gehalten zu werden, und dem intimen Geben und Nehmen zufrieden. Eine Frau braucht, wenn sie Liebe macht, nicht jedesmal einen Höhepunkt, um das Liebesspiel als befriedigend zu empfinden. Diese Konzeption ist für einen Mann schwer zu verstehen, da er nicht befriedigt wäre, wenn er keinen Orgasmus hätte. (Wenn Männer multipler Orgasmen fähig wären, würden sie vermutlich gar nicht mehr aus dem Bett kommen, um zur Arbeit zu gehen.)

Sex hat für einen Mann — wie alles andere — Regeln und Parameter. Für eine Frau ist er Erforschung, Entdeckung und Abenteuer. Hier begegnen uns wieder einmal verschiedene Wahrnehmungsformen der Realität!

## Zusammenfassung

- Frauen verschaffen sich zunächst einen Überblick, bevor sie Probleme angehen, indem sie beide Gehirn-Hemisphären gleichzeitig benutzen.
- Männer müssen und wollen Probleme zuerst in ihre Bestandteile aufspalten, um zu einer Lösung zu gelangen.
- Frauen »sehen« holistisch, und Männer »sehen« auf einer höchst linearen Basis.
- Männer setzen Logik ein, um über Vertrauen zu entscheiden, weil für sie Fakten Vertrauen aufbauen.
- Männer operieren »der Reihe nach« — a, b, c, d —, weil aufeinanderfolgende Muster ihnen erlauben, den »Beweismitteln« zu trauen.

- Frauen operieren *nicht* der Reihe nach — c, a, d, b — und können unnötige Schritte überschlagen, um zu Lösungen zu kommen.

- Für Frauen ist es wichtig, für ihre Arbeit und ihre Ideen Beweise zu erbringen.

- Männliche »Systeme« oder »Schemata«, die mit der geringsten Fehlerquote und dem geringsten Energieaufwand wieder und wieder wiederholt werden können, erleichtern Männern das Leben.

- Für Männer ist Zeit eine lineare Abfolge von Augenblicken. Sie hat einen Anfang, eine Mitte und ein Ende; Zeit kann und sollte kontrolliert werden.

- Für Frauen ist Zeit ein Entdeckungsprozeß, der sowohl relativ wie auch flexibel ist; sie ist keine ernste Sache und gehört zu den Dingen, mit denen man »spielen« kann.

- Die meisten Frauen gehen an Aufgaben aus einer Perspektive heran, daß da ein Prozeß abläuft und es etwas zu »entdecken« gilt.

- Für Männer stehen »Wollen« und »Haben-Können« miteinander in Beziehung; Frauen nehmen sie als eigenständige Konditionen wahr.

- Männer wollen Frauen gefallen; die meisten Männer fühlen sich allerdings von der Zahl der Dinge überwältigt, bei denen Frauen darauf hinweisen, daß sie sie kaufen würden. Männer haben auch häufig den Eindruck, daß Frauen um Dinge bitten, ohne auch nur einen Gedanken daran zu verschwenden, was man tun muß, um sie zu bekommen.

- Für Männer ist es leichter, etwas zu *entscheiden* als etwas zu *entdecken.*

- Für Frauen kann es ein aufregender Veränderungsprozeß sein, etwas zu entdecken.
- Männer werden sich eher mit etwas abfinden, was sie nicht mögen, statt die Energie aufzubringen, eine Veränderung zu riskieren, die möglicherweise nicht »funktioniert«.
- Damit Männer sich wohl fühlen können, muß jemand oder etwas die Kontrolle übernehmen.
- Männer setzen Macht (Kraft) als Kontrolle ein; Frauen benutzen Intention.
- Männer etablieren Kontrolle, Autorität und Kommunikationsrichtlinien, um ihre Energien zu wahren.
- Wenn ein Mann versucht, einer Frau die Kontrolle zu übergeben, und sie sie nicht übernehmen will, ist er (in *seiner* Realität) automatisch gezwungen, die Kontrolle *selbst* zu übernehmen.
- Intention ist nicht beständig, verläßlich oder meßbar und fällt deshalb »rationalem« Unglauben zum Opfer.
- Viele Männer heiraten, um den Energieverlust zu mindern, den »Verabredungen« für sie bedeuten.
- Männer suchen nach Techniken, die Resultate hervorbringen, und/oder nach Regeln, die *immer* funktionieren.
- Frauen haben mehr erogene Zonen als Männer, und die ändern sich möglicherweise von Tag zu Tag oder sogar von Augenblick zu Augenblick.
- Eine Frau braucht nicht jedesmal einen Orgasmus, wenn sie Liebe macht, um die Zufriedenheit des Liebemachens zu erleben.
- Für Männer hat Sex — wie alles andere — eigene Regeln und Parameter. Für eine Frau ist Sex Erforschung, Entdeckung und Abenteuer.

## Kapitel 11

# Kommunikation

Eine der wesentlichen Darstellungsformen des »Sichbewußtseins« in einem heranwachsenden Embryo ist die Formation des Corpus Callosum, jenes Bündels von Nervenfasern, das die linke und rechte Gehirn-Hemisphäre miteinander verbindet. Wie wir bereits festgestellt haben, verfügt das weibliche Corpus Callosum über mehr Nervenfasern als das männliche, und einige Experimente zeigen, daß Frauen bis zu 40 Prozent mehr Verbindungsglieder zu beiden Hirnseiten haben als Männer. Es scheint, als ob Männer nicht all jene Informationen erhielten, die Frauen bekommen. Die Sehkraft einer Frau, ihr Gehörsinn sowie ihr Geschmacks- und Geruchssinn — alles ist besser als beim Mann. All ihre Sinne sind weiter entwickelt als seine, und die Informationen, die sie aufnimmt, werden auch ohne genauere Abgrenzung in ihrem Gehirn gespeichert. Das Gehirn einer Frau ist weniger zentralisiert und weniger lokalisiert als das des Mannes. Wenn sie einmal gespeicherte Informationen hervorkramen wollen, haben Frauen eine bis zu 40 Prozent höhere Zugriffsfähigkeit zu beiden Hemisphären.

Im Gehirn eines Mannes sind die Verbindungen zu seinem Kommunikations- und Sprachzentrum nicht so gut entwickelt wie in dem einer Frau. Ein Mann geht für acht Stunden zur Arbeit, kommt nach Hause, und wenn seine Frau dann vielleicht fragt: »Wie war dein Tag, Liebling?«, antwortet er »Bestens.« Das war's — nur »bestens«. Für die Frau hört sich das an, als wolle er bewußt nicht kommunizieren. Für einen anderen Mann dagegen kann dieses »bestens« Bände sprechen. Ein anderer Mann würde ihn genau beobachten und »sehen«, wie er dieses »bestens« ausspricht; wie lange er brauchte, es zu sagen, und wie er aussah, als er es sagte. All diese objektiven Signale entscheiden darüber, was ein Mann meint. Nachdem der Mann »bestens« gesagt hat, sagt die Frau möglicherweise: »Okay, jetzt hast du angefangen, also mach weiter«, doch für den Mann gibt es nichts, womit er *weiter*machen könnte.

Eine Frau andererseits kann für nur eine Stunde zur Arbeit gehen, nach Hause kommen, und wenn der Mann dann fragt: »Wie war dein Tag?«, könnte sie noch acht Stunden später darüber erzählen. Sie erhielt wiederum von ihren fünf Sinnen fast die Hälfte mehr »Input« als der Mann, speicherte mehr Informationen und kann sie schneller und mit größerer Genauigkeit als er wieder hervorholen, was ihr automatisch mehr zu reden gibt als ihm! Der Konsensus scheint zu sein, daß Frauen mehr reden als Männer und daß Männer weniger reden als Frauen. Beide Aussagen stimmen, doch nun sollten wir unsere Vorurteile über diese Tatsache vergessen und verständnisvoller sein, denn jetzt wissen wir, warum das so ist. Tatsache ist, daß Frauen *häufiger* und *leichter* kommunizieren. Die Vorurteile besagen: Frauen reden zuviel, oder Männer reden nicht genug.

## Heiße Themen

Mark Sherman, außerordentlicher Professor der Psychologie, und Adelaide Haas, außerordentliche Professorin für Kommunikationswissenschaften an der Staatsuniversität von New York in New Paltz, haben eine sehr interessante

Studie vorgelegt. Sie betrifft die unterschiedlichen Antworten, die Männer und Frauen zu 22 Gesprächsthemen gaben. Männern (110) und Frauen (166) — im Alter zwischen 17 und 80 Jahren — waren Fragebogen zu den Gesprächen vorgelegt worden, die sie mit gleichgeschlechtlichen Freunden/Freundinnen führen. Arbeit, Filme und Fernsehen, so stellte sich heraus, waren die häufigsten Gesprächsthemen — bei Männern und Frauen.

Die Frauen, so zeigte sich, verbrachten mehr Zeit mit dem Besprechen von Partnerschafts-, Familien-, Gesundheits- und Fortpflanzungsthematik, sprachen mehr über Gewicht, Essen und Kleidung. Die Männer dagegen redeten ausführlicher über Themen wie Musik, Tagesereignisse und Sport. Die Gespräche der Frauen beschäftigten sich mehr mit persönlichen und emotionalen Themen. Nur 27 Prozent der Männer sagten, daß es bei ihren gleichgeschlechtlichen Gesprächen um Emotionen ging.

Wenn man einmal von Sportassen und Prominenten absieht, sprechen Frauen mehr über andere Frauen als Männer über andere Männer.

Die Studie demonstrierte, daß es bei dem, was Männer und Frauen für wichtig halten, geschlechtsspezifische Unterschiede gibt. Wenn ein Thema bei einem Geschlecht auf Desinteresse stieß, wurde es gewöhnlich als langweilig oder als »pure Zeitverschwendung« bezeichnet.

Die Studie belegt außerdem, daß es nicht so sehr das Gesprächs*thema* war, das die Unterschiede verursachte, sondern eher die *Art*, in der das Gespräch geführt wurde, und der *Grund* oder Zweck des Gesprächs. Die Männer hatten das Gefühl, sich bei Gesprächen »unter Männern« freier äußern zu können, »spielerischer« mit ihren Gesprächspartnern umgehen zu können. Und sie sagten, sie hätten das Kameradschaftsgefühl genossen, das sie dabei hatten. Unter Männern hätten sie nicht so vorsichtig sein müssen, mit dem, was sie sagten, war die häufigste Antwort der Männer, wenn sie gefragt wurden, was ihnen an den Gesprächen mit anderen Männern am besten gefiele. Dazu kommt, daß die Männer diese Gespräche schneller vorantrieben, humorvoller seien und praktikabler zu sein schienen. Die Männer nutzten ihre Zeit in einem sehr zwanglosen Rahmen, um von anderen Männern mehr über ihre Autos zu erfahren oder darüber, wie sie ihre Geldangelegenheiten regeln.

Als die Frauen gefragt wurden, was ihnen an den Gesprächen mit anderen Frauen am besten gefiele, erwähnten viele — wie die Männer —, daß sie sich dabei wohler fühlten und ihnen das Kameradschaftsgefühl gefiele. Bei der Definition dieser Begriffe gab es allerdings bedeutende Unterschiede. Für Frauen bedeuten »Wohlgefühl« und »Kameradschaft« Einfühlungsvermögen und Verständnis (was *sorgfältiges Zuhören* genauso beinhaltet wie die Fähigkeit zur Kommunikation). Frauen wollten sich vergewissern, daß sie nicht allein sind, und sie mochten das Gefühl, sich einander mitzuteilen und einander zu verstehen, ohne sexuellen Beiklängen oder Untertönen Beachtung schenken oder sich deshalb Sorgen machen zu müssen.

Die Frauen deuteten an, die Sensibilität für Emotionen sei ein wichtiger Teil ihrer gleichgeschlechtlichen Gespräche, doch die Männer maßen Emotionen als Teil ihrer Gespräche wenig oder keine Bedeutung zu. Frauen sprachen von ihren Frauengesprächen nicht als von etwas, was sie nur mochten, sondern von etwas, das sie wirklich *brauchten*. Während 63 Prozent der Frauen ihre gleichgeschlechtlichen Unterhaltungen für wichtig oder notwendig hielten, hielten nur 41 Prozent der Männer ihre gleichgeschlechtlichen Unterhaltungen für wichtig oder notwendig.

Frauen riefen auch mit größerer Wahrscheinlichkeit eine Freundin allein deshalb an, um mit ihr zu plaudern. Nur 14 Prozent der Frauen sagten, sie telefonierten niemals, nur um zu reden, während 40 Prozent der Männer sagten, sie riefen niemals einen Freund an, um zu »quatschen«.

Generell erwarteten die Männer von den Frauen, daß sie mit ihnen auf dieselbe schnelle »Bleibe an der Oberfläche«-(nicht emotionale)-Tour interagierten, wie es ihre Freunde tun. Ihre Gespräche verfolgten den Zweck, praktikable Informationen zu geben oder zu bekommen und amüsant zu sein. Die Frauen erwarteten von den Männern Interesse für persönlichere und emotionalere Themen, ohne die »Endresultate«, die Männer immer zu brauchen scheinen. Auch Frauen erwarteten, daß ihre Gespräche amüsant sind, doch offensichtlich unterscheiden sich die Definitionen von »amüsant«.

## Aneinander vorbeireden

Alle Daten, die ich in meinen Workshops gesammelt habe, bestätigen, daß eine Frau von einem Gespräch erwartet, daß es praktikabel ist und Spaß macht. Allerdings erwartet sie sich von ihren Gesprächen auch emotionale Unterstützung, schließlich ist sie bemüht, sich und andere zu verstehen. Wenn eine Frau eine intime Beziehung mit einem Mann beginnt, nimmt sie an, daß sie ihm gegenüber offen (und damit verletzlich) sein kann. Sie nimmt an, daß sie sich nicht davor schützen muß, mißverstanden zu werden, also fängt sie an, ihre intimsten Gefühle mit ihrem neuen Partner zu teilen, als spräche sie mit ihrer besten Freundin. Was jedoch gewöhnlich passiert, ist, daß er bei allen Punkten völlig falsch reagiert. Statt ihr das Gefühl zu vermitteln, sich danach besser fühlen zu können, verschlechtert sich ihre Situation. Er neigt dazu, ganz direkt und »praktisch« zu sein. Was sie jedoch mehr als alles andere sucht, ist ein einfühlsamer Zuhörer. Da sie von ihm erwartet, daß er ihr zuhört, wie eine andere Frau ihr zuhören würde (oder in der Art, wie sie selbst ihm zuhören würde, wenn er redete), wird sie von seinem »sofortigen

Lösungs«-Versuch aller Wahrscheinlichkeit nach überrascht und verärgert sein. Sie faßt seine »Bring es wieder in Ordnung«-Einstellung als persönliche Zurückweisung auf, oder sie verdächtigt ihn, ein Statement über ihre Intelligenz oder ihre relative Wichtigkeit für ihn abzugeben. Gemäß seiner Realität spricht er mit ihr so, wie er erwarten würde, daß sie (oder sein bester Freund) mit ihm spricht.

Offensichtlich kommt es auch am Arbeitsplatz zu denselben Mißverständnissen. Dort nehmen Frauen an, daß sie sich Männern gegenüber verletzlich zeigen dürfen, nachdem ihre Beziehungen und Freundschaften gefestigt sind. Nach ein paar enttäuschenden Erfahrungen lernen sie aber schnell, sich vor den Männern und den von Männern erzogenen Frauen in acht zu nehmen.

## Aufmerksamkeit erregen

Die meisten Lehrer behaupten, Mädchen beteiligten sich genausohäufig am Unterricht wie Jungen und würden auch genausooft aufgerufen, doch eine über drei Jahre durchgeführte Studie »Sexismus in den Klassenzimmern der 80er« stellte fest, daß das nicht stimmt. Sprachlich dominieren Jungen das Klassenzimmer klar. Im Rahmen dieser Studie wurde Lehrern und Verwaltungsbeamten ein Film von einer Diskussion in einer Klasse gezeigt, und dann wurden sie gefragt, wer mehr geredet hätte. Die Lehrer sagten mit überwältigender Mehrheit, das seien die Mädchen. In Wirklichkeit jedoch waren es in dem Film die Jungen, die die Mädchen im Verhältnis *drei zu eins* »überstimmten«. Sogar die weiblichen Erzieher waren nicht fähig, diesen Geschlechterunterschied zu bemerken, bis sie mitzählten und entschlüsselten, wer sprach und wer nur beobachtete. Ob es nun um Sprachen oder Mathematik und Naturwissenschaften ging, — die Jungen bekamen ständig mehr als ihren Anteil von der Aufmerksamkeit der Lehrer.

Das Forschungsergebnis zeigte außerdem, daß Jungen in der Klasse die Antworten bestimmter und mit *achtmal* größerer Wahrscheinlichkeit als die Mädchen herausbrüllten. Während die Mädchen sich geduldig meldeten, rissen die Jungen die Aufmerksamkeit des Lehrers buchstäblich an sich. (Erinnert Sie das an Ihre Mitarbeiterkonferenzen? An gesellschaftliche Zusammenkünfte? An Familientreffen?)

Obwohl Mädchen den Jungen beim Lesen und den Grundrechenarten voraus sind, wenn sie mit der Schule beginnen, erzielen Jungen zum Zeitpunkt der Abschlußprüfungen auf beiden Gebieten bessere Ergebnisse.

Wenn man Mädchen auffordert zu erklären, warum sie schlechte Noten bekommen haben, führen sie das mit größter Wahrscheinlichkeit auf »interne« Faktoren wie eigene Unfähigkeit, die Tatsache, nicht vorbereitet gewesen zu sein, oder die Tatsache, die Fragen nicht verstanden zu haben, zurück — das sind allesamt »inklusive« Schlußfolgerungen. Die Jungen jedoch führten ihre Fehler auf »externe« Faktoren wie Pech oder Ablenkungen zurück, oder sie sagten, der Test sei nicht richtig durchgeführt worden — alles »exklusive« Rechtfertigungen.

## Schuldzuweisungen

Wenn ein Mann mit einem Problem interagieren will, schaut er zuerst aus sich *heraus*, um die Ursache des Problems zu identifizieren, weil Männer objektive Realität nutzen, um über Ursache und Wirkung zu entscheiden. Wenn der Mann jedoch aus sich herausschaut, fühlt die Frau sich gewöhnlich angeklagt und beschuldigt, weil Frauen immer zuerst in sich *hinein*schauen: »Was mache ich falsch?« — »Nörgele ich zuviel herum?« — »Wie kann ich mich bessern?«

Aus der Perspektive eines Mannes sollte sie, wenn er sagt: »Es ist dein Fehler. Bring es in Ordnung«, darangehen und es in Ordnung bringen! Er ist nicht länger beteiligt, und sie hat ihn nur davor bewahrt, sich damit auseinandersetzen zu müssen.

Da die Frau schneller und gewöhnlich bereitwilliger ist, zuerst in sich zu gehen, nimmt der Mann an, sie habe die Verantwortung für die Situation übernommen und er müsse sich mit dem Problem nicht weiter beschäftigen. Die Frau ihrerseits nimmt irrigerweise an, ihr Partner gehe ebenfalls in sich, um zu sehen, wie er zu dem Problem beigetragen habe. Wenn die Frau das Problem nicht allein lösen kann, wird sie sich »draußen« nach Hilfe umsehen, um zu sehen, was sie tun muß. Wenn die Frau auf die Anschuldigungen des Mannes (und die Lösung, die sie in sich *nicht* gefunden hat) »objektiv« reagiert, dann und *nur dann*, wird der Mann in sich gehen. Diese irrigen Annahmen übersetzen sich generell in 1) er ist rücksichtslos und nicht bereit, Fehler zuzugeben; 2) sie hat ein geringes Selbstwertgefühl, da sie die Fehler so schnell bei sich selbst findet.

## Die Eigendynamik von Definitionen

Die Wörter und die Sprache, die Männer und Frauen benutzen, sind sehr verschieden. Für Männer ist es leichter, Männer zu verstehen, und für Frauen ist es leichter, Frauen zu verstehen. Viel von der Substanz eines Gesprächs zwischen den Geschlechtern geht verloren, weil wir die Wörter automatisch unterschiedlich definieren.

»Bindung«, »Verantwortung«, »verkaufen (aufschwatzen)« und »handeln (feilschen)« sind beispielsweise Wörter mit hoher Eigendynamik, die in verschiedenen kulturellen Zusammenhängen unterschiedliche Bedeutungen haben.

Wörterbücher sind eine Erfindung der linken Gehirnhälfte (typisch männlich), um mit komplexen Begriffen und Abstraktionen zurechtzukommen. Das Wörterbuch ist für Männer nützlich, wenn es darum geht, rationale Argumentationen zu verstehen, weil Definitionen für sie das Bedürfnis eliminieren, sich auf Intuition oder ein »Gefühl« für das, was gesagt wird, verlassen zu müssen.

Wenn in Ihrem Vokabular kein Wort für ein entsprechendes persönliches Erlebnis eines Gefühls, einer Einstellung oder einer physischen Erfahrung existiert, hätten Sie wahrscheinlich Schwierigkeiten, einen Bezug zu diesem Wort zu finden. Wenn Sie beispielsweise niemals von Schnee — oder irgendeiner anderen Form gefrorenen Wassers — gehört oder ihn nie selbst gesehen hätten, würde es für uns beide ein frustrierendes Erlebnis sein, wenn ich versuchte, Ihnen Schnee zu beschreiben. Ich könnte sogar so weit gehen, Sie naiv, unwissend oder dumm zu nennen.

Viele prominente Redner sind sich dieses Kommunikationsunterschieds bewußt, wenn sie ein rein weibliches, ein rein männliches oder ein gemischtes Publikum ansprechen. Obwohl die Informationen dieselben sind, ist ein völlig anderer Redestil erforderlich, um beide Geschlechter zu »erreichen«. Wenn ich von einem männlichen Standpunkt aus spreche, verstehen mich die Männer, doch viele (wenn nicht alle) der Frauen sind verwirrt. Wenn ich vom weiblichen Standpunkt aus spreche, verstehen mich die Frauen augenblicklich, die Männer allerdings reagieren verstört, gelangweilt oder frustriert. Bei einem gemischten Publikum fühlt sich mit ziemlicher Sicherheit die Hälfte der Zuhörer frustriert und ist unzufrieden. Gruppendynamiken sind drastisch verschieden (und gewöhnlich angenehmer), wenn die Gruppen nach Geschlechtern aufgegliedert werden. Mit Umerziehung und Training können diese Unterschiede jedoch bewältigt werden.

Bei Seminaren, bei denen sowohl Männer wie Frauen anwesend sind, ist es gewöhnlich so, daß alle Männer verwirrt auf einige der Erfahrungen reagieren, die ich den Frauen beschreibe. Während die Frauen zu der Thematik Zugang haben, warten die Männer darauf (und bemühen sich manchmal krampfhaft) zu verstehen, worauf die Frauen sich überhaupt beziehen. Hin und wieder gingen die Männer tatsächlich so weit, die Frauen der Verschwörung anzuklagen, sie verwirren zu wollen. Jedesmal, wenn eine Frau versuchte, den Männern zu erklären, worüber wir redeten, fühlten sich die Männer nur *noch* frustrierter. Das beweist unsere Unfähigkeit, uns mit Erfahrungen auseinanderzusetzen, die wir uns persönlich nicht vorstellen können. In die gleiche Verwirrung verfallen Frauen, wenn ich eine männliche Erfahrung beschreibe. Die Frauen nehmen dann an, die Männer und ich beschrieben diese Erfahrung bewußt *nicht* so, daß sie sie verstehen können.

## Frauen als Kommunikatoren

Die Forscherinnen Doreen Kimura und Jeanette McGlone vom Western Ontario University Hospital haben sich mit den verschiedenen Auswirkungen von Hirnschädigungen (durch Tumoren und Hirnschläge) auf rechtshändige Männer und Frauen beschäftigt. Ihre Forschungsergebnisse zeigen, daß Frauen viel weniger für Hirnverletzungen anfällig sind als Männer, weil das männliche Gehirn so stark seitenspezialisiert ist. Schädigungen an der einen oder der anderen Hemisphäre eines Mannes verursachen buchstäblich immer einen Sprachverlust (links) oder den Verlust der spatialen Fähigkeiten (rechts). Da das weibliche Gehirn nicht in derselben Art und Weise organisiert ist, kommt es nicht so häufig vor, daß eine Frau als Resultat einer Hirnverletzung spatiale oder sprachliche Talente einbüßt. Die Studie deutete auch auf eine unterschiedliche Verteilung der Sprach-Kartographie in den Gehirnen von Männern und Frauen hin.

Ruben Gur, ein israelischer Wissenschaftler, wies durch Anwendung von radioaktivem Gas nach, daß männliche und weibliche Hirne unterschiedlich beschaffen sind und daß sie unterschiedlich mit Blut versorgt werden, wenn Männer und Frauen bestimmten Aufgaben nachgehen.

Frauen sind bei fast allen Aufgaben besser, die das Wort beinhalten (Flüssigkeit der Rede, verbales Argumentieren, geschriebene Prosa und Lesen). Das Gedächtnis einer Frau für Wörter und Sprachen ist ebenfalls besser. Männer sind Frauen in Lese-Förderklassen allerdings im Verhältnis drei zu eins überlegen.

Die leichteste Hirnschädigung, die während oder nach der Geburt auftritt, hat bei Jungen eine weit schwächendere Wirkung als bei Mädchen. Hirnschädigungen treten fast immer in der Hemisphäre auf, in der Jungen weniger gut organisiert sind — in der linken. Gewöhnlich sind es nicht die visuell-spatialen Fähigkeiten (in der rechten Hemisphäre angesiedelt), die betroffen sind, sondern die der linken Hemisphäre, und damit leiden die Sprachkontrolle und das Sprachtalent. Jungen leiden mit vier- bis fünfmal höherer Wahrscheinlichkeit an Sprachstörungen und Sprechunfähigkeit als Mädchen. Jungen stottern mit größerer Wahrscheinlichkeit (5:1), wenn die linke Hemisphäre während des Sprechens die Kontrolle verliert. Jungen sind auch mit größerer Wahrscheinlichkeit (4:1) autistisch, was häufig mit einem völligen Fehlen der Sprache der linken Hemisphäre verbunden ist. Und Jungen leiden mit größerer Wahrscheinlichkeit an zwei Entwicklungsstörungen: Aphasie (extreme Schwierigkeit, sprechen zu lernen in einem Verhältnis 5:1) und Dyslexie (äußerste Schwierigkeiten beim Lesen und Schreiben in einem Verhältnis 6:1).

## Wie Männer mit der Kommunikation umgehen

Ich habe drei Stadien definiert, die Männer auf dem Weg zur Kommunikation durchlaufen. Zuerst grübeln sie, dann speichern sie, und danach kommunizieren sie.

### *Nachgrübeln*

Ein Mann schaltet ein Problem oder eine Situation zunächst auf »Sparflamme«. Wenn das Problem mit wenig Aufmerksamkeit oder Energie gelöst werden kann, liegt er gut im Rennen. Er wird abwarten, ob das Problem mit dem geringsten Energieaufwand, den er aufbringen kann, verschwindet oder gelöst wird. (Nachgrübeln unterscheidet sich von Nachdenken.) Männer sind nicht bereit zu handeln, es sei denn, es gäbe keine Alternative. Die Grübelei kann sich über ein paar Augenblicke oder viele Jahre erstrecken. Während der Grübelphase hält der Mann es nicht für nützlich oder nötig, bereits zu kommunizieren. Sollte sich das Problem von allein lösen, wäre es (vom männlichen Standpunkt aus) eine »Verschwendung« von Zeit oder Energie, zu kommunizieren. Löst sich das Problem durch den Grübelprozeß nicht, geht der Mann das nächste Stadium an.

### *Speichern/den Kopf vollstopfen*

Themen, die durch Grübeln nicht gelöst werden können, werden im Körper eines Mannes tatsächlich gespeichert oder »weggestopft«. Die Resultate dieses zweiten Stadiums sind nicht überraschend: Männer leiden weit häufiger als Frauen unter mit Streß verbundenen Krankheiten wie Herzleiden, Magengeschwüre und andere physische Probleme. Männer sterben im Durchschnitt acht Jahre früher als

Frauen — an den 15 mit den Haupterkrankungen verbundenen Todesursachen. Trotz der statistischen Daten, die darauf hinweisen, daß es für die Männer *besser* wäre zu kommunizieren, erscheint es ihnen noch immer so, als sei es die *leichteste* Lösung, Probleme für sich zu behalten. Die meisten ignorieren viele der ersten Warnzeichen, die ihnen klarmachen sollten, daß ihre Körper Aufmerksamkeit brauchen. Männerkörper entwickelten sich, Schmerzen zu ignorieren. Doch diese Eigenschaft, die nötig war, als es noch Schlachten zu schlagen galt, ist angesichts des heutigen Lebensstils der meisten Männer ein potentiell nachteiliges Überbleibsel aus dieser Zeit. Aus der Sicht eines Mannes hat man die Lage so lange unter Kontrolle, solange man das Problem »begreifen« kann (selbst wenn das bedeutet, daß man körperlich krank wird); es ist *sein* Problem, und er kann niemanden sonst damit belästigen. Da er weiß, welche Mühe es ihm bereitet, Probleme zu lösen, will er niemanden sonst damit belasten, es sei denn, er verliert die Kontrolle darüber. Falls er merkt, daß dieser Fall eintritt und er keine andere Alternative hat, wählt er möglicherweise den Weg, das letzte Stadium anzugehen.

## *Explodieren/kommunizieren*

Wenn alles andere gescheitert ist, wird ein Mann seine Zuflucht zur Kommunikation nehmen. Dieses Endstadium verlangt den größten Energieaufwand, und falls Grübeln und Wegstopfen funktionieren, ist Kommunikation möglicherweise unnötig. Diese »letzte Zuflucht« ist für den Mann kein bequemes Stadium. Seine Kommunikationstalente sind nicht so gut entwickelt wie die einer Frau, und sein Eingeständnis, ein Problem zu haben, das er nicht lösen kann, ist mit dem Unbehagen verbunden, »die Kontrolle verloren zu haben«.

Ein Mann könnte beispielsweise mit dem Rücken zur Tür

in der Küche stehen, wenn er hört, daß seine Frau (die möglicherweise gerade erst in die Küche gekommen ist) eine Schranktür zuknallt. Weil die Tür knallte, ist er sicher (eine irrige Annahme), daß es da ein Problem gibt. Er weiß, daß sie ärgerlich ist (es kommt ihm nicht einmal in den Sinn, das in Frage zu stellen), und jetzt hat er eine von drei Möglichkeiten:

1. Es zu ignorieren;
2. Hinzugehen und ihr aus ihrer »Stimmung« herauszuhelfen; oder
3. Hinzugehen und »sie in Ordnung zu bringen«.

Wenn er sie ignoriert — da ist er sicher —, wird ihre Wut weitergären, was bedeutet, er wird sich früher oder später damit auseinandersetzen müssen. Also kann er genausogut zu den Möglichkeiten zwei und drei übergehen.

Falls er sich entschließt, ihr zu »helfen«, könnte es zu folgendem Gespräch kommen:

Er fragt: »Schatz, was ist los?«

Sie erwidert: »Nichts. Warum?«

(Der Mann ist sich jetzt sicher, daß doch etwas los ist. Ihr Leugnen ist der Beweis dafür. Also fragt er noch einmal.)

Er fragt: »Nein, wirklich — was ist los?«

Die Frau fängt an, die Geduld zu verlieren, beginnt, sich zu fragen, was denn mit dem Mann los ist, und facht unbewußt den (unweigerlich) folgenden Streit an, indem sie zurückfragt:

»Nun, was ist denn mit *dir* los?«

Aufgrund ihrer Reaktion ist der Mann nun absolut sicher, daß sie ein Problem hat, und der Streit (oder das erbitterte Schweigen) kann beginnen.

Erinnern wir uns, daß diese heftige Auseinandersetzung anfing, weil der Mann zwei Tatsachen »kannte« (von denen unter Umständen keine stimmte):

1. Sie knallte die Schranktür *bewußt* zu. (Männern passiert so etwas nicht zufällig.)

2. Das Türenknallen zeigte an, daß sie ärgerlich war. (Nimmt man seine Orientierung, daß die Welt sich um *ihn* — seinen »Punkt« — dreht, kann er diese Wut nur auf sich beziehen.)

Wenn ich diese Situation in meinen Workshops anspreche und die Männer frage: »Warum hat sie Ihrer Meinung nach die Tür zugeknallt?«, reagieren 100 Prozent der Männer, ohne daß man ihnen das in den Mund legt: »Sie ist verärgert!« Wenn ich die Frauen auffordere, dieselbe Situation zu interpretieren, bekomme ich fast so viele Erklärungen, wie Frauen im Raum sind. Die Frauen sind jedoch niemals derselben Ansicht wie die Männer. Hier sind einige ihrer Antworten:

> »Möglicherweise hat sie nicht mal realisiert, daß die Tür zuknallte.«
>
> »Sie hat sich vielleicht über etwas anderes geärgert, und das Knallen der Tür war das Ventil für ihre Wut. Die war aber verflogen, bevor sie die Küche verließ.«
>
> »Sie hat die Tür zum Spaß zugeknallt.«
>
> »Vielleicht hatte sie sich ja über ihn geärgert, doch was soll's? Warum mußte er das so hochspielen?«

Falls der Mann sich an der dritten ihm vertrauten Option versucht, was bedeutet, »die Frau wieder in Ordnung zu bringen«, fängt er die Unterhaltung ebenso an wie die erste, erweitert sie jedoch.

> Er fragt: »Schatz, was ist los?«
>
> Sie erwidert: »Nichts, warum?«

Der Mann ist nun sicher, daß etwas los ist. Ihr Leugnen ist der Beweis dafür. Also fragt er weiter:

> »Nein, wirklich — was ist los?«
>
> Sie antwortet: »Nichts ist los!«
>
> Er fragt: »Warum hast du dann die Schranktür zugeknallt?«
>
> Sie sagt: »Ich hab die Schranktür nicht zugeknallt!«
>
> Er entgegnet: »Ich war in der Küche. Ich hab gehört, wie du die Tür zugeknallt hast. Erzähl mir nicht, ich hätte es nicht gehört! Also, warum hast du sie zugeknallt?«
>
> Sie erwidert: »Okay, okay! Dann habe ich die Tür eben zugeknallt. Was ist schon dabei?«
>
> Er sagt: »Versuch nicht, mich zu beruhigen. Ich weiß, daß du die Tür zugeknallt hast. Warum gibst du es nicht einfach zu?«

Die Frau, die mit diesem Gespräch nichts anfangen kann, verläßt jetzt entweder das Zimmer (was ihr allerdings nur hilft, diesem Streit für den Augenblick aus dem Weg zu gehen, oder ihn eventuell sogar noch verschlimmert), oder sie sagt (in einem überzeugenden Tonfall):

»Okay, du hast recht. Ich habe die Tür zugeknallt. Was ist daran so schlimm?«

Er fragt: »Also, worüber hast du dich aufgeregt?«

Sie fragt zurück: »Wer sagt, ich hätte mich aufgeregt?«

Er erwidert: »Du hast eben zugegeben, daß du die Tür zugeknallt hast! Das haben wir doch bereits geklärt — also, worüber hast du dich so sehr geärgert?«

Dieser Streit könnte weiter und weiter und weiter gehen und zu sogar noch größeren Mißverständnissen führen. Dem Mann kommt gar nicht in den Sinn, daß seine Annahme möglicherweise nicht stimmen könnte (eine Frau muß nicht ärgerlich sein, um mit Türen zu knallen). Der Frau ihrerseits kommt nicht in den Sinn, daß der Mann keine andere Alternative hat, als zu vermuten, sie sei wütend. (*Er* wäre es bestimmt, wenn er mit Türen knallen würde.)

## Wie Frauen mit der Kommunikation umgehen

Eines der Grund-Kommunikationsprobleme ist es, daß Männer glauben, Frauen hätten bereits denselben Prozeß durchlaufen, den *sie* hinter sich haben, bevor sie kommunizieren. Das heißt, ein Mann will sicherstellen, daß eine Frau schon versucht hat, darüber »nachzugrübeln«, und damit keinen Erfolg hatte, daß sie versucht hat, das Problem »wegzustopfen«, was ihr nicht gelang, und konsequenterweise Schwierigkeiten haben *muß*, weil sie die Kontrolle verloren hat. Die weibliche Kommunikation wird als Bitte um einen Lösungsversuch wahrgenommen, da — gemäß der männlichen Realität — niemand »einfach so« kommuniziert. Man kommuniziert nur, wenn man Hilfe braucht!

## *Sich äußern, nur um sich zu äußern/sich äußern, um eine Lösung zu finden*

Haben Sie jemals einem Mann zugehört, der mit einem anderen Mann ein Thema am Telefon bespricht? Das könnte sich etwa so anhören: »Feuere den Kerl!« oder: »Verkauf dein Auto!« Eine Frau, die das zufällig mitbekommt, reagiert möglicherweise folgendermaßen: »Das ist alles? Das nennst du Freundschaft? Dein Freund hatte ein Problem, und *das* war alles, was du für ihn getan hast?« Nun, vom männlichen Standpunkt aus hatte der Freund offensichtlich die Kontrolle verloren, denn sonst hätte er ihn gar nicht erst angerufen. Der Freund wußte nicht, was er tun sollte, und ein wahrer Freund sollte ihm deshalb objektiv sagen, was er tun muß, um wieder Tritt zu fassen. Er wollte nicht »reden«. Er wollte einfach nur hören, was er tun muß, um die Kontrolle wiederzugewinnen, weil es sehr »teuer« ist, wenn man sie verloren hat. Die Unfähigkeit, ein emotionales oder intellektuelles Problem zu lösen, nimmt einem Mann viel von seiner Energie und Konzentration.

Männer haben Frauen aufgefordert, ihnen dieselbe Behandlung widerfahren zu lassen, doch dann »reden« die Frauen, statt ihnen »die Antwort zu liefern«. Männer wollen das Endresultat: »Was soll ich tun?« (Er wird den Rat entweder befolgen oder nicht. Doch geben Sie ihm einfach die Antwort!)

Männer reagieren mit Verwirrung, wenn Frauen über ein Thema/ein Problem kommunizieren, weil sie es manchmal gelöst haben wollen und manchmal nicht! Manchmal weiß eine Frau nicht, ob sie das »Problem« gelöst haben will, bis sie darüber gesprochen hat. Unglücklicherweise kann sie dem Mann nicht immer im voraus sagen, ob sie das Problem gelöst haben will oder nicht.

Mit anderen Worten: Manchmal äußern sich Frauen nur, um sich zu äußern. Sie kommunizieren einfach. Das ist einer der Wege, die ihnen zur Verfügung stehen, mit der Welt zu interagieren. Und sie reden einfach nur; sie erwarten keine Antwort, weil sie nicht wissen, daß sie eine Antwort benötigen. Sie wollen nur der eigenen Persönlichkeit Ausdruck verleihen.

Während Frauen sich manchmal äußern, um sich zu äußern, äußern sich Männer fast immer, um eine Lösung zu finden. Wenn eine Frau einem Mann ein Problem anvertraut, ohne eine Lösung oder einen Weg zur Lösung anzubieten, wird der Mann unverzüglich beginnen zu versuchen, das »Problem« zu lösen. Im »Sich äußern, um sich zu äußern«-Modus redet die Frau möglicherweise nur, um die Verbindung zu dem Mann nicht zu verlieren, und realisiert dabei nicht, daß der Mann versucht, ihr zu helfen, ein »Problem« zu bewältigen. Möglicherweise ist sie sich in der Tat überhaupt keines Problems bewußt und verschlimmert die Situation sogar noch oder »beleidigt« den Mann, indem sie sagt: »Wer hat dich denn um Hilfe gebeten?«

Der Ablauf und die Durchführung von Meetings wurde von Männern auf ihre eigene Bequemlichkeit zugeschnitten und definiert. Da gibt es Planungskonferenzen, Kreativ-Meetings, Informations-Meetings usw. Männer müssen ihr Denken nach Fachbereichen aufgliedern, um zu wissen, welche Regeln gelten. Und da gibt es generell viele — sowohl ausgesprochene wie auch unausgesprochene.

Männer halten nach Beständigkeit Ausschau, um zu sehen, was und wem sie trauen können. Wenn Frauen »sich äußern, nur um sich zu äußern«, müssen Männer sie testen, um zu sehen, ob sie die Wahrheit sagen, weil es — gemäß der männlichen Realität — aussieht, als lögen Frauen viel zu häufig. Oder es sieht zumindest so aus, als ob Frauen sich nicht allzu große Sorgen darüber machten, ob etwas stimmt oder nicht. Möglicherweise handelt es sich um keine wirkliche Lüge, doch Frauen scheinen nicht so um Genauigkeit bemüht zu sein wie Männer.

Was Frauen für Männer zu einem Problem macht, ist in großem Maße ihre Unbeständigkeit. Aber weil Frauen »inklusiv« sind, müssen sie nicht beständig sein, um glücklich sein zu können (eine Ausnahme bilden von Männern erzogene Frauen).

Lassen Sie mich ein Gespräch wiedergeben, dessen Zeuge ich war. Es fand zwischen einem Psychologen und einem Ehepaar statt. Der Psychologe fragte die Frau: »Worum geht es? Was fehlt Ihnen in Ihrer Beziehung?«

> Die Frau erwiderte: »Ich brauche es, daß er mir häufiger sagt: ›Ich liebe dich.‹«
>
> Der Psychologe fragte daraufhin den Mann: »Nun, lieben Sie sie?«
>
> Und der Mann antwortete: »Natürlich.« (Erinnern wir uns der objektiven Realität der Männer: der Beweis seiner Liebe ist, daß er körperlich anwesend ist. »Taten sagen mehr aus als Worte.« Zur gleichen Situation kommt es, wenn eine Frau einen Mann fragt: »Wie schmeckt dir das Essen?« Er antwortet: »Ich esse es doch, oder?«)
>
> Der Psychologe fuhr fort: »Nun, sagen Sie ihr, daß Sie sie lieben?«
>
> »Natürlich, ungefähr dreimal die Woche.« (Das war das, wofür er sich die Energien zugeteilt hatte.)
>
> »Aber Sie lieben sie doch die ganze Woche über, oder?« bohrte der Psychologe weiter.
>
> »Ja«, bestätigte der Mann.
>
> »Nun, warum sagen Sie es ihr dann nicht? Für sie ist es wichtig, es häufiger zu hören«, schlug der Psychologe vor.

> Der Mann entgegnete: »Weil das unnatürlich wäre. Ich sage es ihr dreimal die Woche. Wenn ich es ihr das vierte Mal sagte, wäre das unecht. Es wäre erzwungen. Es wäre nicht natürlich. Wenn ich zum vierten Mal sagte: ›Ich liebe dich‹, würde ich das nur tun, um ihr einen Gefallen zu tun. Ich hätte das Gefühl, sie anzulügen.«

Männerlogik. Das Erzwingen des »Ich liebe dich« machte es zur Lüge. Die Tatsache, daß es im Grunde der Wahrheit entsprach, war nicht so wichtig. Es war die Tatsache, daß dieser Mann es nicht *von sich aus* sagte, die es zum »Zwang« machte. Er fühlte sich von der Frau manipuliert und kam ihrer Bitte aus diesem Grunde nicht nach, obwohl es ihm das Zusammenleben mit ihr erheblich erleichtert hätte, hätte er ihr den Gefallen getan.

Im Laufe der Zeit neigen Männer dazu, immer unkommunikativer zu werden, als sie es zu Beginn einer Beziehung waren, weil das Kommunikationsbedürfnis einer Frau kein Ende zu kennen scheint.

## Lösungen für Kommunikationsprobleme

Die folgenden Prinzipien sind für Einzelpersonen oder Gruppen mit unterschiedlichen Standpunkten gedacht, die bereit sind, ihre Kommunikationsprobleme zu lösen:

1. Entwickeln Sie eine Vertrauensbasis — das heißt, gehen Sie davon aus, daß der/die andere Ihnen die Wahrheit sagt.

Das bedeutet nicht, daß Sie automatisch alles glauben sollten, was gesagt wird, sondern nur, daß Sie generell bereit sein sollten, offen an die Kommunikation heranzugehen. Manchmal äußern Menschen etwas von ihrem Standpunkt aus, das aus der Sicht des anderen keinen Sinn ergibt. Es könnte beispielsweise so sein, daß Ihnen warm ist, weshalb Sie Ihren Freund/Ihre Freundin fragen, wie er/sie sich fühlt. Er/sie antwortet: »Mir ist kalt.« Wenn Sie nicht glauben, daß es im Raum kalt ist, wäre folgende Reaktion normal: »Wie kann dir denn kalt sein? Hier drin ist's doch bestimmt 26 Grad warm! Was ist bloß mit dir los?« Falls Sie jedoch davon ausgehen, daß Ihr Freund/Ihre Freundin die Wahrheit sagt, kann man eine Lösung finden, bei der jeder gewinnt. Falls nicht, fährt das Gespräch sich mit größter Wahrscheinlichkeit fest. Dann wird es nur noch darum gehen zu entscheiden, wer »recht« hat, oder wer seine Meinung ändern muß. Die Beziehung könnte an diesem Punkt wegen Animosität oder wegen des kalten Schweigens mit einem Streit beendet werden. Die Alternative könnte sein:

> »Wie fühlst du dich?«
>
> »Mir ist kalt.«
>
> »Das ist interessant ... Mir ist warm«, oder: »Möchtest du meine Jacke haben? Mir ist nämlich heiß.«

2. Gehen Sie davon aus, daß der/die andere versucht zu kommunizieren und auch versucht, *Ihre* Art der Kommunikation zu verstehen.

Die meisten Menschen versuchen weiterzukommen und sind bestrebt, Situationen zu entschärfen. Wie Sie selbst versuchen sie vermutlich, das Beste aus den vorhandenen Informationen zu machen. Unter den Tausenden von Menschen, mit denen ich gearbeitet habe, gab es nur eine kleine Handvoll bewußt rücksichtsloser Leute.

3. Wenn die Kommunikation nicht klappt oder es ein Mißverständnis gibt, sollten sie den anderen/die andere behandeln, als käme er/sie aus einem anderen Kulturkreis. Gehen Sie davon aus, daß die mangelhafte Kommunikation kein Versuch ist, Sie zu kränken oder zu manipulieren, sondern daß es sich tatsächlich um eine *andere Form der Wahrnehmung* handelt, die sich allein auf bestehende Unterschiede gründet.

Beispiel: Jemand spricht jemanden an, der gerade dabei ist, Deutsch zu lernen. Er oder sie verwechselt möglicherweise Vergangenheit und Zukunft, benutzt vielleicht die falschen Pronomen oder sagt möglicherweise »innen«, wenn er/sie in Wirklichkeit »außen« meint. (Man könnte Sie auch »nicht haßlich« nennen statt »äußerlich attraktiv«.) Generell gibt es nicht die Absicht, jemanden zu verwirren, zu beleidigen oder herabzusetzen, wenn dies geschieht. Dann informieren Sie diesen Menschen, daß ein bestimmter Begriff (oder eine bestimmte Verhaltensform) unpassend ist, und geben ihm die Gelegenheit, das zu ändern. Das trifft auch auf Anreden zu. Wir nehmen an, daß andere wissen sollten, wie wir angesprochen werden wollen. Einen Mann könnte man als Mann, als Typ, als Herr oder mit seinem Vor- oder Nachnamen anreden. Eine Frau könnte man als Frau, als Fräulein, als gnädige Frau oder mit ihrem Vor- oder Nachnamen ansprechen. Ich meine, wir haben kein Recht, uns über die Form der Anrede zu ärgern, bis wir den/die andere darüber informiert haben, wie wir angeredet werden wollen und ihm/ihr genügend Zeit gegeben haben, sich unseren Bedürfnissen anzupassen.

## Männliche Kommunikations-Modi

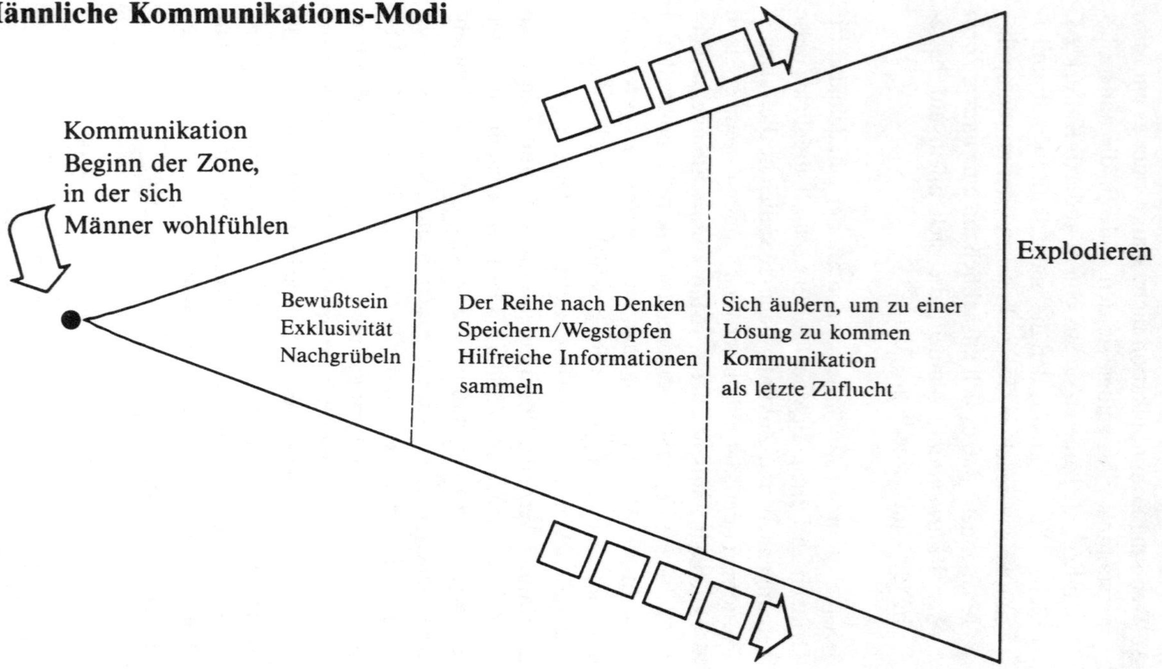

## Weibliche Kommunikations-Modi

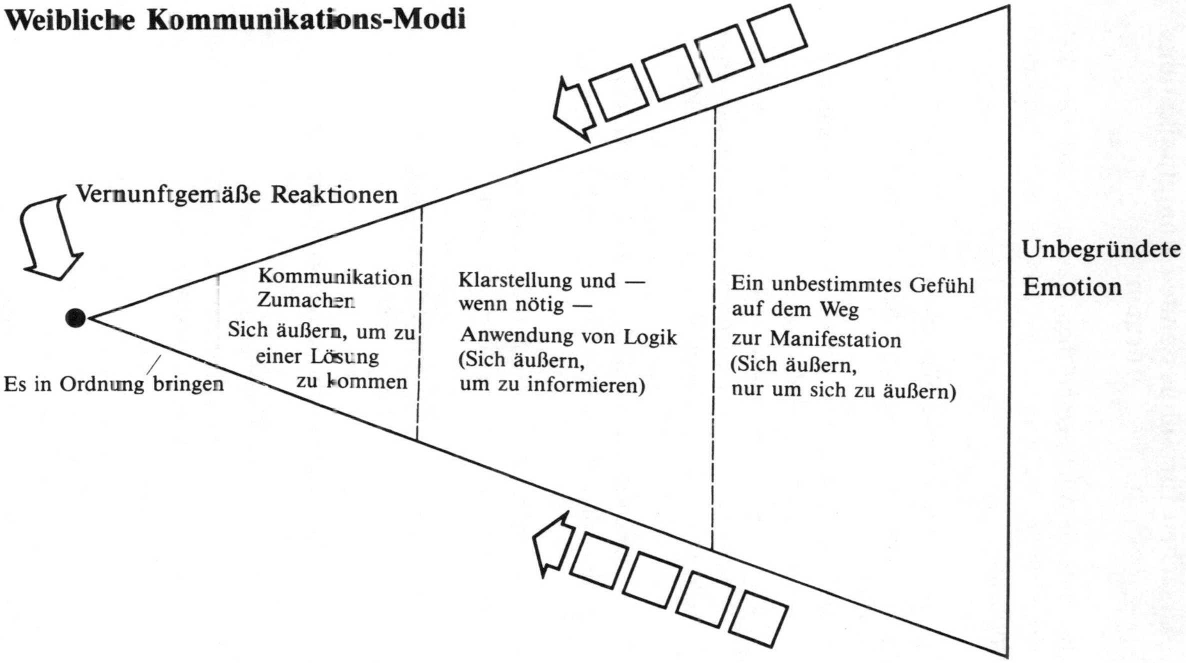

## Ursachen für »unpassende« Kommunikationsformen

Bei unseren Alltagsgesprächen kommt es aus einer Reihe von Gründen zu unpassenden/falschen Kommunikationsformen:

1. Es werden bewußte Versuche unternommen, Sie zu ärgern oder zu beleidigen (als Form der Vergeltung oder Rache).
2. Ihre Bitten um eine passendere Kommunikationsform (oder das angebrachte Verhalten) werden zwar verstanden, doch der/die andere weiß nicht, wie er/sie sein/ihr Verhalten ändern soll. (Er/sie weiß, daß Sie sich ärgern, sieht aber keinen anderen Weg, sich auszudrücken.)

3. Aus welchem Grund auch immer — er/sie kann sich nicht ändern (ist nicht in der Lage, sich zu ändern).

4. Er/sie ist bereit, sich zu ändern, doch für Sie kommt es nicht schnell genug zu dieser Änderung.

5. Möglicherweise sind Sie übersensibel oder zu engstirnig in Ihrer Wahrnehmung. (Beispielsweise ist es möglich, daß Sie nicht »dünn« genannt werden möchten, weil dieses Wort für Sie eine negative Bedeutung hat.)

Unglücklicherweise übersehen wir häufig den letzten Grund (unsere eigenen Wahrnehmungen) und nehmen gewöhnlich den ersten an (daß jemand bewußt versucht, uns zu ärgern, und daß er damit Erfolg hat!).

Wenn Sie jemanden in einem anderen Land besuchen würden (nehmen wir einmal an: in Japan), würden Sie vermutlich soviel wie möglich über die Kultur erfahren wollen, um Ihren Respekt für die Traditionen Ihres Gastgebers unter Beweis zu stellen. Wenn auf diesem Gebiet ein Fehler gemacht wird oder es zu einem Mißverständnis kommt, versuchen gewöhnlich *beide* Beteiligte, das Mißverständnis zu klären. Weiterhin würden sich beide bemühen, den Vorfall neu zu interpretieren. Beide würden ihn als harmlos einstufen. Vermutlich würden Sie versuchen, sich zu entschuldigen, und den Versuch unternehmen, Ihre Ausdrucksweise oder Ihr Verhalten zu korrigieren.

In diesem Rahmen — das heißt im Ausland — würden Sie intellektuell wissen, daß keine kulturelle Realität »besser« ist als die andere. Doch emotional neigen wir alle dazu, ein wenig selbstgefällig zu sein, was unsere eigene Realität angeht. Beispielsweise könnten Sie denken oder der Ansicht sein, man sollte beim Essen an einem Tisch auf Stühlen sitzen und nicht auf dem Boden; oder die Leute sollten nicht barfuß laufen, es sei denn zu Hause; oder Sie halten es für unterwürfig, wenn man sich bei der Vorstellung voreinander verbeugt. Der Punkt ist, daß Ihre Realität zwar *für Sie selbst* funktioniert, *nicht aber* für jemand anderen.

Simple Fehlkommunikation kann stark gemildert werden, wenn jeder einzelne die Mißverständnisse aus der Welt schaffen möchte und bereit ist, zuzuhören und zu lernen. Die Mißverständnisse zwischen Männern und Frauen sind gewöhnlich so harmlos wie die kulturellen Mißverständnisse. Da wir jedoch von einer ähnlichen Motivation und Interpretation ausgehen, reagieren wir gewöhnlich verletzt, verärgert oder ungeduldig, während wir Entschuldigungen und Versuche, zu einer richtigen Verständigung zu kommen, negieren.

## Zusammenfassung

- Männer erhalten nicht alle der Sinnesinformationen, die Frauen aufnehmen.
- Frauen haben eine bis zu 40 Prozent größere Zugangskapazität zu beiden Hemisphären des Gehirns.
- Gespräche unter Frauen drehen sich mehr um das Selbst und sind emotionaler als die der Männer.
- Es gibt Bereiche von persönlicher Wichtigkeit, an denen das andere Geschlecht einfach nicht interessiert ist, und über die es sich tatsächlich lustig machen könnte.
- Die Unterschiede in den bevorzugten Gesprächsthemen können einer intimen Mann/Frau-Beziehung mit größter Wahrscheinlichkeit nicht so sehr schaden wie die Unterschiede im Gesprächs-*Stil* und *-Zweck*.
- Männergespräche sind eine zwanglose Methode, Lösungen von Alltagsproblemen zu vermitteln.
- Sensibilität für Emotionen ist ein wichtiger Teil von Gesprächen, die Frauen miteinander führen, doch Männer legen wenig oder keinen Wert auf Emotionen als Element ihrer Unterhaltungen.
- Männer erwarten schnell verlaufende Gespräche, die an der Oberfläche bleiben und die sie in die Lage versetzen, praktische Ratschläge zu geben und zu erhalten. Außerdem setzen sie gewöhnlich voraus, daß die Gespräche pragmatisch oder amüsant sind.
- Frauen erwarten, daß ihre Gespräche hauptsächlich eine Quelle emotionaler Unterstützung sind, während sie versuchen, sich und andere zu verstehen.
- Frauen sind mit größter Wahrscheinlichkeit von dem

»unverzüglichen Lösungs«-Versuch eines Mannes überrascht und verärgert.

- Stimmlich dominieren Jungen das Klassenzimmer.
- Wenn Männer mit einem Problem interagieren wollen, schauen sie zunächst aus sich heraus, um die Ursache des Problems zu identifizieren.
- Frauen gehen zunächst in sich, um die offensichtliche Ursache eines Problems zu identifizieren.
- Ein Großteil der Substanz gemischtgeschlechtlicher Gespräche geht verloren, weil Männer und Frauen die Wörter automatisch unterschiedlich definieren.
- Gruppendynamiken unterscheiden sich in drastischer Weise (und sind manchmal viel angenehmer), wenn die Gruppen nach dem Geschlecht aufgeteilt werden.
- Frauen sind für Hirnverletzungen viel weniger anfällig als Männer, weil das männliche Gehirn so stark lateral spezialisiert ist.
- Frauen sind bei fast allen Tätigkeiten besser, die Worte involvieren.
- Männer leiden mit 4 bis 5 mal größerer Wahrscheinlichkeit an Sprachstörungen und Sprechunfähigkeit als Frauen.
- Männer haben drei Modi, mit Themen umzugehen, die Kommunikation verlangen könnten:
  sie grübeln
  sie speichern/stopfen weg
  sie explodieren/kommunizieren
- Die weibliche Art der Kommunikation wird von Männern als Bitte um Lösungen begriffen, da — gemäß der männlichen Realität — niemand kommuniziert, es sei denn, er brauchte Hilfe.

- Frauen äußern sich manchmal, um sich zu äußern, doch wenn Männer sich äußern, tun sie das nur, weil sie nach einer Lösung suchen.

- Unbeständigkeit macht Frauen für Männer so verwirrend.

- Lösungen für Kommunikationsprobleme:
  entwickeln Sie eine Vertrauensbasis
  gehen Sie davon aus, daß der/die andere versucht zu kommunizieren und auch versucht, *Ihre* Art der Kommunikation zu verstehen
  behandeln Sie den anderen/die andere, als käme er/sie aus einem anderen Kulturkreis

- Ursachen für unpassende Kommunikation:
  bewußte Versuche, jemanden zu ärgern oder zu beleidigen
  Bitten um passendere Kommunikation (oder ein angebrachteres Verhalten) werden zwar verstanden, doch der/die andere weiß nicht, wie er/sie die Veränderung vollziehen soll
  er/sie kann sich nicht ändern (ist nicht fähig dazu)
  es besteht die Bereitschaft zur Änderung, doch die Änderung findet nicht schnell genug statt
  man ist möglicherweise in seiner eigenen Wahrnehmung übersensibel oder zu engstirnig

- Ihre Realität funktioniert zwar möglicherweise für Sie selbst, aber nicht für jeden sonst.

# Kapitel 12

# Emotion

Emotionen kommen nicht aus dem »rationalen« Abschnitt des Gehirns. Der Gehirnbereich, der mit Emotionen verbunden ist, ist bei Frauen größer als bei Männern. Frauen haben deshalb gegenüber Männern einen entscheidenden Vorteil, wenn es darum geht, mit Gefühlen umzugehen und sie auszudrücken. Ebenso wie Männer physische Stärke entwickelten und jahrhundertelang darauf bauten, haben Frauen emotionale Stärke entwickelt und auf sie vertraut.

Die meisten psychologischen Studien zeigen, daß Frauen dazu neigen, Experten für Intimität zu sein. (Intimität wird hier als Enthüllung von Gefühlen verstanden und bedeutet, in der Lage zu sein, sich einem anderen Menschen offen anzuvertrauen.) Viele Männer betrachten Intimität im Sinne dessen, was sie tun (Aktion), und nicht im Sinne dessen, was sie sagen (reden).

Wie wir im letzten Kapitel festgestellt haben, bedeutet Liebe für Frauen, Liebe auszudrücken (darüber reden/subjektive Realität). Für Männer bedeutet sie häufig einfach, anwesend zu sein (physische Demonstration/objektive Realität). Erinnern wir uns unseres früheren Beispiels:

Sie fragt: »Liebst du mich?«

Er antwortet: »Ich bin doch hier, oder?«

oder:

Sie fragt: »Schmeckt dir das Essen?«

Er antwortet: »Ich esse es doch, oder?«

Da der Mann von sich aus nichts sagt, nimmt die Frau an, daß nichts »real« ist. Sie wartet darauf, daß er sich verbalisiert — das ist ihre Realität. Ein Mann dagegen hält Reden für unnötig, weil für ihn die objektive Realität zählt.

Frauen übernehmen viel häufiger die Verantwortung, sich um alles zu kümmern, als Männer. In 83 Prozent aller amerikanischen Haushalte sind es die Frauen, die die Entscheidungen treffen, wenn es um medizinische und Fragen der Gesundheitsfürsorge geht. Sie sind auch dafür verantwortlich, sich um Kinder, Ehemänner, Eltern/Schwiegereltern und Freunde zu kümmern. Sie führen den Haushalt, kaufen ein, kochen, pflegen alle anderen — ob sie nun Grippe oder Windpocken haben —, arrangieren Festessen und sorgen dafür, daß Verwandte am richtigen Tag ihre Geburtstagskarten bekommen.

Frauen sind auch besser als Männer, wenn es darum geht, »Streicheleinheiten« zu verteilen — ein Begriff, der benutzt wird, wenn es um *nichtkörperliche* Hilfestellung geht, wie zum Beispiel darum, verletzte Gefühle zu besänftigen, moralische Unterstützung zu geben, zu loben und zu ermutigen.

Frauen nehmen an, Männer seien in der Lage, im selben Ausmaß emotionale Unterstützung zu geben wie sie selbst. Deshalb neigen Frauen eher dazu, von der Liebe oder der Ehe enttäuscht zu sein als Männer. Bei Umfragen bestätigten Männer aller Altersklassen, sie seien, was die Liebe angeht, glücklicher als Frauen. Mehr Ehemänner als Ehefrauen sagen, sie würden dieselbe Frau/denselben Mann noch einmal heiraten, wenn sie es noch einmal tun könnten. Und weniger Männer als Frauen glauben, daß sie sich jemals scheiden lassen würden.

Frauen *scheinen* mehr emotionale Probleme zu haben als Männer, weil sie offener über ihre Sorgen und Befürchtungen kommunizieren. Frauen sind auch weit sensibler, wenn es um ihr emotionales Milieu geht. Und sie sind wesentlich eher bereit, Veränderungen zu initiieren. 70 Prozent der Menschen, die bei Psychotherapeuten ambulante Behandlung suchen, sind Frauen. Und Frauen sind den Männern bei Workshops und Seminaren für »persönliches« Wachstum und Beziehungsthematik zahlenmäßig überlegen — und zwar im Verhältnis 3:1.

Eine 1970 durchgeführte Studie zeigte, daß Therapeuten dazu tendieren, Frauen zu unterstellen, sie lägen »falsch«, statt sie einfach als »anders« einzustufen, wenn ihre Reaktionen sich von denen der Männer unterschieden. Als die Therapeuten aufgefordert wurden, zu erklären, was aus einem Mann oder aus einer Frau einen »gesunden« Erwachsenen mache, sagten die meisten, ein gesunder Mann und ein gesunder Erwachsener wiesen dieselben Persönlichkeitsmerkmale auf. Der gesunden Frau wurden gegensätzliche Charakteristika zugeschrieben. Doch nach dieser Studie konnten die Frauen nur als »gesunde weibliche Personen« betrachtet werden und nicht als »gesunde weibliche *Erwachsene*«.

Flor-Henry, Professor der klinischen Psychologie an der Universität von Alberta, ist der Meinung, daß Depressionen und Phobien bei Frauen offenbar Hand in Hand gehen. Phobien greifen die rechte Hemisphäre des Gehirns an, die bei Frauen weit unsicherer organisiert ist als bei Männern. Einige Phobien treten bei Frauen gewöhnlich nur auf, während sie im gebärfähigen Alter sind. Diese Ängste schließen möglicherweise alles und jedes ein, was in ihrer Umgebung als gefährlich betrachtet werden könnte: große Höhen, geschlossene Räume, Klüfte, Wasser, Schlangen und so weiter. Es könnte sein, daß der Frau diese Ängste zum Schutz ihres Kindes oder ihrer ungeborenen Kinder eingeimpft worden sind. Und sie haben offenbar mit Stimmungen, Bewegungen und visuell-spatialen Fähigkeiten zu tun — Funktionen der rechten Hemisphäre. Flor-Henry legt auch dar, daß der Sextrieb betroffen ist.

Die Forscher fanden heraus, daß Frauen besser sind als Männer, wenn es darum geht, von den Menschen ihrer Umgebung emotionale Unterstützung und Anleitung zu bekommen. Für Frauen ist es wichtig, Männer auch während Streßperioden dazu zu ermutigen, offener zu kommunizieren. Männer müssen experimentieren und lernen, sich wohler dabei zu fühlen, auch während der für sie schwierigen Zeiten mit Menschen sprechen zu können.

Flor-Henry und andere vermuten, es gäbe da möglicherweise einen Mechanismus im Gehirn, der während der frühen Kindheit aktiviert wird und der es kleinen Kindern erlaubt, offen zu weinen und Streß freizusetzen. Was auch immer die Ursache ist — diese Freiheit wird ihnen später im Leben genommen, besonders nach der Pubertät. Obwohl es nur eine Wechselwirkung ist, ist es interessant zu bemerken, daß der Testosteronspiegel bei der Geburt (wenn Weinen und Schreien leichtfällt) niedrig ist. Bei Jungen jedoch steigt er während des Heranwachsens, was indiziert, daß möglicherweise *hormonelle* Veränderungen dafür verantwortlich sind, daß der männliche Durchschnittsteenager sich die Freiheit zu weinen nicht (mehr) nimmt.

## Hormone und Emotionen

Die Erforschung der Beziehung zwischen unserem Verhalten und unserer Körperchemie hat gerade erst begonnen. Hockeyspieler, die auf Bedrohung in ihrem Sport aggressiv reagieren, haben höhere Testosteronpegel als der Durchschnitt der männlichen Bevölkerung. Gefangene mit einer langen Liste von Gewaltverbrechen scheinen ebenfalls höhere Testosteronpegel zu haben als normale Gefängnisinsassen. Fast alle der Gewaltverbrechen werden von jungen Männern begangen, deren Testosteronpegel am höchsten ist — viele dieser Verbrechen sind sexuell motiviert. In viel mehr Männern als Frauen findet sich die Kombination »sexuelle Fehlhandlung und Aggression«.

Nach einer Geburt leiden sieben Prozent der jungen Mütter wochen-, sogar monatelang unter schweren Depressionen und einem totalen Verlust an sexuellem Interesse. (Ich vermute, diese Zahl wird ansteigen, wenn Frauen mehr über diese Konditionierung erfahren und dadurch mehr Bereitschaft zeigen, darüber zu kommunizieren; und wenn Ärzte und Psychologen genauere Diagnosen stellen.)

Katharina Dalton, eine britische Psychiaterin, glaubt, daß prämenstruelle Spannungen sich in gewissem Umfang zumindest bei vier von zehn Frauen auswirken und daß diese acht Tage vor und während der Menstruation bei einer dieser vier Frauen ernsthafte Auswirkungen haben. Die Symptome schließen dumpfes Vor-sich-hin-Grübeln, Lethargie, Depressionen, Gedächtnisschwächen und den Verlust der emotionalen Kontrolle ein. Sie sind auch als Faktoren für das zunehmende Auftreten von Streitereien, Unfällen, Selbstmorden, Kindesmißhandlungen und Verbrechen erkannt worden. Nach Dr. Dalton scheinen die Frauen, die die Pille nehmen, stärker davon betroffen zu sein als andere.

Die Symptome werden von den Liebhabern, Ehemännern und Ärzten der betroffenen Frauen — und sogar von ihnen selbst — allzuhäufig als psychischen Ursprungs betrachtet. Konsequenterweise lag es in der Verantwortung der Frau, diese Symptome »in Ordnung zu bringen«, die oft zum Zerbrechen von Ehen und/oder zu dem Gefühl führten, das Selbstwertgefühl sei ernsthaft gesunken.

## Der Doppel-Knall

Da Frauen zwei X-Chromosome haben, sind sie Stimmungen und Temperamentsschwankungen stärker ausgeliefert als Männer. Und es fehlt ihnen generell an »Leichtigkeit«. In seltenen Fällen werden auch Männer mit zwei X-Chromosomen geboren, *zusätzlich* zu dem Y-Chromosom — diese Männer gelten als ungewöhnlich aggressiv (Klinefelter's Syndrom).

Frauen, denen männliche Hormone verabreicht werden, »vermännlichen« möglicherweise, verlieren jedoch ihre femininen Charakteristika *nicht*. Tatsächlich gibt es keine weiblichen Eigenschaften, die dadurch unterdrückt werden könnten, daß man den weiblichen Fötus männlichen Hormonen aussetzt. Männer und »verfälschte« Frauen sind einfach Frauen, bei denen männliche Charakteristika die weibliche Basis *überlagern*. Die weibliche Basis bleibt aber immer und wird stärker geschützt als die männliche. Die Natur kann sich eine breite Variationsskala von Männern leisten, doch da Frauen die Kinder austragen, tut die Natur soviel wie möglich, um eine Frau zu schützen, die möglicherweise ein Kind austragen wird.

## Die emotionale Grenze

Männer beginnen Emotionen durch die Wahrnehmung von Gründen und Ursachen auf der *physischen* Ebene zu erleben.

Frauen entdecken Emotionen, nachdem sie die physische Ebene aus einem Bereich heraus betreten haben, den ich »Niemandsland« nennen möchte. Was ich mit »Niemandsland« meine, ist jener »Ort« in der weiblichen Realität, zu dem Männer keinen Zutritt haben. Ich behaupte, daß Männer, die sich ins »Niemandsland« vorwagen und versuchen, dort zu bleiben, desorientiert und verwirrt reagieren oder daß sie ihre Fähigkeit verlieren, mit dem physischen Bereich umzugehen. (Äußerst kreative Männer oder spirituelle Lehrer brauchen gewöhnlich Helfer, die ihr Überleben sichern.) Frauen können dagegen aus dem »Niemandsland« heraus operieren und *trotzdem* auf der physischen Ebene funktionieren.

Eine der häufigsten Beschwerden, die ich von Frauen höre, ist die, daß Männer dazu neigen, entweder auf ihren »Punkt« festgelegt (unbeweglich, unflexibel) zu sein, oder daß sie so nahe an der Grenze der physischen Ebene seien, daß sie unzuverlässig, verwirrt, überemotional oder in ihren Funktionen gestört seien. Da scheint es keine glückliche Mitte zu geben, sondern nur Extreme. Unglücklicherweise ist es ungefähr fast so unwahrscheinlich, unter den Männern den »Supermann« zu finden, wie unter den Frauen die »Superfrau«.

## *Vernunftgemäße Emotionen*

Männer haben immer einen Weg, sich zurückzuziehen (denselben Weg noch einmal zurückzugehen), um (intellektuell) einen Grund für ihre Emotionen zu entdecken. Und sie erwarten, daß Frauen in der Lage sind, dasselbe zu tun. Wenn eine Situation (gut oder schlecht) für den Mann nicht geklärt ist, beginnt er, größere und größere Energiemengen zu benutzen, bis er entweder eine Klärung erreicht oder die »Mauer« der physischen Realität.

Will ein Mann über die Grenzen der objektiven Realität in den subjektiven Bereich gelangen, muß er bereit sein, die Kontrolle über einen Teil seiner physischen Orientierung aufzugeben. Eine Frau dagegen kann sich frei zwischen den Realitäten bewegen — solange die Anforderungen auf der physischen Ebene nicht zu überwältigend sind oder keine zu starke Konzentration verlangen.

Frauen nehmen an, daß es Männern bessergehen würde, wenn sie so emotional wie Frauen wären. Doch für Männer ist das Operieren im emotionalen Bereich zu energieaufwendig und schwächt sie deshalb.

## *Sich richtig verhalten*

Männer verleugnen nicht, daß sie weinen oder Emotionen verspüren. Dennoch sind Zeit und Ort wichtig dafür, ob ein Mann Gefühle ausdrückt oder nicht. Und *seine* Definition dessen, was (wann und wo) richtig ist, muß respektiert werden (beispielsweise bestimmt nicht in der Schlange vor dem Kino!).

Frauen nehmen den Ausdruck von Emotionen als positives Zeichen wahr, doch Männer betrachten Emotionen als Warnsignale. Frauen machen sich Emotionen als Meilenstein zunutze, den eine Vision auf dem Weg zur Manifestation passieren muß (siehe das Kommunikations/Emotions-Modell in Kapitel 11). Die Aufmerksamkeit *eines Mannes* ist jedoch auf *die Lösung* dessen gerichtet, was er als Problem betrachtet.

## *Emotionen als Warnsignale*

Bei einem Mann sind Emotionen weitgehend einfach ein Überwacher seiner Energiereserven. Wenn emotionale Energie vorhanden ist, nutzt der Mann *mehr* Energie, als wenn keine Emotion da ist. Wenn ein Mann »neutral« bleibt (ohne Emotion), nimmt er an, daß seine Entscheidungen exakter sein werden und er länger leben wird, weil er weniger Energie aus seinen Reserven nutzt.

Der Energieverlust, den Männer erleben, um mit ihren Emotionen umzugehen, ist nicht auf den negativen Ausdruck von Emotionen beschränkt. Männer teilen sich ebenso Energie zu, um Spaß zu haben, wie sie sich Energie dafür zuteilen, Probleme zu lösen. Sie planen vor und wollen so viele Fakten wie möglich wissen — selbst wenn sie Urlaub machen. Frauen sind immer wieder verblüfft, daß Männer dieselben Techniken und dieselbe »Starrheit« anwenden, um ihren Urlaub zu genießen, wie während der Arbeit. Für den Mann ist es Teil des Spaßes, vorzuplanen und zu wissen, daß er die Energiereserven hat, sich amüsieren zu können! Dennoch kann ein Mann nur für eine begrenzte Zeitspanne »glücklich« sein, bevor er sich zu seinem »Punkt« zurückziehen muß, um neue Energien zu tanken.

## *Geplante Spontaneität*

Kürzlich erwähnte ich während eines Vortrags, Männer seien nicht zur Spontaneität fähig (ausgenommen die Männer, die die Fassung verloren haben und verwirrt sind). Daraufhin deutete eine der Frauen im Saal auf ihren Mann und sagte: »Letzte Nacht hat mein Mann etwas getan, das spontan war!« Ich erklärte ihr, ich wolle keinen Streit zwischen ihr und ihrem Mann anzetteln, weil ich weiß, wie gern es Frauen haben, wenn ihre Männer spontan sind. Dann fuhr ich fort, indem ich ihr versicherte, daß er in dem Sinne, in dem *sie* Spontaneität versteht, nicht wahrhaft spontan gewesen sein *könne*. (Wenn Männer sagen, sie seien spontan, meinen sie, daß sie etwas nicht so lange im voraus geplant oder nicht so lange darüber nachgedacht hätten wie üblich, daß sie aber nichtsdestotrotz darüber nachgedacht hätten!) Der Ehemann unterbrach mich und sagte: »Joe hat recht. Ich hatte im voraus darüber nachgedacht.« Seine Frau wandte sich ihm zu und sagte: »Nein, ich weiß, daß du letzte Nacht wirklich spontan warst.«

Ich konnte das Dilemma dieses Mann nachempfinden. Er

konnte jetzt entweder lügen und sagen: »Ja, ich war spontan«, womit er seiner Frau eine Freude gemacht hätte; oder er konnte tun, was er dann tat (und was eine Menge Mut erforderte), und seiner Frau widersprechen, wobei er das Risiko einging, sie zu verärgern.

Dieses Beispiel ist eine Demonstration für die Schwierigkeiten, die wir haben, wenn es darum geht, einander wirklich zuzuhören. Der Frau hatte gefallen, was ihr Mann »spontan« getan hatte. (Sie wollte nicht sagen, was es gewesen war, doch das Lächeln auf ihrer beider Gesichter sprach Bände!) Die Tatsache, daß er weniger als gewöhnlich vorausgeplant hatte, war für ihn angenehm genug, doch wenn sie von ihrem Glauben abrücken würde, daß er spontan gehandelt hätte, müßte sie auch ein Teil der Freude fahrenlassen, die sie wegen seines Verhaltens in der vergangenen Nacht empfunden hatte.

## *Erfolg nur durch Streß?*

Ein Hauptgrund für den Streß bei Männern liegt in der übertriebenen Konzentration auf ein Problem, das nicht in der erwarteten Zeit und mit der dafür eingeteilten Energiemenge gelöst wurde. Männer schaffen manchmal stressige Situationen, um sich selbst und ihre Umgebung dahingehend zu testen und/oder um über Begrenzungen zu entscheiden.

Bei den meisten Männern tritt Streß unter den folgenden Bedingungen auf:

1. Wenn er seine Fähigkeit, sich zu konzentrieren, zu weit getrieben hat und das Problem »exklusiv« betrachtet (das heißt, wenn es keinen Energiefluß und keinen Energieaustausch gibt);
2. Wenn er die Ursachen für die kontinuierliche Konzentration nicht aus dem Weg geräumt hat;

3. Wenn er sich nicht aus dem streßauslösenden Milieu entfernt hat.

Frauen, die sich auf den Arbeitsmarkt begeben und sich stressigen Situationen ausgesetzt haben, beginnen männliche Streßsymptome zu manifestieren. Unter normalen Bedingungen schützt der Östrogenspiegel einer Frau sie vor Herzanfällen und streßbedingten Erkrankungen. Dennoch kommt es häufig vor, daß die Frauen sich »völlig verausgaben«. Außerdem gibt es unter den weiblichen Führungskräften eine hohe Scheidungsrate — höher als das Äquivalent bei männlichen Führungskräften, die gewöhnlich Frauen haben, die sie unterstützen (das heißt: Beziehungen mit Partnerinnen, die selbst *keine* Führungskräfte sind).

Was als Typ-A-Persönlichkeit definiert worden ist (gewöhnlich den Workaholikern zugeschrieben), »läuft ständig der Zeit hinterher und ist eine kühle, treibende Kraft, auf Konkurrenzkampf eingestellt, extravertiert und aggressiv«. Menschen des Typs A leben ganz besonders mit dem Risiko, die verheerenden Auswirkungen des Streß kennenzulernen. Eine Studie der Psychologin Marian Frankenhauser an der Universität von Stockholm hat gezeigt, daß Typ-A-Frauen keineswegs das Ansteigen der Pulsfrequenz, des Blutdrucks und des Adrenalinausstoßes aufweisen, das für Typ-A-Männer typisch ist, sobald sie mit der Arbeit verbundene Probleme lösen. Und selbst dann, wenn das Gesamt-Gesundheitsbild identisch ist, erleiden Frauen des Typs A nicht so viele Herzattacken.

Bei Frauen besteht eine größere Wahrscheinlichkeit, daß sie Streß als Resultat von *emotionalen* Lebenssituationen erleben — im Gegensatz zu jener Art von »Papierproblemen«, die bei Männern Streß erzeugen.

Wissenschaftler, die mit männlichen Versuchstieren gearbeitet haben, haben bewiesen, daß »obsiegende« sexuelle Dominanz und das erfolgreiche Aufrechterhalten von Gebietsansprüchen mit hohem Blutdruck und Arterienverkalkung verbunden sind — den meßbaren Zeichen und Auswirkungen von Streß. Die Forscher fanden auch heraus, daß die Tiere »an der Spitze« einen höheren Testosteronpegel aufwiesen.

Wenn Frauen Rückschläge oder Fehlschläge erleiden oder emotionalem Druck ausgesetzt sind, schalten sie nicht auf »Schongang« wie Männer; sie reagieren in der umgekehrten Art, indem sie sich äußern (Kommunizieren als Ventil), oder sie geben ihren Depressionen nach (verinnerlichen, was sie möglicherweise getan haben könnten, um das Problem auszulösen).

## Zusammenfassung

- Frauen haben durch ihre Fähigkeit, mit Emotionen umgehen und sie äußern zu können, Männern gegenüber einen entscheidenden Vorteil.
- Viele Männer betrachten Intimität im Sinne dessen, was sie *tun* (Aktion), und *nicht* im Sinne dessen, was sie *sagen* (reden).
- Frauen übernehmen weit häufiger als Männer die Verantwortung, sich um alles zu kümmern.
- Männer sind mit der Liebe und Ehe zufriedener als Frauen.
- Frauen gelingt es besser als Männern von den Leuten, die sie umgeben, emotionale Unterstützung und Hilfestellung zu bekommen.
- Fast alle Gewaltverbrechen werden von jungen Männern begangen, deren Testosteronpegel am höchsten ist.
- Die Kombination »sexuelle Fehlhandlung und Aggression« findet sich in viel mehr Männern als Frauen.

- Die Natur tut soviel wie möglich, um eine Frau zu schützen, da sie möglicherweise ein Kind austragen könnte.

- Männer beginnen Emotionen auf der physischen Ebene dadurch zu erleben, daß sie Gründe und Ursachen wahrnehmen.

- Frauen entdecken Emotionen, nachdem sie — aus dem »Niemandsland« kommend — die physische Ebene betreten haben.

- Männer müssen die Kontrolle über ihre physische Orientierung aufgeben, um in den subjektiven Bereich hinter den Grenzen der objektiven Realität zu gelangen.

- Frauen können sich frei zwischen den Realitäten bewegen, solange die Anforderungen auf der physischen Ebene nicht zu überwältigend sind oder ihnen nicht zuviel Konzentration abverlangen.

- Zeit und Ort sind für einen Mann wichtig, wenn es darum geht, Gefühle auszudrücken. Und seine Definition dessen, was geeignete Bedürfnisse sind, muß respektiert werden.

- Frauen nehmen Emotionen als positives Zeichen wahr, während Männer Emotionen als Warnsignale betrachten.

- Emotionen sind beim Mann in großem Ausmaß einfach ein Kontrollinstrument seiner Energiereserven.

- Streß ist für Männer mit der übermäßigen Konzentration auf ein Problem verbunden, das weder mit dem erwarteten Zeit-, noch mit dem dafür eingeteilten Energieaufwand gelöst wurde.

- Männer schaffen manchmal stressige Situationen, um sich selbst und ihre Umgebung zu testen und/oder um über Begrenzungen zu entscheiden.

- Wenn Frauen des Typs A mit der Arbeit verbundene Probleme lösen, weisen sie nicht das Ansteigen der Pulsfrequenz, des Blutdrucks und des Adrenalinausstoßes auf, das für Männer des Typs A typisch ist.

- Frauen erleben Streß mit größerer Wahrscheinlichkeit als Resultat emotionaler Situationen und nicht als Resultat jener Art von »Papierproblemen«, die bei Männern Streß auslösen.

- Wenn Frauen Rückschläge und Fehlschläge erleiden oder emotionalem Druck ausgesetzt sind, reagieren sie im allgemeinen, indem sie sich äußern oder ihren Depressionen nachgeben.

## Kapitel 13

# Wenn Männer und Frauen zusammenarbeiten

In Sitzungssälen und bei Meetings des Mitarbeiterstabes gehen Männer mit *objektiver* Realität um. Sie schauen aus sich selbst heraus, um zu sehen, was vor sich geht, während Frauen in sich gehen. Wir haben bereits festgestellt, daß das etwas ist, was uns nicht beigebracht werden kann. Experimente beweisen, daß Männer und Frauen vom Zeitpunkt ihrer Geburt an ganz unterschiedliche Arten haben, die Realität wahrzunehmen.

Wenn der Mann aus sich herausschaut, wird sein Handeln häufig irrigerweise als Vorwurf verstanden. Wenn bei seinen Mitarbeitern etwas nicht funktioniert, fragt er möglicherweise: »Wie ist das passiert? Wer ist daran schuld?« Er sucht nach einem Menschen, der das Problem ausgelöst hat. Wenn er diesen einen Menschen »in Ordnung bringen« kann, kann er weitermachen. Für ihn ist das die effizienteste Lösungsmethode.

Eine Frau wird beim selben Meeting der Mitarbeiter in sich selbst hineinsehen (subjektiv), um zu erkennen, was sie getan haben könnte, um zu dem Problem beizutragen. Falls sie einen Einblick in die Lösung hat, gibt sie diese Information möglicherweise zum besten. Die Reaktion des Mannes ist mit größter Wahrscheinlichkeit: »Großartig, dann bringen Sie das in Ordnung.« Für die Frau hat es den Anschein, als sei er nur daran interessiert, den Schuldigen zu finden, und könne danach seine Hände in Unschuld waschen. Aus ihrer Sicht ignoriert er die Konzeption der Teamarbeit. Was sie *nicht* realisiert, ist, daß Männer nicht auf die gleiche Weise als Team arbeiten, wie Frauen es tun. Männer betrachten Teamarbeit so, daß jeder einzelne eine gesondert zu behandelnde Funktion hat und daß jeder unabhängig ist (exklusiv). Männer beurteilen eine gute Teamarbeit danach, wie wenig das Team miteinander reden muß (Instruktionen, Anweisungen und so weiter). Bei Männern kann es leicht passieren, daß sie über eine lange Zeit Seite an Seite arbeiten, ohne ein Wort zu wechseln. Die weibliche Betrachtungsweise ist dem genau entgegengesetzt: Das Team verfolgt einen bestimmten Zweck, und jedes seiner Mitglieder ist von den anderen abhängig (inklusiv). Frauen beurteilen gute Teamarbeit danach, wie gut die Mitglieder des Teams interagieren, und Kommunikation ist dabei ein entscheidender Faktor.

## Kinderspiele/kindische Spiele

Eine Forschergruppe führte ein Experiment mit Kindern und Kinderspielen durch und veröffentlichte das Resultat dieser Studie in *Boys and Girls: Superheroes in the Doll Corner.* Die Kinder wurden in Jungen- und Mädchengruppen aufgeteilt. Wie bei jedem Spiel mußten Regeln festgelegt werden, damit gespielt werden konnte. Die Jungen und Mädchen einigten sich auf Regeln und begannen zu spielen.

### *Die Jungen*

Als die Forscher die kleinen Jungen beobachteten, bemerkten sie, daß einer der Teilnehmer verletzt wurde, nachdem das Spiel eine Weile gelaufen war. Die anderen kleinen Jungen zerrten den Verletzten vom Spielfeld und spielten weiter. Für sie war das Spiel wichtiger als der einzelne. Was machte es schon, wenn er blutete? (Manchmal macht es Spaß zu bluten! Ich erinnere mich, daß ich mit anderen Jungen Wettbewerbe veranstaltete, in denen es darum ging, wer zuerst blutete.)

In einem anderen Fall hörten die Forscher einen kleinen Jungen sagen: »Ich mag diese Regel nicht.« Die anderen Jungen erklärten ihm daraufhin: »Entweder du spielst nach unseren Regeln, oder du bist draußen.«

Ist das nicht die Art, in der Männer reden? Sie setzen die Regeln fest und erwarten von jedem, daß er sich ihnen unterwirft, oder sie erklären einem, man solle doch sein eigenes Team aufstellen. Und wieder ist das Spiel wichtiger als die Bedürfnisse des einzelnen.

## *Die Mädchen*

Als die Forscher die kleinen Mädchen beim Spiel beobachteten, bemerkten sie, daß eines der Mädchen verletzt wurde, nachdem das Spiel eine Weile gelaufen war. Die anderen unterbrachen daraufhin das Spiel, bis die Kleine wieder in Ordnung war. Für die Mädchen war die einzelne Spielerin wichtiger als das Spiel selbst.

Später sagte eines der kleinen Mädchen: »Oh, ich habe eine bessere Idee, was die Regeln angeht.«

Alle Mädchen diskutierten ihren Einfall, änderten einige der Regeln und spielten eine neue (und für sie bessere) Version des Spiels.

Die Arbeitssituationen, in denen wir uns befinden, reflektieren häufig diese »Kinderspiele«, die die Forscher beobachteten.

Männer und Frauen kommen zu einem bestimmten

Zweck zusammen. »Okay, wir wollen dieses Spiel spielen, und hier sind die Regeln dafür.« Alle Männer und Frauen stimmen diesen Regeln zu. Nach einer Weile wird jemand »verletzt«. Die Männer sagen: »Macht weiter, wir haben die Regeln festgesetzt, macht euch keine Sorgen, es wird schon funktionieren.« Die Frauen haben jetzt möglicherweise das Gefühl, die Männer seien rücksichtslos und kalt oder es mangele ihnen an Mitgefühl.

Daraufhin macht vielleicht eine der Frauen einen Vorschlag für eine neue Regel. Und die Männer werden mißtrauisch. Sie nehmen an, die Frau sei launisch, oder sie sagen sich, sie könne es nicht wirklich gemeint haben, als sie den Regeln zustimmte, weil sie wissen, daß ein Mann sich an die Regeln halten wird, bis er stirbt. Wenn ein Mann und eine Frau eine Beziehung miteinander beginnen, »einigen« sie sich ebenfalls auf Regeln. Wenn die Frau allerdings später eine Änderung vorschlägt, hat der Mann das Gefühl, in eine Falle gelockt und manipuliert worden zu sein.

Wir haben auch bereits festgestellt, daß Männer und Frauen sich gewöhnlich wohler fühlen, wenn sie mit ihren eigenen Geschlechtsgenossen zusammen sind, es sei denn, sie seien in einer Familie aufgewachsen, in dem das andere Geschlecht stark dominierte. Männer fühlen sich in der Gesellschaft anderer Männer wohler, weil sie sich nicht ständig ins Gedächtnis rufen müssen, höflich oder gesellig zu sein oder darauf achten müssen, welche Sprache sie führen. Frauen können sich in der Gesellschaft anderer Frauen wohler fühlen, weil sie nicht so genau auf das achten müssen, was sie sagen, und sie können sich auch deshalb entspannen, weil sie nicht unablässig auf die sexuellen Untertöne achten müssen, die es in Gesprächen zwischen Männern und Frauen ständig zu geben scheint. Männer können mit Männern Themen diskutieren, die sie interessieren, ohne sich beschuldigen zu lassen, unsensibel zu sein und nur Themen anzusprechen, die

»an der Oberfläche bleiben« — wie Sport, Autos oder Geschäfte. Frauen wiederum können mit Frauen ihre Lieblingsthemen diskutieren, ohne beschuldigt zu werden, alles »überemotional« zu sehen, zu sehr ins Detail zu gehen oder sich zu viele Gedanken über die Feinheiten zwischenmenschlicher Beziehungen zu machen.

Während von Männern erzogene Frauen und von Frauen erzogene Männer sich in Gesellschaft des *anderen* Geschlechts wohler »fühlen«, scheinen sie von dem Gefühl gequält zu werden, eine sehr wichtige Beziehung in ihrem Leben verpaßt zu haben. Diese Menschen finden es schwierig, mit dem Mann oder der Frau in sich selbst umzugehen, weil ihnen das entweder nur in limitierter Form oder gar nicht erlaubt wurde, während sie aufwuchsen.

Es gibt inzwischen ebenso viele Geschäftsinhaberinnen wie Geschäftsinhaber. Und die Zahl der Frauen, die Vorstandsmitglieder, Unternehmenschefs und Manager auf der oberen Ebene sind, nimmt täglich zu. Das Resultat ist, daß sich viele Vorurteile entschieden geändert haben, wie 1986 in einer Meinungsumfrage von *Virginia Slims* festgestellt wurde:

1. Mehr *Männer* als Frauen sagen, sie nähmen das Vorhandensein von Diskriminierung am Arbeitsplatz wahr.

2. Sowohl Männer wie Frauen erklären jetzt, sie zögen Ehen vor, in denen die Verantwortung geteilt wird.

3. 74 Prozent der beschäftigten Männer sagen nun, sie hätten nichts dagegen, wenn ihre Frauen mehr verdienten als sie selbst.

4. Vor 15 Jahren sagten 58 Prozent der befragten Männer, sie hätten wenig Respekt vor einem »Hausmann«, der den Hauptteil der Hausarbeit übernimmt. Zum Zeit-

punkt dieser Studie waren nur noch 25 Prozent der Befragten der Meinung, »ein richtiger Mann« koche nicht (Grillen zählt nicht!).

Janet Elsea untersucht in ihrem Buch *The Four-minute Sell* geschlechtsspezifische Klischees und ihren positiven oder negativen Beiklang: Weiß zu sein (in unserer Kultur) bedeutet immer noch, mehr Autorität zu haben, als nicht weiß zu sein, und ein Mann zu sein bedeutet immer noch, über mehr Macht und Autorität zu verfügen als eine Frau. Männer werden generell sowohl von Männern wie auch von Frauen als glaubwürdiger eingestuft, selbst dann, wenn Frauen die besseren Referenzen haben.

Weil *nichtverbale* Hinweise manchmal vorgefaßte (negative) Meinungen bezüglich der Rassen oder Geschlechtsidentität ändern können, ist *nichtverbale* Kommunikation ausgesprochen wichtig. Das trifft ganz besonders dann zu, wenn jemand versucht, bei einem Vorstellungsgespräch oder bei der ersten Begegnung mit einem neuen Klienten einen vorteilhaften ersten Eindruck zu machen. Es gibt beispielsweise geschlechtsspezifische Unterschiede beim Augenkontakt. Frauen halten direkter Augenkontakt als Männer, besonders dann, wenn Männer reden. Frauen neigen jedoch dazu, den Blick häufiger abzuwenden als Männer, wenn sie an der Reihe sind zu sprechen.

## Der Wahnsinn mit der physischen Attraktivität

Nach Janet Elsea hatten weniger attraktive Frauen einen entscheidenden Vorteil gegenüber ihren attraktiveren Geschlechtsgenossinnen, wenn sie einen Platz im Management suchten. Gutes Aussehen war nur dann von Vorteil, wenn Frauen sich um eine Position bemühten, die *nicht* im Managementbereich lag. Attraktivität resultierte auch in niedrigeren Gehaltsvorschlägen, wenn erwogen wurde, Frauen zu befördern, und die Position nicht geschlechtsspezifisch war.

Diese Forschungsergebnisse implizieren, daß Frauen bestrebt sein sollten, so unattraktiv und »maskulin« wie möglich zu erscheinen, wenn sie Machtpositionen anstreben.

## Der idealisierte Körperbau und seine Bedeutung für die Arbeitswelt

Die Psychologinnen Kay Deaux und Laurie Lewis fanden kürzlich durch Experimente heraus, daß die Statur, die man bei Männern und Frauen voraussetzt und die man für ideal hält — Frauen sollten schlank und Männer muskulös sein — Einfluß darauf hat, wie Menschen Gegenstand von Geschlechterklischees werden. Sowohl Männer wie Frauen, die relativ groß, stark und breitschultrig sind, werden von anderen mit größerer Wahrscheinlichkeit als maskuline Persönlichkeiten eingestuft. Folglich wird von ihnen erwartet, traditionell maskuline Jobs zu bekleiden. Sowohl Männern wie Frauen mit einem zierlichen, femininen Erscheinungsbild oder einer sanften Stimme wurde eine feminine Persönlichkeit und ein femininer Job zugeschrieben.

Außerdem fanden Kay Deaux und Laurie Lewis heraus, daß gepflegte Kleidung ein wichtiger Faktor ist, wenn das Management-Potential einer Frau in Erwägung gezogen wird. Die Untersuchung scheint die These zu stützen, daß einer Frau, wenn sie zu weiblich wirkt, eine Position im höheren Management versagt wird.

Viele der Bestseller zum Thema »Anziehen für den Erfolg« raten Frauen, ihr Haar kurz zu tragen, sparsam mit Kosmetika umzugehen und konservative Anzüge und Kostüme zu tragen, wenn sie es im Geschäftsleben zu etwas bringen wollen. Unglücklicherweise indiziert diese Untersuchung, daß man auf solche Ratschläge immer noch nicht verzichten kann. (Die Situation wird sich ändern, wenn mehr Frauen Positionen mit Macht und Einfluß bekleiden. An der Spitze zu stehen wird es ihnen erlauben, selbst Maßstäbe zu setzen!)

Außer wenn's um »Liebesdinge« geht, um mögliche Glatzenbildung und die Größe seines Penis, schenkt ein Mann seinem Äußeren gewöhnlich wenig Aufmerksamkeit. Die größte Sorge eines Mannes ist nämlich, *wie Frauen ihn wahrnehmen*. In Gegenwart anderer Männer macht er sich da wenig, wenn überhaupt, Sorgen, daß sie etwas an seinem Äußeren stören könnte; tatsächlich ist er möglicherweise noch stolz auf den unordentlichen Zustand seiner Kleidung.

Männer kleiden sich, um Status, Macht oder Reichtum zu indizieren; um Loyalität oder Autorität zur Schau zu tragen, tragen sie Uniformen; sie kleiden sich, um ihre Zugehörigkeit zu gewissen Kreisen zu erklären; sie ziehen sich an, um passend gekleidet zu sein (der richtige Smoking); und sie kleiden sich, um ins Auge zu fallen (der korrekte Schmuck). Doch wirklich *wohl* fühlt ein Mann sich nur, wenn er zu den anderen Männern »paßt« — es würde ihn nicht stören, over-oder underdressed zu sein. Er will nur genauso aussehen, wie er aussehen »sollte«. Alle Männer in einem Raum könnten exakt dieselben Smokings oder Matrosenanzüge tragen und würden sich trotzdem wohl fühlen. Können Sie sich vorstellen, daß alle Frauen bei einem gesellschaftlichen Ereignis exakt dieselben Roben tragen und sich aufgrund dieser Tatsache wohl fühlen? Nur Kulturen oder Religionen, die ausschließlich von Männern dominiert werden, bilden da eine Ausnahme. In ihnen gibt es diese Vielfalt der weiblichen Bekleidung nicht, dort paßt sich die Frauenkleidung den männlichen Maßstäben an. Je mehr individuelle und kulturelle Freiheit eine Frau hat, desto mehr variiert sie bei der Auswahl von Stoffen, Farben und Stilrichtungen.

## »Zweireihige« Geschäfts-Maßstäbe

Eine 1986 vom *California Business Magazine* durchgeführte Erhebung — es wurden 500 Eigner und Präsidenten kalifornischer Unternehmen befragt — offenbarte, daß weibliche Führungskräfte sich beträchtlich von männlichen unterscheiden, was Werdegang, persönliche Überzeugungen und den Führungsstil angeht.

Doppelt soviel weibliche wie männliche Führungskräfte bezeichneten ihre Geschäftspartner als »alles andere als ehrlich«. Zwei Prozent erklärten sogar, die anderen wären »niemals ehrlich« — eine Meinung, die keiner der Männer vertrat.

40 Prozent der weiblichen Führungskräfte bejahten die Frage, ob die Karriere für sie das Wichtigste im Leben sei — eine Antwort, die nur 28 Prozent der Männer gaben. Die Hingabe der Frauen schien auch größere persönliche Opfer zu beinhalten. Dieser Umfrage zufolge war die Wahrscheinlichkeit geringer, daß so viele Unternehmensinhaberinnen und Top-Managerinnen verheiratet sind wie Unternehmensinhaber und Top-Manager, größer war schon die Wahrscheinlichkeit, daß sie geschieden waren. Ließe man diesen Frauen die Wahl, an der Schulabschlußfeier ihres Kindes oder an einem Meeting teilzunehmen, würden sich diese Frauen *eher* an dem Meeting beteiligen als die befragten Männer.

Solche Forschungsergebnisse bestätigen, was Frauen schon seit Jahren wissen: daß sie früher aufstehen, härter arbeiten und zielstrebiger als Männer sein müssen, um als erfolgreiche Geschäftsleute betrachtet zu werden. Jeder einzelne oder jede Gruppe, der/die sich zu den Mächtigen (zur Minorität) zählen will, muß sich erst einmal beweisen. Manchmal dauert das Ewigkeiten.

Eine Untersuchung von Peter Dubno, Professor für Verhaltensforschung und Management an der New York University Graduate School of Business Administration, indiziert, daß die männlichen Absolventen von Wirtschaftsschulen sich trotz aller Verdienste der Feministinnen in den vergangenen zwei Jahrzehnten bedeutend negativer über weibliche Führungskräfte äußern als die Absolvent*innen*. Die befragten Studenten kamen von drei Wirtschaftsschulen, und die Untersuchungen wurden 1975, 1978 und 1983 durchgeführt. In diesen acht Jahren änderten sich die Antworten in keiner Weise; die Einstellung der Studenten gegenüber weiblichen Managern blieb gleichbleibend negativ.

Alle Männer fühlen sich in gewissem Grade (bewußt oder unbewußt) irgendwie unwohl, wenn sie es (geschäftlich) mit Frauen zu tun haben.

Es ist schon seit langem bekannt, daß arbeitende Frauen lernen müssen, jene Charakterzüge in den Griff zu bekommen, die als »typisch weiblich« bezeichnet werden, da weibliches Verhalten das ist, was Männer abschätzig betrachten und an sich selbst bespötteln. Heute wissen wir, daß Frauen, die den Respekt der Männer dadurch gewinnen wollen, daß sie härter und länger arbeiten, sich vergeblich bemühen. Die einzige Gleichheit, die ihnen dieser Versuch einbringt, ist die, daß sie eines Tages in ebensolchem Maße wie die Männer an Herzkrankheiten leiden werden. Denn die Frauen, die es geschafft haben, an die Spitze zu kommen, oder die Erfolg im Beruf haben, arbeiten bereits ausgesprochen hart.

Während Frauen die »Workaholiker«-Gewohnheiten der Männer annehmen, ist es unwahrscheinlich, daß Kollegen, die sie nicht unterstützen, von ihrer Aufopferungsbereitschaft beeindruckt sind. Statt also wegen ihres Engagements bewundert und respektiert zu werden, fühlen sich diese superhart arbeitenden Frauen am Ende meist nur benutzt.

Erst wenn wir die Unterschiede der männlichen und weiblichen Realität erkennen und sie uns zunutze machen, wird jedes Geschlecht wegen seines Beitrags zur Lebensqualität auf unserem Planeten die volle Anerkennung erhalten.

## Wie man Teams etabliert

Bei einem Experiment, das die Psychologin Wendy Wood durchführte, wurden je 90 Studenten und Studentinnen in gleichgeschlechtliche Gruppen aufgeteilt und dann aufgefordert, drei Fragen zu beantworten. Der Hälfte jeder Gruppe wurde gesagt, sie solle sich so viele Antworten wie möglich einfallen lassen, und die andere Hälfte sollte nur die *besten* der Antworten aufschreiben, die das Team gefunden hatte.

Die durchschnittliche Männergruppe brachte es in der halben Stunde, die ihr zugestanden worden war, auf 58 Antworten — verglichen mit nur 47 Antworten von den Frauen. (Männer sind grundsätzlich aufgabenorientierter als Frauen und waren deshalb bei diesem Test im Vorteil.) Als die Forscher allerdings die Resultate der Diskussionsgruppen analysierten, waren die Antworten der Frauengruppe etwas ausführlicher, besser formuliert und »kreativer« als die, die die Männergruppe vorbereitet hatte. (Frauen investieren viel Zeit, um eine harmonische Atmosphäre und ein Gefühl der Zusammengehörigkeit der Gruppenmitglieder zu schaffen.)

Die Forscher stellten fest, daß Frauen bei der Gruppenarbeit dazu neigen, ausgesprochen *aufgabenorientiert* zu sein, während einige Männer dazu tendieren, äußerst *prozeßorientiert* zu sein. Doch im allgemeinen sind Männer die besseren Kandidaten für Brainstorming-Gruppen, und Frauen sind die besseren Kandidaten für Situationen, in denen die *Qualität* der Lösung ausschlaggebend ist.

## Wenn verheiratete Frauen arbeiten

Beweismaterial aus der jüngsten Vergangenheit indiziert, daß die Ehemänner häufig die Verlierer sind, wenn verheiratete Frauen sich eine Anstellung suchen. Nach der *American*

*Sociological Review* wurde 1976 vom Institut für Soziale Forschung der Universität von Michigan eine große Interviewstudie unter amerikanischen Männern und Frauen durchgeführt. In einer einfallsreichen Analyse der nationalen Daten stellten die Soziologen Ronald Kessler und James McRae jun. fest, daß die Männer beschäftigter Frauen zu einem geringerem Selbstwertgefühl und stärkeren Depressionen neigten als die Männer von Hausfrauen. Und das, obwohl die verheirateten Frauen, die einen Beruf ausübten, sich gewöhnlich besserer mentaler Gesundheit erfreuten als Hausfrauen.

Einer der Faktoren für die eklatanten Unterschiede im Verdienst zwischen Männern und Frauen resultiert aus dem Eindruck, daß Frauen sich in bestimmten Berufsgruppen — wie Sekretärinnen, Angestellte, Krankenschwestern usw. — geradezu »zusammenballen«. Diese Positionen werden nicht so gut bezahlt wie die Job-Kategorien, bei denen die Männer die Mehrheit bilden; dabei handelt es sich um Tischler, Anstreicher, Elektriker usw. Und die *New York Times* berichtete 1986, daß für jeden zusätzlichen Prozentpunkt an Frauen, die in einer Job-Kategorie beschäftigt sind, die Bezahlung pro Jahr um etwa 42 Dollar *sinkt*. Mit anderen Worten: Je höher der Prozentsatz von weiblichen Bibliothekaren ist, desto niedriger wird die Gruppe der Bibliothekare insgesamt bezahlt.

## Die Konzeption des vergleichbaren Werts

Gleiche Bezahlung für gleiche Arbeit, »vergleichbarer Wert«, ist möglicherweise eine Idee, die Männern und Frauen gleichermaßen schwer zu verkaufen ist. Im Rahmen einer Forschungsstudie führte die Psychologin Brenda Major mit 51 Studenten und Studentinnen ein befristetes Projekt durch. Jedem Studenten/jeder Studentin wurde erklärt, ihm/ihr würde ein Job übertragen, der an alle die gleichen Anforderungen stelle, sich jedoch darin unterscheide, daß einer als typisch männliche Beschäftigung gelte, einer als typisch weibliche und ein dritter schließlich eine Arbeit sei, die sowohl von Männern wie von Frauen ausgeübt werden könne. Jedem Studenten/jeder Studentin wurde dann gesagt, seine/ihre Bezahlung hinge davon ab, welche Aufgabe ihm/ihr zugeteilt würde und wie gut er/sie sich mache. Die Studenten wußten *nicht*, daß jeder der Jobs in Wirklichkeit *identisch* war.

Die Frauen glaubten, sie sollten für 15 Minuten Arbeit 1,93 Dollar erhalten — egal, welcher Job ihnen übertragen werden würde. Die Männer dachten, sie sollten im Durchschnitt 2,31 Dollar verdienen. Zusätzlich stellte Brenda Major fest, daß die Frauen mit ihrer Situation zufriedener waren als die Männer — unabhängig davon, welcher Arbeit man sie zugeteilt hatte oder welche Bezahlung sie erhielten.

Die Unterschiede in der Haltung von Männern und Frauen führen zu interessanten Folgerungen am Arbeitsplatz. Nach Major und Forcey scheinen Männer das Gefühl zu haben, einen größeren Anspruch auf Vergünstigungen im Job zu haben als Frauen. Männer sind nicht so dankbar wie Frauen, noch reagieren sie mit ähnlichem Fleiß auf Leistungsprämien oder die Chance, Entscheidungen treffen zu können, indem sie als Reaktion *noch* härter arbeiten.

Männer, die sich (nach ihrer eigenen Einschätzung) selbst als gut bezahlt einstuften, sagten, sie legten einen größeren Eifer an den Tag als der Durchschnitt. Wesentlich besser bezahlte Frauen legten jedoch in Wirklichkeit *noch* größeren Eifer an den Tag als die Männer.

Auf dem Arbeitsmarkt demonstrieren Frauen mehr Engagement und Selbstaufopferung. Akademiker und Manager sind engagierter als einfache Arbeiter, doch in beiden Gruppen gibt es mehr engagierte Frauen als Männer.

Untersuchungen beweisen, daß Frauen aller Ebenen,

wenn sie befragt wurden, sagten, sie könnten ihre Arbeitsleistung häufig noch weiter verbessern als ihre männlichen Gegenspieler. Erinnern wir uns unserer Feststellung, daß Männer objektiv sind und aus sich herausschauen, um festzustellen, was in Ordnung gebracht werden muß, während Frauen in sich hineinschauen, um zu entdecken, was falsch läuft. Männer nehmen irrigerweise an, es sei ein Zeichen niedriger Selbsteinschätzung, daß Frauen in sich hineinschauen.

Trotz solcher Ergebnisse herrscht in vielen Industriezweigen und Regionen nach wie vor die traditionelle Meinung vor, das Engagement einer Frau für ihren Job und ihre Familie müsse gleichermaßen »exklusiv« sein. Eine Frau, die Heiratspläne äußert, muß immer noch damit rechnen, gefragt zu werden, ob sie weiterarbeiten wolle oder nicht.

Bei Gesprächen mit den Frauen in meinen Workshops habe ich festgestellt, daß die Arbeitsleistung von Frauen, die geheiratet haben, entweder unbeeinflußt bleibt oder hochschnellt. Frauen haben typischerweise weit weniger Schwierigkeiten, die Veränderung ihrer persönlichen Verhältnisse zu bewältigen, als ihre männlichen Kollegen und Arbeitgeber. Tatsächlich ist es für eine Frau häufig das größere Problem, mit den Reaktionen der anderen auf die Veränderung zurechtzukommen, als mit ihren eigenen.

Aus der männlichen Sicht, die auf die Vorstellung des Mannes gegründet ist, wie er mit der Verantwortung für so vielfältige Verpflichtungen — wie für die Karriere und die Familie — zurechtkäme, müßte die Frau etwas schleifen lassen, um sowohl mit dem Job als auch der Familie fertig zu werden. Das *ex*klusive Denken des Mannes bringt ihn — im Gegensatz zum *in*klusiven Denken der Frau — dazu, entweder zu erwarten, daß sie (a) auf beiden Feldern ihres Lebens schlechte Arbeit leistet oder (b) gezwungen ist, eins von beiden aufzugeben.

Eine kürzlich von Philip Blumstien, Professor der Philosophie, und Pepper Schwartz, Professor der Philosophie, erstellte Großuntersuchung amerikanischer Werte zeigt, daß Frauen, die außerhalb ihres Heims arbeiten, dazu tendieren, in ihrer häuslichen Sphäre mehr Macht zu haben. Das liegt sicher nicht nur daran, daß arbeitende Frauen Geld und damit mehr Gewicht in die »Partnerschaft« einbringen, sondern auch daran, daß ein Mann seiner Partnerin mehr Respekt zollt (und ihr deshalb mehr Macht zubilligt), wenn sie Geld verdient. Das Selbstwertgefühl eines Mannes leitet sich nämlich entschieden aus seiner Arbeit her, und er neigt deshalb dazu, eine bezahlte Position mehr zu respektieren als unbezahlte Hausarbeit.

## Lächeln: ein Geschlechts-Identifizierungskennzeichen

Nach Marian Sandmaier beweisen Untersuchungen, daß Frauen viel mehr lächeln als Männer. Wie Sie und ich bemerkt haben mögen, lächeln sie nicht nur *öfter*, ihr Lächeln ist auch meist strahlender, und sie zeigen mehr Zähne als Männer. Frauen lächeln Männer häufiger an als andere Frauen, und sie lächeln Männer sogar dann an, wenn die Männer ihr Lächeln nicht erwidern. Überraschenderweise zeigt die Studie, daß Frauen selbst dann lächeln, wenn man ihnen sagt, sie sollten es nicht tun!

Viele Männer interpretieren das Lächeln einer Frau als Zeichen echten Interesses, gewöhnlich sexuellen Interesses. Diese Vermutung bringt Frauen in eine unangenehme Situation: Wenn sie *nicht* lächeln, gehen sie das Risiko ein, unnahbar oder »kalt« genannt zu werden, und *wenn* sie lächeln, werden sie vermutlich der »Anmache« verdächtigt.

Die Gefahren des Lächelns sind allerdings nicht nur auf das Privatleben einer Frau beschränkt. Frauen in wissenschaftlichen oder in Managerpositionen stehen einem gleichermaßen verwirrenden Problem gegenüber: Sie wissen nicht, wie sie ihrer Freude angemessen Ausdruck verleihen sollen. (Erinnern wir uns, selbst kurz nach der Geburt lächeln Mädchen mehr als Jungen.) Das höhere Management (von den Männern gestaltet) erwartet von einer Frau, daß sie in der Firma eine reservierte Präsenz projiziert. Wenn sie nicht anders erzogen wurden, lächeln Frauen möglicherweise während einer Geschäftsbesprechung oder während sie eine wichtige Verkaufspräsentation machen. Bei männlich/weiblichen Geschäftsinteraktionen kann das Lächeln einer Frau zu Unterbrechungen führen und wird von Männern häufig als Zeichen der Unterwürfigkeit (miß-)verstanden.

## Interesse kontra Fähigkeit

Beide Geschlechter bringen *Interesse* und *Fähigkeit* durcheinander. Männer gehen häufig davon aus, daß Frauen eine bestimmte Aufgabe nicht vollbringen können oder daß man sie nicht auffordern sollte, sich an bestimmten Aktivitäten zu beteiligen, weil Männer (aus objektiver Erfahrung) davon ausgehen, daß Frauen diesen Aktivitäten gewöhnlich *nicht* nachgehen. Männer, die alles vom physischen, praktischen Standpunkt aus betrachten (wenn sie es tun *könnte*, *würde* sie es tun!), verlieren den Blick für das Interesse als motivierenden Faktor. Frauen gehen vom glatten Gegenteil aus: Wenn ein Mann in der Lage ist, über seine Gefühle zu reden, dann sollte er auch daran interessiert sein, es zu tun. Wenn er zu gelegentlicher Spontaneität fähig ist, dann sollte er auch daran interessiert sein, häufiger spontan zu sein.

Ein Beispiel von Interesse kontra Fähigkeit offenbarte sich kürzlich bei einer Untersuchung, in der es um Computer ging. Mehr Männer haben Spaß an Computern, weil sie sich dafür interessieren. Männer scheinen sich wegen der Art und Weise, in der die Computer funktionieren, leichter und schneller an sie zu gewöhnen — *nicht* wegen ihrer größeren Begabung oder Befähigung.

Die Forscher Mary Poplin, David Drew und Robert Gale entwickelten dafür einen Test. Eigentlich waren sie davon ausgegangen, daß Frauen eine geringere Begabung für den Umgang mit Computern hätten als Männer. Die Testresultate von 1200 Personen zwischen zwölf und 60 widerlegten diese Vermutung jedoch. Die Frauen gingen qualitativ (inklusiv) an die Probleme heran, während die Männer sie quantitativ (exklusiv) angingen.

Frauen achten auf den Zusammenhang und die Interaktionen (Beziehungen). Frauen berichteten, daß sie Computer als das mögen, was sie sind, jedoch »gewiß nicht den Abend mit einem verbringen möchten«. Einige Frauen weigern sich, einen Computer zu benutzen, weil sie finden, er passe nicht in ihr Leben — und *nicht*, weil sie nicht in der Lage wären, mit ihm umzugehen.

Computer sind ziemlich *objektiv* — verfügen über eine ausgesprochene »Schwarz und Weiß«-Realität. Ein Computerbit ist entweder *on* oder *off*. Da gibt es kein Grau. Der Computer ist das ideale Gerät für den rationalen Menschen. Auf purer Logik basierend, hält der Computer sich nicht mit Meinungen auf. Ihm ist es egal, wie schnell oder langsam seine Tasten niedergedrückt werden, und er weiß auch nicht, ob sie sanft angeschlagen werden oder ob auf sie eingehämmert wird. Männer fühlen sich wohler, wenn sie mit diesem »John Wayne« des Geistes umgehen. Bald wird er für sie zum rationalen, logischen und beständigen Freund, der sie nur dann im Stich lassen wird, wenn er sehr krank ist. Und selbst dann hat er noch sein eigenes Diagnostik-Programm, das sie wissen läßt, was mit ihm nicht stimmt. Ganz gewiß wird der Computer einen nicht dafür verantwortlich machen, wenn er krank wird, und er wird auch nicht erwarten, daß man sein Innerstes kennt. Zwischen dem Bediener und dem Computer findet keine Kommunikation statt — sie reagieren nur aufeinander. Obwohl Computer nützlich, verläßlich und für eine Menge Jobs gewiß nötig sind, werden sie für eine Frau jedoch niemals auch nur Ähnlichkeit mit einem guten Freund haben. Frauen wollen eine stärkere Beziehung, einen besseren Dialog, mehr Geben und Nehmen.

Wenn Computer beseelter würden und fähig wären, sich in den subjektiven Bereich zu vertiefen (künstliche Intelligenz liegt immer noch in der Zukunft), sage ich voraus, daß Frauen aktivere und enthusiastischere Nutzer werden.

## Wie Probleme gelöst werden

Männer setzen Kraft (Energie) ein, um zu Resultaten zu kommen. Physische Gewalt schließt Muskelkraft, Armeen und Geld ein; und intellektuelle Kraft beinhaltet Semantik, vernunftgemäße Erklärungen und Logik. Obgleich Frauen ebenfalls die Fähigkeit hätten, Gewalt einzusetzen, ist sie ihnen emotional zu »teuer«; sie machen sich häufiger die Kraft der Intuition zunutze. Angesichts des inklusiven Prozesses einer Frau ist das erhoffte Resultat möglicherweise schon vorhanden, und die Stadien, die das Resultat auf seinem Weg zur Manifestation noch durchlaufen muß, offenbaren sich von selbst (Entdeckung kontra Entscheidung).

Männer und Frauen neigen dazu, mit entgegengesetzten Mitteln an die Problemlösung heranzugehen — etwa so wie ein Maler und ein Bildhauer es tun würden. Der Maler beginnt auf einer leeren Leinwand und baut das Gemälde auf. Schicht auf Schicht wird aufgetragen und Sektion für Sektion fertiggestellt. Mehr und mehr Einzelheiten werden hinzugefügt, bis das Gemälde vollendet ist (der Reihe nach/exklusiv). Das Gemälde ist fertig, wenn der Maler den letzten Tropfen Farbe auf die Leinwand gesetzt hat und sagt: »Das war's.«

Der Bildhauer jedoch »sieht« die fertige Arbeit bereits in dem Marmorblock (*nicht* der Reihe nach/inklusiv). Das vollendete Werk existiert bereits in seinem Inneren, doch es muß noch »hergestellt« werden, damit auch andere es sehen können. Nichts muß mehr hinzugefügt werden. Die Statue existiert schon zu 100 Prozent. Männer neigen dazu, als »Maler« an die Realität heranzugehen, und Frauen neigen dazu, sich ihr als »Bildhauer« zu nähern.

Nach allem, was wir in den bisherigen Kapiteln festgestellt haben, gehen *Männer* an Probleme folgendermaßen heran:

1. Der Reihe nach (a, b, c, d, e);

2. Konzentriert (sie konzentrieren sich immer nur auf *einen* Gedanken zur Zeit);

3. Markiert von Begrenzungen (sie setzen im voraus Regeln und Regulierungen durch).

*Frauen* können sich derselben Qualitäten bedienen, doch sie haben den *zusätzlichen* Vorteil, Probleme folgendermaßen zu lösen:

1. Nicht der Reihe nach (sie setzen willkürliche Informationen und Gedanken ein, ohne den langsamen Prozeß der Reihenfolge einzuhalten);

2. Auf unkonzentrierte Art (sie sind fähig, mit *mehr als einem* Gedanken gleichzeitig umzugehen, und sind tatsächlich in der Lage, sich gleichzeitig mit zwei oder mehr Problemen zu beschäftigen);

3. Ohne Begrenzungen durchzusetzen (sie ignorieren vorgegebene Regeln und Regulierungen — wirkliche oder eingebildete).

Auch Männer haben die Fähigkeit, sich dieser »femininen« Prozesse zu bedienen, doch sie wenden sie weit weniger häufig und unter weit größeren Schwierigkeiten an als Frauen.

Während der Workshops, die ich in Unternehmen abhalte, teile ich die Beteiligten im Raum nach Geschlechtern auf. Dann gebe ich Probleme vor, die sie lösen sollen, und bitte sie, den Weg bis zum Resultat festzuhalten. Während der folgenden Diskussion werden die unterschiedlichen Annäherungen an die Problemlösung ganz klar.

## Männlicher und weiblicher Humor

Männer und Frauen unterscheiden sich entschieden, wenn es um die Anwendung und (richtige) Beurteilung von Humor geht. Die meisten Menschen sind sich nur allzu bewußt, daß das andere Geschlecht nicht notwendigerweise dieselben Dinge komisch findet, die wir komisch finden.

Diese Unterscheidungen treten bereits im Vorschulalter auf. Nach den Studien mit Kindern ist das Verständnis und die Einschätzung von Humor unter Jungen und Mädchen generell gleich — es gibt da nur einen sehr entscheidenden Unterschied: Jungen haben Spaß an feindseligem Humor, und genau den setzen sie ein.

Im Alter von vier, fünf Jahren beginnen sie mit größerer Wahrscheinlichkeit als Mädchen, aggressive Cartoons als lustig zu empfinden, und der Humor, den sie in ihre Spiele einbringen, ist gewöhnlich bösartiger als der der Mädchen. Während der Grundschuljahre finden sie mehr Vergnügen an albernen Versen, Schimpfwörtern und Sticheleien als Mädchen.

Im Büro setzen Männer Humor als starkes Bindemittel und als Technik ein, die ein Team zusammenschweißt. Für Männer ist Humor ein bequemer Weg, Streß loszuwerden und ihre Schutzmaske fallenzulassen. Männern macht es gewöhnlich großen Spaß, anderen Streiche zu spielen. Wenn einer aus dem Team im Urlaub war, kann er sicher sein, daß sie für seine Rückkehr irgendeinen Jux vorbereitet haben. Der Witz könnte sein, daß jemand seinen Schreibtisch umgeräumt hat oder daß alle Schubladen vertauscht wurden oder abgeschlossen sind. Während diese Art von Humor von Frauen möglicherweise als kränkend empfunden wird, demonstriert sie in Wirklichkeit, daß die Mitglieder des Männerteams ihren Kumpel so sehr bewundern, daß sie bereit sind, Zeit und Energie aufzubringen, sich all diese Streiche auszudenken. Das ähnelt den aggressiven Spielen der Jungen und den derben Späßen, die Männer einander in Kneipen erzählen. Ihr Zweck ist es nicht allein, ihren Aggressionen Luft zu machen, sondern jemandem klarzumachen, daß er zu ihnen gehört. Für Männer ist das ein Weg, auf »angenehme« Art auszudrücken, was sie anderen Männern und Frauen gegenüber empfinden.

Ein Witz oder ein Schlag auf die Schulter, der als positive Botschaft gemeint ist, kann von Frauen manchmal als empörende Beleidigung verstanden werden, besonders von denen, die nicht mit Brüdern aufgewachsen sind. Diese (nett gemeinten) Beleidigungen oder »Derbheiten« (die Kunst des wettbewerbsorientierten, humorvollen Beleidigens) gehören zu den »Lieblingsbeschäftigungen« von Männern. Jemanden zu »verkohlen«, was Männer bei Meetings gern tun, ehrt eigentlich denjenigen, der verkohlt wird, selbst dann, wenn die Bemerkungen sich abfällig anhören. Dadurch, daß sie Witze machen und Humor einbringen, entwickeln Männer Teamgeist, ohne Emotionen in Worte kleiden zu müssen. Männer wissen instinktiv, daß ein Mann, wenn er sich wegen seines Körperbaus, seines Stils und seiner Meinungen aufziehen läßt und darüber lacht, ein starkes Selbstwertgefühl haben muß. Ihm kann man trauen.

Während Humor unter Männern ein Kameradschaftsgefühl aufbaut und ein wichtiges Werkzeug dafür ist, daß Männer sich wohl fühlen, kann die effiziente Nutzung von Humor auch Spannungen in Beziehungen lösen und indizieren, daß eine Frau sich unter Kontrolle hat. Humor hilft die Machtstrukturen in einer Gruppe zu definieren und zu kennzeichnen.

Jede Frau, die im Geschäftsleben locker und leicht mit dem aggressiven Humor von Männern zurechtkommt, ist den Frauen, die diese Interaktionen negativ interpretieren, um einen Schritt voraus. Das soll allerdings nicht heißen, daß Frauen oder Männer sich mit bewußten Beleidigungen, chauvinistischen Einstellungen oder rassistischen Bemerkungen abfinden müssen, nur um »im Team zu bleiben«.

Das Verwirrendste, was eine Frau tun kann, ist es, eine witzige Bemerkung persönlich oder ernst zu nehmen, doch häufig reagieren Frauen genau so. Es ist nicht leicht, gelassen zu bleiben und selbstbewußt zu erscheinen, wenn man die Zielscheibe kränkender Bemerkungen oder Witzeleien ist. Wenn man jedoch nichts Geistreiches oder Lustiges erwidern kann, ist man in großen Schwierigkeiten, und die Situation ist bestimmt für alle Beteiligten unangenehm. Wenn sie eine schlagfertige Antwort geben kann, stellt die Frau das Gleichgewicht der Macht zwischen sich und dem Mann wieder her, der auf ihre Kosten einen Witz machte. Falls sie die Situation aber als persönlichen Angriff fehlinterpretiert, reagiert die Frau manchmal mit einem persönlichen Angriff, den der Mann — ganz ehrlich — nicht verstehen kann.

Manchmal sieht eine Frau sich möglicherweise auch genötigt, ein Mitglied des Teams zu verteidigen, das das Opfer von Witzeleien ist, während diese Person vielleicht die Aufmerksamkeit und das damit verbundene Gefühl, akzeptiert zu werden, in Wirklichkeit genießt. Die meisten Männer haben gelernt, vorsichtig zu sein, wenn es um Humor im Zusammenhang mit Frauen geht, weil sie niemals sicher sein können, wie Frauen reagieren. Aber nichtsdestoweniger versuchen sie es immer wieder.

Eine Untersuchung der Soziologin Rose Laub Coser zeigte, daß *beide* Geschlechter es komischer finden, wenn eine Frau die Zielscheibe des Spotts ist. *Sich selbst durch den Kakao zu ziehen* (subjektive Realität) ist die Basis des Humors, dessen sich Frauen bedienen. Weil sie sich ständig selbst beobachten, neigen sie zur Selbstunterschätzung. Das ist möglicherweise einer der bedeutendsten Unterschiede in der Art, wie Männer und Frauen mit Humor umgehen.

Eine 1976 von Zillmann und S. Holly Stocking durchgeführte Untersuchung zeigt, daß Männer Menschen, die sich selbst unterschätzen, kontinuierlich als weniger selbstbewußt, weniger intelligent und weniger witzig einschätzen als diejenigen, die Freund oder Feind auf die Schippe nehmen. Frauen bewiesen kontinuierlich eine liebevollere Einstellung gegenüber denen, die sich selbst unterschätzen — egal, ob es sich um Männer oder Frauen handelte. Selbstunterschätzung kann unter Umständen sehr »praktisch« sein. Dann nämlich, wenn ein Fehler oder eine Unzulänglichkeit nicht länger ignoriert werden kann. Zieht man sich in einer solchen Situation den Schuh selbst an, nimmt man den anderen am Ende die Möglichkeit, mit dem Finger auf einen selbst zu deuten. Das hilft häufig, das Gesicht zu wahren. Doch jeder, der als Führungspersönlichkeit anerkannt werden möchte, wird es vermeiden, sich selbst durch den Kakao zu ziehen.

Obwohl Männer gewöhnlich die Initiatoren von Witzen sind, können Frauen, die ihre Kollegen und deren Sinn für Humor kennen, die Führung übernehmen und wertvollen Nutzen daraus ziehen. Humor, weise und gut angewandt, ist ein weniger offensichtlicher Einbruch in traditionell maskuline Machtstrukturen als die direkte Ausübung von Dominanz und Aggression. Humor ist eine Taktik, derer sich

Frauen häufig bedienen können und sollten. Tatsächlich ist die Fähigkeit, einen Witz zu machen und einen wegzustecken, möglicherweise eines der wichtigsten praktischen Talente, die eine Frau entwickeln kann, wenn sie mit Männern zusammenarbeitet.

## Balance wird durch Handeln hergestellt

Es gibt ein fundamentales männliches Charakteristikum, das man sich zunutze machen kann, wenn man es mit Männern zu tun hat. Sie spekulieren, sie handeln, sie feilschen immer. Sie handeln um alles und jedes, und alles kann man aufrechnen, ob es nun offensichtlich ist oder nicht. Ein Mann ist immer auf dem laufenden darüber, wer wem was schuldet. Auf einer bewußten oder unbewußten Ebene gibt es da in seinem Kopf immer eine Liste.

Wissen Sie zum Beispiel, was passieren würde, wenn ich mir im Fernsehen ein Fußballspiel ansähe, und neben mir säße ein anderer Mann, und ich sagte dann: »He, wir haben kein Bier mehr«? Nichts! Nichts würde passieren. Keiner würde sich von der Stelle rühren. Keiner würde aufstehen. Keiner würde in die Küche rennen — *es sei denn, einer der anderen Jungs wäre mir etwas schuldig*. Es könnte ja sein, daß wir beim letzten Spiel miteinander gewettet oder so eine Art Übereinkunft getroffen hätten, daß der »Verlierer« Bier holt. Nur dann würde einer von uns aufstehen und das Bier holen.

Wenn ich jedoch mit einer Frau vor dem Fernseher sitze und sage: »He, wir haben kein Bier mehr«, dann steht sie auf und holt das Bier, um mir einen Gefallen zu tun. Natürlich fange ich irgendwann an, mich darauf zu verlassen. Ich sage einfach: »He, wir haben kein Bier mehr«, und das Bier kommt. (Nach ungefähr zwei oder drei Jahren, die eine Beziehung dauert, könnte sie allerdings sagen: »Ich bin doch nicht deine... Sklavin«, oder etwas Ähnliches.) Ich als Mann aber würde niemals aufgestanden sein und das Bier geholt haben — es sei denn, ich hätte es *gewollt*. Also gehe ich davon aus, sie hat es entweder *gewollt*, oder sie *war mir etwas schuldig*. Warum sonst hätte sie sich die Mühe machen sollen, aufzustehen? Um mir einen Gefallen zu tun? Weil sie mich liebt? Sicher, aber *was* hatte *sie* davon? Da *muß* es etwas geben, sonst hätte sie es nicht getan (das nehmen Männer an!). Das mag sich sehr kalt und rational anhören, aber es ist tatsächlich die Art, in der Männer »logische« Schlüsse ziehen. Wenn ich dieses Beispiel mit Frauen diskutiere, sagen jedesmal einige, daß sie mein »He, wir haben kein Bier mehr« als »He, hol mir ein Bier« verstanden hätten.

In den meisten Situationen, die im Haushalt auftreten, glauben Frauen, sie müßten die Probleme allein lösen. Eine Frau könnte möglicherweise folgendes Gespräch beginnen: »Du gehst arbeiten, und ich möchte arbeiten gehen. Da ich aber keine Putzfrau finden kann, werde ich wohl alles allein machen müssen.«

Stellen wir uns vor: Die Frau übernimmt die Verantwortung für die Hausarbeit. Wenn sie bereit wäre, das Haus so verdrecken zu lassen, *wie* er es tun würde, wäre das Ganze kein Thema. Doch ihre Maßstäbe sind höher, ihre Bedürfnisse andere, und deshalb ärgert sie der herumliegende Schmutz früher, während er das Haus oder die Wohnung nach wie vor für ordentlich hält.

Wenn Frauen nicht die alleinige Verantwortung für die Hausarbeit übernehmen wollen, müssen sie über dieses Problem anders kommunizieren. Eine Frau könnte beispielsweise sagen: »*Ich* werde am Montag arbeiten, *du* wirst am Montag arbeiten, und *wir* haben niemanden, der das Haus sauberhält. Was sollen *wir* da tun?« (Nun sind *wir* es, die das Problem haben, nicht mehr allein die Frau.) Falls der Mann seine Mithilfe nicht freiwillig anbietet, liegt das vermutlich daran, daß er glaubt, sie schulde ihm etwas, und daß er sich deshalb mit diesem besonderen Problem nicht beschäftigen müsse. Das ist eine exzellente Möglichkeit herauszufinden, was auf seiner Liste steht. Er wird sagen: »Nun, ich tue das, und ich tue das, und ich tue das.« (Erinnern wir uns: Ein Mann weiß nicht, wann eine Frau es ernst meint, also reagiert er mit einem »Nein«, um auf diese Art möglicherweise herauszufinden, ob sie es wirklich ernst meint.)

Damit ein Mann etwas tut (zum Beispiel ein bißchen was im Haus), muß er etwas davon haben — irgendein Extra (einen Grund). Die Tragweite der Bitte oder Aufforderung entscheidet über die Höhe der Belohnung, die er erwartet (wenn man davon ausgeht, daß die Beziehung im Gleichgewicht ist). Dieses System funktioniert immer. Männer wissen es möglicherweise nicht, doch sie rechnen unbewußt immer alles gegeneinander auf. Das mag sich für die Frau analytisch, rational und kränkend anhören, doch für einen anderen Mann ist dies eine leichte Methode zu erfahren, wer was für wen tut. Sie vereinfacht das Leben. Wenn die Frau also sagt: »Bring den Müll raus«, und er fragt: »Warum?«, sollte sie erwidern: »Nun, weil ich in den letzten drei Tagen dies und dies und das (für dich) getan habe.« Er wird dann sagen: »Okay, ich stehe auf und bring den Müll raus.« Wenn er das *nicht* tut, dann »sagt« er ihr damit, daß er immer noch der Meinung ist, sie schulde ihm etwas oder sie habe irgend etwas nicht voll anerkannt, nicht voll aufgerechnet. Das ist für die beiden eine gute Gelegenheit, sich zusammenzusetzen und darüber zu diskutieren, was sie »auf ihren Listen« haben.

Falls die Frau mehr Geld verdient, kann sie diese Tatsache ins Feld führen. Falls die Frau weniger verdient, geht der Mann vermutlich davon aus, daß sein höherer Gehaltsscheck ihm das Recht gibt, den Mülleimer weniger häufig zu leeren! Für ihn gibt es da immer einen Gegenwert, einen Handel.

Es ist eine Tatsache, daß Frauen sich gewöhnlich nicht die Mühe machen, über »Schulden« Buch zu führen wie die Männer. Und deshalb machen sie sich auch nicht die Mühe, die Männer an all das zu erinnern, was sie getan haben. Falls eine Frau einem Mann wirklich mal ihre Rechnung aufmacht, wird der Mann vermutlich kneifen und selbst auch einmal etwas tun. Tut er das nicht, hat er immer noch ein paar Dinge auf seiner Liste — oder er traut ihr nicht.

Um einige dieser Probleme zu lösen, muß man herausfinden, was der Mann seiner Meinung nach auf der Liste hat. Fragen Sie den Mann einfach: »Wer schuldet hier wem was?« oder: »Wer ist jetzt an der Reihe?«, und er wird es Ihnen erzählen. Er weiß jederzeit, wer in welcher Position ist. Bei ihm geschieht das automatisch. Wenn Männer also mit anderen Männern zusammen sind, wissen sie, wer einen ausgeben muß. Falls sie es mal vergessen, ist es okay, zu sticheln, zu streiten und sich deshalb anzufetzen. Frauen betrachten dieses Verhalten als Macho-Getue, als wettbewerbsorientiert und kindisch, aber es handelt sich hierbei um einen essentiellen Bestandteil des männlichen Gleichgewichts.

Es gibt eine ökonomische Tatsache, der sich jede Frau gegenübersieht: Für jeden Dollar, den ein Mann bekommt, verdient sie durchschnittlich nur 70 Cents, und das, obwohl Frauen 42,4 Prozent des Arbeitskräftepotentials ausmachen. (Diese Zahlen variieren je nachdem, wer die Untersuchung anstellt, aber der Bereich liegt zwischen 65 und 75 Cents.) Die Geschäftswelt muß gewiß nicht länger geschult werden, Frauen zu akzeptieren. Statt dessen ist es nötig, jenem Teil der Belegschaft Verständnis entgegenzubringen und ihm eine gerechte Beurteilung widerfahren zu lassen, dessen wichtigster Beitrag darin besteht, *nicht* in das männliche Rollenmodell zu passen.

Für die meisten Unternehmen wäre es dringend nötig, Männern und Frauen die Gelegenheit zu bieten, anstehende Themen und Probleme so zu diskutieren, wie sie von dem jeweiligen Standpunkt aus oder von der jeweiligen »Realität« wahrgenommen werden. Forumsgespräche sind eine ausgezeichnete Möglichkeit, die Bedürfnisse jedes einzelnen im Team auf vernünftige Art herauszufinden. Bei der Bilanz jeder Familie, Firma, jeder Kommune und jedes Landes können die *kombinierten* Attribute von Männern und Frauen ein unschlagbarer Aktivposten sein.

## Zusammenfassung

- Männer beschäftigen sich zunächst immer mit der objektiven Realität.
- Männer gehen davon aus, daß bei der Teamarbeit jeder einzelne eine gesonderte, unabhängige Funktion hat (exklusiv), und daß das Spiel wichtiger ist als der einzelne Spieler.
- Männer beurteilen eine gute Teamarbeit danach, wie wenig die Mitglieder des Teams miteinander reden müssen.
- Frauen gehen davon aus, daß das Team bei der Teamarbeit ein für alle gültiges Ziel verfolgt und daß jedes Mitglied vom anderen abhängig ist (inklusiv). Der einzelne Teilnehmer ist wichtiger als das Spiel, und Kommunikation ist ein wesentlicher Faktor.
- Frauen und Männer fühlen sich gewöhnlich in Gegenwart der eigenen Geschlechtsgenossen wohler, es sei denn, sie seien in einer Familie aufgewachsen, in der das andere Geschlecht dominierte.
- Männer werden generell sowohl von Männern wie von Frauen als »glaubwürdiger« eingestuft, selbst dann, wenn Frauen die besseren Referenzen haben.

- Nichtverbale Kommunikation kann manchmal negative Vorurteile bezüglich Rasse und/oder Geschlechtsidentität positiv beeinflussen.
- Wenn sie einen Platz im Management suchen, haben weniger attraktive Frauen tatsächlich einen entschiedenen Vorteil gegenüber ihren attraktiveren Geschlechtsgenossinnen.
- Die unterschiedlichen Ideale für den Körperbau — schlank für Frauen, muskulös für Männer — beeinflussen die Geschlechterklischees am Arbeitsplatz.
- Je mehr Freiheit eine Frau hat, desto eher wird sie bei der Auswahl von Stoffen, Farben und Stilrichtungen variieren.
- Alle Individuen und Gruppen, die versuchen, sich in die Machtstruktur einzugliedern, müssen sich zunächst selbst beweisen.
- Insgesamt sind Männer bessere Kandidaten für Brainstorming-Gruppen, und Frauen sind bessere Kandidaten, wenn die *Qualität* der Lösung vorrangig ist.
- Einer der Faktoren, die zu den Unterschieden im Gehalt beitragen, ist das Resultat der Diskriminierung gegen die »Zusammenballung« von Frauen in gewissen Berufsgruppen.
- »Vergleichbarer Wert« ist ein Gedanke, der nur schwer zu »verkaufen« ist, besonders da die meisten Frauen immer noch nicht glauben, daß ihre Arbeit soviel wert ist wie die von Männern.
- Akademiker und Manager engagieren sich mehr für ihre Arbeit als einfache Arbeiter, doch in beiden Gruppen gibt es mehr engagierte Frauen als Männer.
- Wenn Frauen heiraten, bleibt ihre Arbeitsleistung entweder unbeeinflußt, oder sie schnellt nach oben.

- Das größte Problem einer Frau ist es häufig, mit den Reaktionen *anderer* auf eine Veränderung fertig zu werden — nicht mit ihren *eigenen*.

- Frauen, die außerhalb ihres Heimes arbeiten, haben gewöhnlich in ihrer häuslichen Beziehung mehr Macht.

- Die Selbstachtung eines Mannes hängt entscheidend von seiner Arbeit ab, und er neigt dazu, eine bezahlte Beschäftigung mehr zu respektieren als Hausarbeit.

- Frauen lächeln mehr als Männer. Bei beruflichen Interaktionen kann ein Lächeln zu Störungen führen und wird häufig als Zeichen der Unterwürfigkeit angesehen.

- Frauen gehen Probleme mit größter Wahrscheinlichkeit qualitativ (inklusiv) an, während Männer quantitative Meßmethoden (exklusiv) vorziehen.

- Männer setzen Kraft (Energie) ein, um Resultate zu erzielen.

- Frauen haben ebenfalls die Fähigkeit, Kraft einzusetzen, können sich aber auch die Kraft der Intention zunutze machen.

- Männer gehen Probleme folgendermaßen an:
  der Reihe nach (a, b, c, d, e);
  auf konzentrierte Art (sie setzen sich immer nur mit *einem* Gedanken gleichzeitig auseinander);
  indem sie Begrenzungen durchsetzen (vorgegebene Regeln und Regulierungen).

- Frauen können Probleme auf dieselbe Art angehen wie Männer, haben jedoch den zusätzlichen Vorteil, sie auch folgendermaßen anzupacken:
  außerhalb der logischen Reihenfolge (sie benutzen willkürliche Informationen und Gedanken, ohne sich

an den langsamen Prozeß der »logischen« Reihenfolge zu halten);
auf »unkonzentrierte« Art (sie sind in der Lage, mit *mehr als einem* Gedanken gleichzeitig umzugehen, und bringen es tatsächlich fertig, zwei oder mehr Probleme gleichzeitig anzupacken);
ohne Limitierungen durchzusetzen (sie ignorieren vorgegebene Regeln und Regulierungen — wirkliche oder eingebildete).

- Mit Hilfe von Witzen und Humor entwickeln Männer Teamgeist, ohne irgendwelche Emotionen in Worte fassen zu müssen.
- Frauen, die mit dem aggressiven Humor der Männer im Geschäftsleben locker und leicht umgehen können, haben mit weit größerer Wahrscheinlichkeit Erfolg als Frauen, die den männlichen Humor negativ interpretieren.
- Beide Geschlechter finden es lustiger, wenn eine Frau die Zielscheibe des Spotts ist.
- Selbstunterschätzung/sich selbst durch den Kakao zu ziehen ist möglicherweise einer der bedeutendsten Unterschiede zwischen männlichem und weiblichem Humor.
- Jeder, der als Führungspersönlichkeit betrachtet werden will, wird es vermeiden, sich selbst durch den Kakao zu ziehen.
- Die Fähigkeit, einen Witz zu machen und einen Witz wegzustecken, ist möglicherweise eines der wichtigsten praktischen Talente, das eine Frau kultivieren kann.
- »Handeln« ist eine effiziente Technik, die man bei Männern anwenden kann.
- Frauen leisten den wichtigsten Beitrag zum Arbeitskräfte-

potential, indem sie sich *nicht* dem männlichen Rollenmodell anpassen.

- Die Kombination männlicher und weiblicher Attribute ist ein unübertroffener Aktivposten.

## Kapitel 14

# Offener Dialog

Während Sie dieses Buch gelesen haben, sind Ihnen gewiß eine Menge Fragen durch den Sinn gegangen. Die Teilnehmer meiner Workshops haben jeweils die Gelegenheit, die ihnen wichtigsten zu stellen, und die sind hier als Beispiele angeführt.

## Antworten auf die häufigsten Fragen von Männern und Frauen

***Männer-Frage:* »Warum versuchen Frauen immer, andere zu manipulieren?«**

Ihre Frage veranschaulicht einen Teil unserer Schwierigkeiten bei Gesprächen zwischen Männern und Frauen. Zunächst geht Ihre Frage von der Annahme aus, daß »Frauen *tatsächlich* manipulieren«. Zweitens geht sie von einer negativen Nebenbedeutung des Wortes »manipulieren« aus, und drittens geht sie davon aus, daß Männer und Frauen sich über die Definition dieses Wortes einig sind.

Wenn man an die Art, wie Frauen sich benehmen sollten, männliche Maßstäbe anlegt, könnte es schon so aussehen, als seien Frauen darauf aus, andere zu manipulieren. Männer sind sehr simpel. Sie sind nicht sehr kompliziert. Sie gehen nicht gerade auf anspruchsvolle Art an die Dinge heran. Wenn es also den Anschein hat, als machten Frauen manchmal »aus einer Mücke einen Elefanten«, ist es in Wirklichkeit meist so, daß da tatsächlich ein »Elefant« ist und daß die Männer ihn nur nicht sehen.

*Frauen-Frage:* **»Ich komme nicht sehr gut mit Frauen zurecht. Liegt das daran, daß ich von Männern erzogen wurde und einige ihrer Regeln übernommen habe, um mich in ihrer Welt besser zurechtfinden zu können?«**

Das gegenseitige Unbehagen, das Sie in Gesellschaft von Frauen verspüren, gründet sich vermutlich auf die Tatsache, daß Sie ein »männliches Verhalten« an den Tag legen, ohne sich dessen bewußt zu sein. Frauen reagieren auf Sie so, wie sie auf einen Mann reagieren würden, und sondern sich automatisch und instinktiv von Ihnen ab. Diese Frauen fragen sich: »Wie kann ich dir trauen, wo du doch so ganz anders vorgehst als ich?«

Die Männer, die um Sie herum sind, behandeln Sie wie »einen der Jungs«, oder sie lassen Sie ihre Spiele mitspielen, oder sie lassen Ihnen den Job, weil Sie es gelernt haben, auf ihrer Ebene zu verhandeln. Wenn Sie mit Frauen (oder anderen) zusammen sind, die nicht »feilschen« oder den Prozeß des Feilschens »auf Männerart« nicht verstehen, reagieren die mit großer Wahrscheinlichkeit so: »Warum sollte ich bei dir bleiben? Du bist den Männern so ähnlich, daß ich genausogut mit einem von ihnen zusammensein könnte.«

*Frauen-Frage:* **»Warum benehmen sich Männer wie kleine Kinder, wenn sie verletzt oder krank sind?«**

Weil es sie überrascht, wenn etwas weh tut. Plötzlich und schlagartig werden uns unsere physischen Schranken bewußtgemacht. Ein verwundetes Tier ist eine leichte Beute. Wenn Männer verletzt oder krank sind, suchen sie Schutz, weil sie während der Erholungsphase all ihre Energien für den Heilungsprozeß brauchen.

Außerdem glaube ich, daß Männer sich auf einer unbewußten Ebene ihrer Sterblichkeit immer besonders bewußt sind. Mehr männliche Babys werden fehlgeboren, mehr Jungen als Mädchen sterben innerhalb der ersten beiden Lebensjahre an Kinderkrankheiten, und Männer sterben nach wie vor acht Jahre früher als Frauen.

*Frauen-Frage:* **»Wie können wir ein neutrales Territorium aufbauen und eine Atmosphäre schaffen, in der wir uns nicht ständig ›gegenseitig auf die Füße treten‹?«**

Zunächst einmal sollten Sie wissen, daß Sie sich *ständig* gegenseitig auf die Füße treten werden! Nehmen Sie's nicht persönlich! Das passiert in jeder Partnerschaft.

Zweitens: Fangen Sie niemals eine Diskussion über ein leidiges Thema an, solange die Gefühle »Wellen schlagen« und das, was Sie beschäftigt, noch gegenwärtig ist. Falls das Thema Sex sein sollte, diskutieren Sie nicht im Bett; diskutieren Sie am Küchentisch, sobald Sie sich beruhigt haben. Wenn es ums Umräumen geht, reden Sie nicht darüber, wenn Sie gerade etwas hochgehoben haben. Wenn es um Ihre Jobs und um Ihre Karrieren geht, versuchen Sie nicht, das Problem zu lösen, während Sie sich mit Ihrem Kontostand beschäftigen. Machen Sie sich von dem frei, was Sie *unmittel-*

*bar* beschäftigt. Später können Sie dann sagen: »Können wir darüber reden? Ich glaube, wir müssen uns darüber unterhalten.« Schauen Sie sich seine »Bilanz« an, um zu sehen, welche Bedürfnisse er hat. Dann schauen Sie sich Ihre eigene an, um zu sehen, welche Bedürfnisse Sie haben. Wenn Sie sich mit einem Milieu abfinden, das »ungesund« ist, sind Sie von Anfang an im Hintertreffen. Und falls Sie nicht realisieren, daß Sie erschöpft sind, wenn Sie mit dem »Aushandeln« beginnen, werden Sie Schwierigkeiten bekommen.

Offenbar ist es das Wichtigste, dem anderen so zuzuhören, als spräche er die Wahrheit — und zwar egal, ob das, was er sagt, für Sie nun Sinn macht oder nicht. Und bitten Sie ihn, Ihnen ebenso fair zuzuhören. Setzen Sie gemeinsam eine Zeit fest, zu der *Sie beide* für ein Gespräch bereit sind, und falls das nicht möglich sein sollte, sollten Sie möglicherweise in Erwägung ziehen, mit einem professionellen Therapeuten oder einem Partnerschaftsberater zu sprechen.

***Männer-Frage:*** **»Frauen sind unsicherer als Männer, und mir scheint, sie brauchen einen Mann, um sich ›als ganze Frau‹ fühlen zu können. Warum ist das so?«**

Hüten Sie sich vor Wörtern, die eine »Eigendynamik besitzen« — wie *unsicher.* Was Sie als unsicher bezeichnen, ist vielleicht der Versuch einer Frau, ihr Leben angenehm zu gestalten und ihre Bedürfnisse erfüllt zu bekommen. Männer suchen dieselbe Befriedigung, doch sie drücken es anders aus.

Es ist eine Tatsache, daß Männer und Frauen, die eine harmonische Beziehung haben, gesünder sind und länger leben. Männer interpretieren »unsicher« so, als müßten Frauen eine Beziehung haben — im Gegensatz zu dem, was Frauen tatsächlich wollen. Frauen kultivieren Beziehungen, um sich artikulieren, sie selbst sein und sich entspannen zu können. Außerdem sind sie der Meinung, daß sie sich in einer Beziehung nicht um die Sexualität sorgen müssen, keine Angst haben müssen, sich eine Krankheit zuzuziehen, und sich keine Sorgen wegen einer Schwangerschaft machen müssen, und so weiter. Da geht es um eine Menge mehr als um das einfache: »Ich brauche einen Mann.«

Der Durchschnittsamerikaner ist 1,75 Meter groß und wiegt 160 Pfund; die Durchschnittsamerikanerin ist 1,60 Meter groß und wiegt 120 Pfund. Ein Mann nimmt eine Menge als selbstverständlich hin, womit Frauen sich jeden Tag herumschlagen müssen, denkt aber: »Was soll's?« Doch da gibt es kaum eine Tür, die für ihn zu schwer zu öffnen ist, und es gibt wohl kaum eine Gasse, die für ihn zu dunkel ist. Männer können im physischen Universum allein für sich sorgen, ohne sich jener »höheren Instanz« auszusetzen, die Frauen ständig umgibt.

Wenn Sie von etwas ausgehen, was wahr sein *mag*, es aber nicht sein *muß*, wie diesem »ich weiß, du bist unsicher, was Beziehungen angeht«, dann gibt es keine Kommunikation. Sie haben Ihre Entscheidung bereits getroffen. Sie haben schon aufgehört zuzuhören. Sie haben eine Entscheidung getroffen, und die Beziehung hat keine Zukunft mehr.

Zugegeben, es gibt ein paar unsichere Männer und ein paar unsichere Frauen. Nicht jedermann ist in einer wundervollen, »gesunden« Verfassung. Wir sind immer noch in einem Entwicklungsstadium, wir durchlaufen immer noch einen Prozeß.

### *Männer-Frage:* »Warum sind Frauen bloß so verrückt, wenn es um ›Kartenschreiben‹ und Geschenke geht?«

Selbst der verständnisvollste Mann von heute hat noch nicht einmal angefangen zu verstehen, wieviel mehr Geschenke für eine Frau bedeuten als für einen Mann. Gewisse Daten wie Geburtstage oder der Valentinstag (und erst recht, wenn *gar keine* Veranlassung besteht) haben für Frauen eine emotionale Bedeutung, die Männer nicht wahrnehmen oder mit der sie nicht umgehen können.

Im Gegensatz zu dem, was Männer annehmen, ist der Wert des Geschenks jedoch nicht wichtig. Männer brauchen lange, um zu realisieren, welche Bedeutung eine Frau einem Geschenk beimißt (oder welche sie hineinliest), das sie von einem Mann bekommt. Das Resultat ist, daß Männer Geschenke machen, die alle möglichen Signale übermitteln, die sie niemals hatten aussenden wollen.

Frauen gehen davon aus, daß ein Mann alle möglichen Deutungsnuancen seines Geschenks wohl erwogen hat. Viele Frauen »lesen« in den Geschenken von Männern, als wollten sie ein interessantes Mysterium enträtseln — jedes Element ist ein Hinweis, jede Nuance eine Enthüllung, so als beinhalte es all die Elemente der Finesse, die Frauen möglicherweise beim Schenken anwenden.

Das Resultat ist, daß Männergeschenke nach Meinung von Frauen häufig ein wenig Romantik vermissen lassen, wo es ihnen doch eigentlich nur an Verständnis fehlt; oder die Frauen erleben eine Enttäuschung angesichts des Mangels an »Gefühl«, auf den die Auswahl schließen läßt, wo es doch eigentlich nur ein Mangel an Nachdenken war. Der Punkt ist der, daß Frauen Geschenk-Botschaften mit dem *weiblichen* Codebuch dechiffrieren — und *nicht* mit dem männlichen.

***Männliche Bemerkung:*** **»Sie sagen, Männer seien aggressiver und eher bereit, von einem Augenblick zum anderen einen Kampf zu beginnen. Ich käme nicht einmal im Traum auf den Gedanken, mit Ihnen zu streiten, geschweige denn zu kämpfen. Ich gehöre nicht zu de-**

**nen, die Konflikte suchen. Ich bin nicht aggressiv. Ich denke nicht einmal daran, mich auf einen Streit einzulassen. Ich halte das für abstoßend, sogar für abscheulich.«**

Ja, ich stimme Ihnen zu. Doch wenn Sie diesen Raum verlassen würden, und ich käme herein, und der Türrahmen böte nur einem von uns Platz, und mir passierte das Mißgeschick, Sie mit der Schulter anzurempeln — was wäre da wohl der erste Gedanke, der Ihnen in den Sinn käme?

»Nun, gewiß nicht der, einen Streit anzufangen, natürlich!«

Doch man kann sich nur dann entscheiden, »nicht zu kämpfen«, nachdem der Instinkt »zu kämpfen« ausgewertet worden ist. Offensichtlich haben Sie sich entschieden, es *nicht* zu tun, aber Ihre Körperchemie funktioniert automatisch. Diese Körperchemie gibt es in einem Frauenkörper nicht. Für Frauen ist das nicht einmal ein Thema.

Ich hoffe, daß wir die Streiterei, das »Kämpfen« als Problemlösungen ausmerzen können. Andererseits aber muß ich wissen, daß mein Körper bereit ist, unter solchen Konditionen zu reagieren. Für Männer gibt es *immer* ein Potential für Konflikte. Was wir gegen potentielle Konflikte unternehmen, hängt von unserer Intelligenz, unserer Erfahrenheit, unserer Sozialisierung und dem Ernst der Umstände ab.

***Männer-Frage:* »Warum sind Frauen so miese Autofahrer?«**

Die Statistiken beweisen, daß Männer ungefähr doppelt so häufig wie Frauen beim Autofahren die Gesetze verletzen. Marktforscher von R. H. Bruskin Associates befragten 1000 Erwachsene nach ihren Erfahrungen beim Autofahren im Jahr 1986, und die Untersuchung zeigt, daß 63 Prozent der

Männer — jedoch nur 40 Prozent der Frauen — in einen Unfall verwickelt gewesen waren, während sie am Steuer saßen. Zusätzliche statistische Fakten:

— Es erhielten Verwarnungen oder Vorladungen: 20% Männer; 10% Frauen.

— Wegen zu hoher Geschwindigkeit wurden mit Bußgeldern belegt: 10% Männer; 5% Prozent Frauen.

— Verwarnungsgelder wegen Falschparkens: 9% Männer, 5% Frauen.

Während sie ein Auto fahren, haben Frauen ein »Gefühl« oder eine »Erfahrung« von ihrem Ziel und sind mit dem *Prozeß*, beschäftigt, dorthin zu kommen. Sie sind nicht so besorgt wie Männer, dort *pünktlich* anzukommen; die Zahl der Kilometer oder die Anzahl der Minuten, die sie für die Fahrt brauchen, macht sie nicht nervös.

Frauen wurden aufgrund der männlichen Wahrnehmung über die »richtige« Art, Auto zu fahren, beschuldigt, »miese Autofahrer« zu sein. Und da Männer sich auf nur *eine* Sache »gleichzeitig« konzentrieren können, bekämen sie Schwierigkeiten, wenn sie so fahren wollten wie die Frauen!

***Frauen-Frage:*** **»Warum bleibt ein Mann lieber in einer Beziehung, die tot ist, als eine Veränderung zu riskieren?«**

Die Beziehung mag Ihnen tot erscheinen, weil es da keine Interaktion und keine Kommunikation gibt, doch der Mann interpretiert das möglicherweise anders. Wo kein Lärm ist, da muß man sich nicht bemühen, denn da ist niemand, der an einem herumnörgelt, gewisse Dinge zu tun, die man nicht tun will.

Männer sind gewöhnlich unsensibel gegen subtile Botschaften. Ein Mann denkt sich möglicherweise: »Oh, prima! Sie fängt keinen Krach an und beschwert sich nicht. Die Lage muß sich gebessert haben, oder sie bringt das selbst in Ordnung.« Was für Sie also kaputt und tot aussieht, kann für ihn eine Erleichterung sein.

***Frauen-Frage:*** **»Der Präsident unserer Firma hat sich mit mittelmäßigen, zweitklassigen Männern umgeben, und ich habe beobachtet, wie er allmählich alle ›Eierköpfe‹ des Unternehmens vergraulte. Warum hat er das getan?«**

Für mich hört es sich an, als wollte er die Kontrolle aufrechterhalten, oder er wollte aufhören, sich ständig mit jemandem herumstreiten zu müssen, oder er wollte verhindern, daß ihn jemand absägt. Er wollte Leute um sich herum, die nicht mit ihm konkurrieren. Wenn das dem eigenen Standpunkt entspricht, ist es eine kluge Handlungsweise. Wenn ein Unternehmenspräsident jedoch die Firma weiterentwickeln will, dann schaut er (oder sie) sich besser nach Leuten um, die *mehr* Talent haben als er selbst, und nach Leuten, die Dinge in Frage stellen oder auf Konfrontationskurs gehen, damit der Plan aufgeht.

***Männer-Frage:*** **»Warum sind Frauen so sehr von Abmagerungskuren abhängig? Sie scheinen sich immerzu nur um ihren Körper zu kümmern.«**

Die Forschung bestätigt, daß Frauen ihre Körper für ungefähr 25 Prozent größer und umfangreicher halten, als sie in Wirklichkeit sind, und sie scheinen mit ihrer äußeren Erscheinung ständig einen Kampf auszufechten. Ich behaupte, daß das am weiblichen Unbehagen im Zusammenhang mit der physischen Realität liegt. Frauen, die ja *in*klusiv denken, können die physischen Grenzen empirisch viel leichter überwinden als Männer. Der Körper stellt jedoch für eine Frau eine unbeabsichtigte Gedächtnisstütze dar, daß sie an die physischen Limitierungen gebunden ist.

Das Körpergewicht wurde in fast jeder der Frauengruppen ausführlich diskutiert, mit denen ich gearbeitet habe. Männer haben dieses Thema niemals angesprochen, außer wenn sie über die offensichtliche Obsession der Frauen mit ihrem Gewicht redeten.

Dadurch, daß ich Frauen während meiner Workshops zuhörte, fand ich heraus, daß sie alle dazu tendieren, eine der folgenden drei Meinungen zu vertreten, was ihr Gewicht angeht:

1. Sie glauben, sie seien sehr übergewichtig und müßten überschüssige Pfunde loswerden (damit sich das Gewebe an verschiedenen Stellen strafft, um Cellulitis loszuwerden und so weiter);

2. Sie halten sich für zu mager und meinen, sie müßten Kurven bekommen (aber nur an bestimmten Stellen!);

3. Sie glauben, ihr Gewicht sei gerade richtig, sie müßten aber ständig aufpassen, um sicherzustellen, daß sie nicht über- oder untergewichtig werden.

In einem Workshop sagte eine Frau, sie litte ständig unter Übergewicht und läge in einem ewigen Kampf mit sich selbst, damit sie nicht »aus dem Leim ginge«. Da hallte ein ungläubiger Aufschrei durch den Raum, weil gerade *diese* Frau eine Figur hatte, die die meisten anderen Frauen gern gegen ihre eigene eingetauscht hätten. Eine der Frauen fragte sie daraufhin, wie sie bloß so etwas hatte sagen können.

»Das kann doch nicht Ihr Ernst sein!« erwiderte sie. »Wenn ich nicht höllisch aufpassen würde, würde ich innerhalb kürzester Zeit zwei Pfund zunehmen!« Wieder stöhnten die anderen Frauen auf. (Die meisten Frauen beteuern, sie nähmen schon zwei Pfund zu, wenn sie nur an einer Konditorei vorbeigingen.)

Der Punkt, um den es hier geht, ist die persönliche Perspektive der Frau. Für sie können diese zwei Pfund genausogut bedeuten, daß sie unter 20 bis 30 Pfund Übergewicht leidet. Und trotz des neidischen oder frustrierten Seufzens der ganzen Gruppe verstand doch jede Frau im Saal dieses Gefühl, daß man ständig an sich selbst arbeiten müsse.

***Frauen-Frage:*** **»Ist es für einen Mann gut, bereits zu kommunizieren, während er noch im Grübelstadium ist? Oder ist es an der Frau zu erkennen, daß er noch grübelt, und muß sie warten, bis er bereit ist zu kommunizieren?«**

Auf beide Fragen lautet die Antwort ja. Männer wollen keine Gefühlsausbrüche erleiden, nur um kommunizieren zu können. Die Augen des einen Mannes mögen vielleicht ein wenig zu tränen beginnen, und ein anderer sagt möglicherweise: »O Junge, der Kerl ist gerade mittendrin; der Kerl ist in Schwierigkeiten.« Der Mann könnte sich »vollkommen« erklären (seiner Meinung nach), und die Frau sagt trotzdem womöglich: »Mach schon, komm raus damit.« Dabei *ist* es raus! Er ist so weit gegangen, wie er konnte. Er ist an der Grenze der Zone, in der er sich wohl fühlt, und hat alles gesagt, was er sagen mußte (oder konnte).

Manchmal konnten Männer früher »damit herauskommen«, und manchmal ist es ungesund für sie, es zu tun, bevor sie wirklich soweit sind. Es geht einfach darum, daß eine Frau den jeweiligen Mann — seinen Lebensstil — gut genug kennen muß, um zu wissen, wann er soweit ist, es »wegzustopfen«. Wenn er sagt: »Nein, ich bin noch nicht bereit, darüber zu reden«, und wenn Sie wissen, daß Sie ihm trauen können, dann wäre es das liebevollste, ihn in Ruhe zu lassen. Es wird seinen Denkvorgang vermutlich beschleunigen. Ich habe herausgefunden, daß Männer innerhalb kürzester Zeit ihre Grübelphase beendet haben, wenn Frauen sagen: »Großartig. Mach nur und denk das gründlich durch«. Er hat dann von Ihnen die (Voll-)Macht bekommen. Er kann dann wieder zu Ihnen kommen und sagen: »Erinnerst du dich noch, wonach du mich gefragt hast?«, und dann wird er in der Lage sein, darüber zu sprechen. Doch es mag eine Weile dauern. Besonders dann, wenn er daran gewöhnt ist, nicht kommunizieren zu müssen; oder falls es in Ihrer Beziehung andere wichtige Dinge gibt, die noch nicht gelöst sind.

***Frauen-Frage:*** **»Ich habe Schwierigkeiten, wenn mein Mann mich fragt: ›Willst du denn nicht arbeiten gehen?‹, so als sei es das Schlimmste auf der Welt, daß ich nicht arbeiten gehe. Ich arbeite gern, doch das habe ich jetzt eine Reihe von Jahren getan, und nun möchte ich etwas anderes. Warum sträubt er sich dagegen?«**

Eine Statistik zeigt, daß Männer häufiger Selbstmord begehen, weil sie ihren *Job* verloren haben, als wenn sie ihre *Familie* verloren haben. Für ihn mag es so *aussehen*, als gäbe er für seinen Job soviel auf wie Sie, doch das ist möglicherweise nicht wahr.

Sein Job ist sehr wichtig für ihn; er ist Teil seiner Art, sich zu verwirklichen, Teil seiner emotionalen Befreiung, Teil dessen, was er darstellt. Er zieht möglicherweise eine Befriedigung aus seinem Job, die Sie aus Ihrem nicht kennen. Er hat vielleicht eine Menge Spaß, wenn er sich den Anstrengungen unterzieht, und Sie sind möglicherweise nur deshalb einer Arbeit nachgegangen, um einige der Dinge zu bekommen, die der Job ermöglicht. Doch möglicherweise realisiert keiner von Ihnen beiden, was es ihre Beziehung »kostet«, wenn Sie etwas tun, was Sie in Wirklichkeit nicht tun wollen.

***Frauen-Frage:*** **»Wo soll man die Grenze für Kompromisse mit Männern ziehen?«**

Bei einem früheren Workshop erzählte uns eine Frau, ihr Mann hätte darauf bestanden, daß alle Übergardinen im Haus dunkelbraun sein müßten. Das machte alles so dunkel, daß keine Pflanzen wachsen wollten, doch sie fügte sich seinen Wünschen, damit er sich zu Hause wohl fühlen und sich entspannen konnte. Sie selbst jedoch war in keinem guten Gemütszustand und litt. In diesem »Heim« konnte sie sich nicht »ausleben«. Erinnern wir uns, Männer sind geschaffen, um in Höhlen zu leben, und fühlen sich im Dunkeln mit Sicherheit wohler. Doch sie können sich leichter an Licht und Luft und Gras gewöhnen, als Frauen sich an das bedrückende Dunkel einer Höhle gewöhnen können. Ich behaupte, wir würden immer noch in Höhlen leben, wenn es da nicht Frauen gegeben hätte, die gesagt haben: »Hier fliegen zu viele Knochen rum, und ich hasse den Gestank dieser Felle.«

Für jeden von uns ist es nötig, daß seine Bedürfnisse erfüllt werden und daß dieser Prozeß die Identifizierung, Kommunikation und Verfolgung dessen beinhaltet, was wir wollen. Wenn jemand zugunsten eines anderen etwas verliert, hilft das keinem von beiden weiter. Horchen Sie in sich selbst hinein, und fangen Sie an zu erkennen, wo der Punkt liegt, über den Sie nicht hinausgehen wollen. Die meisten

Menschen opfern sich selbst auf, um sich eine Beziehung oder ihre Kinder zu erhalten, oder um dem Druck der Gemeinschaft zu entgehen. Doch wenn man das gründlich durchdenkt, wird man gewöhnlich zu einer anderen Perspektive gelangen.

***Frauen-Frage:*** **»Mein Mann ist Wirtschaftsprüfer, und wir arbeiten beide außer Haus. Doch ich kann zu Hause nicht durch ein einziges Zimmer gehen, ohne über seine Papiere zu fallen. Ich hacke deshalb ständig auf ihm herum, obwohl ich weiß, daß ich auf die Art nichts erreichen werde, weiß aber nicht, wie ich es sonst ändern soll.«**

Das hat mit Handeln und *Ver*handeln zu tun. Frauen haben eine Menge, das sie kostenlos weggeben. Männer nicht — sie haben alles auf der Rechnung. Statt herumzunörgeln, sollten Sie lieber sagen: »All diese Papiere bringen den Haushalt völlig durcheinander. Ich würde dafür gern eine Lösung finden. Wir haben ein Problem, aber ich weiß, daß wir es aus der Welt schaffen werden. Wie, glaubst du, kann man unser Dilemma möglicherweise lösen?«

***Frauen-Frage:*** **»Männer scheinen Versprechungen nicht einzuhalten — und ich meine nicht die großen. Sie sagen ja zu Sachen, von denen sie wissen, daß sie sie niemals tun werden. Wie kommt das? Wenn ich sage, daß ich etwas übernehmen werde, mache ich es auch.«**

Das hat ebenfalls mit Verhandeln zu tun. Falls es ihn nichts kostet, etwas *nicht* zu tun, wovon er gesagt hat, er *würde* es tun, dann sind Sie Manager, Überwacher und Nörgler in einer Person. Die meisten Frauen »berechnen« nichts für nicht eingehaltene Versprechungen, also stellt der Mann fest, daß er Sie mit einem »Ja« soweit beschwichtigen kann, daß Sie ihn in Ruhe lassen. Und er weiß auch, daß Sie keinen Ärger machen werden, wenn er sein Versprechen nicht einhält. Warum sollte er? Es kostet schließlich *Sie* Energie — *nicht ihn.* Da Sie sich als Frau außerdem manchmal nur deshalb äußern, um sich zu äußern, ist der Mann möglicherweise nicht sicher, ob Sie wirklich meinten, daß er sein Versprechen einhalten muß, oder einfach nur kommunizieren wollten. Wenn er keine Konsequenzen zu gewärtigen hat oder einen Handel eingehen muß, nimmt er an, sie hätten sich nur »geäußert, um sich zu äußern«.

***Männer-Frage:*** **»Wie schaffen wir es, Dinge nicht zum absoluten Stillstand kommen zu lassen, wenn wir den Versuch unternehmen, zu kommunizieren, ohne in die Verteidigung zu gehen? Ich meine, ich kann ja nicht jedesmal analysieren, was sie denken wird, wenn ich versuche, etwas zu sagen.«**

Zu den Dingen, die Männer gern im voraus herausfinden würden, gehört es, sich die Frage: »Was soll ich tun, um einem Problem aus dem Weg zu gehen?« *selbst* zu stellen, statt die Frau direkt zu fragen. Wir fragen auch kaum jemanden sonst, was er/sie möchte oder will. Diejenigen von Ihnen, die bei Ihren Verhandlungen und in Ihren Beziehungen erfolgreich sind, fragen die Leute: »Was wollen Sie?«, statt im voraus darüber zu spekulieren und dann falsch zu liegen. Doch die meisten Menschen fragen sich selbst: »Wie kann ich mich darauf vorbereiten, ein Problem zu umgehen?«, statt den/die andere(n) zu fragen: »Was habe ich falsch gemacht?

Was sollte ich Ihrer Meinung nach tun?« Das Risiko, das der Fragende eingeht, ist das, daß das andere Geschlecht etwas verlangen könnte, was wir vermutlich nicht zu tun bereit sind. Es könnte aber auch sein, daß die Antwort uns verunsichert oder sich nicht auf unsere Frage zu beziehen scheint. Deshalb neigen wir dazu, gar nicht erst zu fragen.

Zu einem Beispiel der »Was willst du?«-Schwierigkeiten kommt es möglicherweise, wenn sie antwortet: »Nun, ich möchte nur eine Umarmung.« Wenn eine Frau das sagt, bleibt einem Mann nur eins zu tun: Er fängt an zu rechnen. Wie lange sollte die Umarmung dauern? Denn, wenn er sie nicht lange genug in den Arm nimmt, ist das Ganze eine Verschwendung. Wenn es sie nach einer Vier-Minuten-Umarmung verlangt und er sie nur drei Minuten lang umarmt, fragt sie womöglich: »War das alles? Liebst du mich denn nicht wirklich? Wohin gehst du?« Wenn er sie zu lange umarmt, indiziert das, daß das etwas ist, was sie nicht will. Also versucht er ihre Absichten im voraus zu durchschauen. Wenn er nämlich weiterfragen sollte, wie lange die Umarmung dauern soll, könnte sie beleidigt sein. Falls er fragen sollte: »Geht es hier um eine Vier- oder um eine Drei-Minuten-Umarmung?«, ist der Streit wohl unvermeidlich.

Wenn jedoch ein *Mann* sagt: »Ich muß ein paar Minuten allein sein«, könnte ich ihn ohne weiteres fragen: »Wie lange?«, und er würde mir beispielsweise sagen: »Acht Minuten.« Der Mann würde mir eine Zahl nennen und sich dann daran halten. Er würde sich zwingen, es in acht Minuten zu schaffen — er würde es schaffen. Fragte ich jedoch eine Frau, wieviel Zeit sie braucht, würde sie vermutlich erwidern: »Ich weiß es nicht«, oder: »Nur ein paar Minuten.«

Für einen Mann kann dieses »Nur ein paar Minuten« *alles* bedeuten — es kann acht Sekunden dauern oder anderthalb Stunden. In der Zwischenzeit würde der Mann sich noch einmal seine »Narben« anschauen und sich sagen: »Gott, das letzte Mal, als eine Frau mir diese Antwort gab, habe ich eine Stunde rumhängen und auf sie warten müssen.« Das ist einer der Gründe, weshalb wir uns über etwas ärgern, was gar nicht so gemeint war.

Also gehen wir davon aus, wir wüßten, was in dem anderen Menschen vorgeht, und könnten es *selbst* herausfinden, *ohne* ihn zu fragen. Wenn wir gefragt haben und er uns gesagt hat, was er will, und wir das dann nicht tun wollen, oder wenn wir ihm nicht glauben, würden wir aufhören, ihn zu fragen, und wären dann ernsthaft in Schwierigkeiten. Frauen machen es allerdings genauso. Sie nehmen an, sie wüßten, was Männer wollen.

Diese Fragen scheinen für das, was Männer und Frauen übereinander wissen wollen, typisch zu sein. Doch sie zeigen auch, wieviel wir einander unterstellen und wie selten wir die *tatsächlichen* Unterschiede zwischen den Geschlechtern erkennen und uns zu ihnen ihnen bekennen. Ich habe die Erfahrung gemacht, daß Beziehungen sich viel reibungsloser gestalten und weit befriedigender sind, sobald man diesen Unterschieden Rechnung trägt.

**Kapitel 15**

# Techniken, die die Kluft zwischen den Geschlechtern überbrücken können

Informationen haben für unser Leben nur geringen Wert, sofern wir sie nicht in unserem Alltagsleben anwenden können. Hier möchte ich auf einige Techniken hinweisen, derer Sie sich unverzüglich bedienen können. Sobald Sie sich mit diesen neuen Gedanken vertraut gemacht haben, werden Sie sicherlich eigene Techniken entwickeln.

## Techniken

**Wie man mit einer Frau zurechtkommt, selbst wenn man ihre Art zu kommunizieren nicht versteht:**

Es gibt Verhaltensweisen von Frauen, mit denen Männer umgehen können, und andere, die sie verwirren — egal, wieviel Mühe sie sich geben, sie zu verstehen. Wenn Sie ein Mann sind und sich mit einer Frau in einer jener verwirrenden Situationen wiederfinden, sollten Sie einfach sagen: »Das paßt so ganz und gar nicht in meine Realität. Ich kann nicht einmal verstehen, worüber du da redest, doch ich liebe dich«, oder: »Ich vertraue dir«, oder: »Ich respektiere, was du da sagst, und ich muß es nicht verstehen, und dabei wollen wir es lieber bewenden lassen«, statt sich zu bemühen, herauszufinden, was diese Frau sagen will.

**Wie man einen Mann dazu bekommt, sich an der Suche nach einer Lösung zu beteiligen:**

Männer und Frauen verstehen Intentionen gleichermaßen falsch. Frauen neigen dazu zu sagen: »Ich muß diese Situation falsch verstehen. Was kann ich tun, um das wieder in Ordnung zu bringen?« Vergessen Sie nicht, daß der Mann ebenfalls in den Prozeß involviert ist. Auch er ist verantwortlich, und Sie müssen ihn dafür *verantwortlich machen*, Ihnen zuzuhören, so wie auch *Sie* versuchen, *ihm* zuzuhören. Verständigen Sie sich darüber. Der Mann muß genauso hart an sich arbeiten, um Ihnen auf halbem Wege entgegenzukommen, wie Sie an sich arbeiten müssen. Viele Frauen steigern sich so sehr in die Problemlösung hinein, daß sie das Problem verinnerlichen und dann sagen: »Oh, nun weiß ich, wo ich etwas falsch gemacht habe«, und fangen dann an, »sich selbst in Ordnung zu bringen«. Natürlich wird ein Mann auf einen solchen Prozeß bei ihr folgendermaßen reagieren: »Gut, du hast herausgefunden, was falsch gelaufen ist und warum wir uns so häufig gestritten haben. Dann bring das auch selbst in Ordnung, und wir werden nicht mehr streiten müssen.« Statt das zu tun, sollten Sie ihn lieber an dem Prozeß *teilhaben* und ihn wissen lassen, in welcher Art er zu dem Problem beigetragen hat. Das ist ein Vorhaben, an dem beide zu *gleichen Teilen* teilhaben sollten.

**Wie Männer (und Frauen) Debatten vermeiden können, bei denen sie sich gegenseitig alles mögliche unterstellen:**

Damit diese Technik funktionieren kann, muß der Mann bereit sein, sich von seinen eigenen Verdächtigungen zu lösen und dem zu vertrauen, was die Frau sagt.

1. Er fragt: »Bist du verärgert?« (oder welche Emotion er ihr auch immer unterstellt). Wenn sie erwidert: »Nein,

das bin ich nicht«, sollte er es dabei bewenden lassen. Das Thema fallenlassen. Wenn sie jedoch sagt: »Ja«, kann er zur nächsten Frage übergehen, die nur aus dem Grund gestellt werden sollte, daß er seinen Seelenfrieden wiederfinden kann.

2. »Hat es mit mir zu tun?« Bei den meisten Anlässen wird die Frau überrascht sein, wie der Mann annehmen kann, er hätte etwas getan, was das Problem ausgelöst hat: Sie wird verblüfft feststellen, daß er glaubt, *alles* hätte mit ihm zu tun. (Erinnern wir uns: Aufgrund seiner exklusiven Realität steht der Mann *immer* im Mittelpunkt.) Neun von zehn Malen wird sie sagen: »Nein, es hat nichts mit dir zu tun.« Doch selbst, wenn sie sagt: »Ja, es hat mit dir zu tun«, heißt das für eine Frau noch lange nicht, daß es für sie ein *Problem* ist, ein Problem mit dem Mann zu haben. Sie weiß, daß sich das vermutlich im Prozeß des Alltagslebens lösen läßt. Bei den neun von zehn Malen, in denen es nichts mit dem Mann zu tun hatte, kann er jetzt wirklich objektiv sein und sie unterstützen und muß diesmal nicht in die Verteidigung gehen. Dann kann er fragen:

3. »Gibt es etwas, was ich für dich tun kann?« Diese Frage sollte der Mann nur stellen, wenn er *wirklich* bereit ist, zu tun, worum die Frau auch immer bitten könnte. Dabei kann es die einfache Bitte um eine Umarmung oder um ein Gespräch sein, oder es könnte sich um die Bitte nach irgendeiner Veränderung in der Umgebung handeln. *Sein* Job ist es jetzt, mitfühlend zu sein und sie zu unterstützen.

Diese Technik funktioniert bei den Interaktionen einer Frau mit einem Mann ebenso gut. Die Frau muß fähig sein, dem Mann ruhig zuhören zu können, ohne ihn zu beschuldigen, »zu objektiv und hartherzig« zu sein.

**Wie man einem Mann hilft, die Kontrolle wiederzuerlangen:**

(Diese Technik funktioniert bei Männern oder bei Frauen, die mit Männern umgehen.)

Wenn man einem Mann eine Reihe von Optionen gibt, aber nicht genügend Informationen, die ihm helfen könnten, eine klare Entscheidung zu treffen, reagiert er möglicherweise verwirrt und desorientiert. Wenn er gehemmt erscheint und es so aussieht, als habe er die Kontrolle verloren:

1. »Täuschen« Sie Sicherheit vor. Zeigen Sie ihm durch bestimmte Signale, daß Sie alles unter Kontrolle haben. Zeigen Sie sehr wenig Emotion; atmen Sie ruhig und gleichmäßig; treten Sie autoritär auf.
2. Entwickeln Sie einen *linearen* Prozeß, so daß er Ihrer Denkweise folgen kann.
3. Bitten Sie ihn, Ihnen zu trauen.
4. Wenn er sagt, er kann Ihnen nicht trauen, fragen Sie ihn, was Sie tun müssen, damit er anfangen kann, Ihnen zu trauen.
5. Ganz allgemein: Wenn Sie mit ausgesprochen emotionalen Themen umgehen, sollten Sie Kommandos und Anleitungen geben.

## Eine persönliche Bemerkung

***Männlicher Teilnehmer:* »Ich fühle mich sehr wohl und dennoch unsicher. Ich weiß, es gibt neue Informationen, mit denen ich mich beschäftigen sollte, doch die sind beunruhigend. Ich habe mich gefragt, welche Gefühle *Sie* wohl hätten, wenn Sie sich damit auseinandersetzten?«**

Das ist eine sehr gute Frage. Als ich anfing, das Material für dieses Buch zusammenzustellen, geschah das — wie bei jeder anderen Arbeit, die wir tun —, weil wir es tun *wollten*, und *nicht*, weil die Welt sich sonst nicht weiterdrehen würde. Ich war verwirrt, versuchte herauszufinden, wie sich meine privaten und geschäftlichen Beziehungen zu Frauen eigentlich gestalten. Während ich das Material auswertete, war das erste, was ich entdeckte und zugeben mußte: »O mein Gott, die Schwierigkeiten sind ja noch viel größer, als ich dachte. Zwischen Männern und Frauen gibt es mehr Unterschiede, als ich mir jemals hätte vorstellen können. Wie sollen wir nur jemals miteinander zurechtkommen?«

Dann gab es da ein Stadium des Zorns. Was ich in einem Teil dieser Wut wiederfand, war meine Frustration darüber, daß ich von Frauen nicht verstanden werde. Ich war auch enttäuscht und zornig auf mich selbst, weil ich nicht immer in der Lage gewesen war, zuzuhören, wenn Frauen mir »ihre Wahrheit« erzählt hatten. Nach einer Weile kehrte meine Fähigkeit, mitfühlend sein zu können, zurück, aber das dauerte eine gewisse Zeit.

Zunächst mußte ich mit meiner inneren Wut fertig werden, weil ich nichts dagegen unternommen hatte, wenn ich mich manchmal bedrückt gefühlt hatte. Ich hatte den Frauen zu oft nachgegeben. Ich pflegte zu sagen: »Ja, ich werd das machen«, wenn ich in Wirklichkeit meinte: »Nein, das will ich nicht tun«, oder: »Ich will den Großeinkauf nicht übernehmen«, oder: »Ich will dieses Geld nicht ausgeben«. Ich hatte mich auf eine Art und Weise benommen, die mich demütigte. Ich war ärgerlich auf mich selbst und auch auf die Frauen in meinem Leben, die mir »das angetan« hatten.

Dann realisierte ich, daß die Frauen sich nicht *bewußt* so verhielten, um mich zu ärgern; *tatsächlich* hatten sie mir in Wirklichkeit bei den meisten Gelegenheiten nur einen Gefallen tun wollen. Ich realisierte, daß ich die Intentionen der Frauen fehlinterpretiert hatte. Damit verflüchtigte sich ein wenig mehr von meinem Zorn.

Außerdem fing ich an, Sympathie für mich selbst zu entwickeln, weil ich wußte, daß ich in meinem Verhalten gegenüber Frauen *nicht bewußt* rücksichtslos gewesen war. Unsere Mißverständnisse und verletzten Gefühle gehörten zu den Dingen, die bei der Interaktion zwischen Männern und Frauen einfach »passiert« waren. Und dann — im Laufe der Zeit — war ich in der Lage, bei Gesprächen mit Frauen aufmerksamer zuzuhören. Ich war fähig, mich zurückzuhalten, jene automatischen Antworten zu geben, die ich einem anderen Mann gegeben hätte. Ich realisierte, daß ein Teil meines Zorns einfach deshalb automatisch aufgeflackert war, weil es *eine Frau* war, mit der ich zu tun hatte. Ich begann mehr Fragen zu stellen wie: »Wie hast du das gemeint?« oder: »Wie fühlst du dich?«, und ich lernte häufiger zu sagen: »Tut mir leid.« Was ich herausfand, war, daß manche Leute dieses »Tut mir leid« nicht gern hören. Sie sind in ihrem eigenen »Prozeß« gefangen, sind so wütend, daß sie sagen: »Nun, das kannst du dir . . ., du solltest wissen, daß das eine Beleidigung ist!«, wenn ich sage: »Ich habe dich nicht beleidigen wollen. Es tut mir leid, wenn ich dich damit beleidigt habe.« Inzwischen fange ich an, mich von dieser Art von Leuten zurückzuziehen. Ich lasse es nicht mehr zu, daß ich nicht »gehört« werde.

Schließlich ließ ich meine Wut in einer positiven, gesunden Art heraus. Ein Kumpel durchlief diesen Prozeß mit mir. Er war bei mir — einfach von Mann zu Mann. Er konnte was einstecken. Als Mann wußte er, was es für mich bedeutete, mit ihm zusammen »etwas loszuwerden«, und ich habe das keineswegs in einer netten, höflichen Art getan. Danach haben wir alles das ausgeräumt, was ausgeräumt werden mußte, so daß unsere Beziehung keinen Schaden nahm.

Meine Freundinnen waren wohlwollend, sie unterstützten mich und sympathisierten die meiste Zeit mit mir. Ich konnte mich bei ihnen emotional »ausleben«. Doch es war angenehmer, mit meinen Freunden zusammenzusein und keine Angst haben zu müssen, psychisch verletzt zu werden, oder mich meines Verhaltens schämen zu müssen.

Da gibt es einen langsamen Enthüllungsprozeß, der zum Entdeckungsstadium führt. Während ich mehr über mich und über Frauen herausfand, stellte ich fest, wie ich sagte: »Oh, das ist eine Erklärung für diesen Streit. Nun verstehe ich, wie es dazu gekommen ist.« Einige Leute erleben auch, wie sie die Wut in ihren Träumen loswerden, oder sie stellen fest, daß sie sich bei der Arbeit anders verhalten. Es ist verblüffend, wieviel besser Männer und Frauen kooperieren können, sobald sie die Realität des/der anderen verstehen und respektieren.

Ich ermutige die Leute, *sich selbst* mehr zu trauen, und ich glaube, daß das Gleichgewicht auf natürliche Art hergestellt wird, wenn wir *einander* vertrauen. Was wir haben, sind individuelle Gaben, die wir der Welt und einander »schenken« und die wir in unsere Beziehungen einbringen können. Zu sehen, was wir an uns selbst »in Ordnung bringen« und trotzdem immer noch »ein Mann« oder »eine Frau« sein zu können, ist eine sehr gesunde Erfahrung.

Ich glaube, daß alle Männer unbewußt das Gefühl haben, sie würden auf unserem Planeten immer weniger benötigt. Mehr und mehr der Funktionen des Mannes werden von Maschinen übernommen, und mehr und mehr seiner Funktionen werden von Frauen übernommen werden. In der Vergangenheit war die Sicherung des Überlebens des Gemeinwesens (Jagen und das Sammeln von Nahrung) die primäre Funktion des Mannes. Mit dem Aufkommen neuer Feldfrüchte, neuer Arten, Proteinquellen zu erschließen, und dadurch, daß Fische längst gezüchtet werden können, werden die männlichen Jagdtalente (Geschwindigkeit und Behendigkeit; die Fähigkeit, sich auf Ziele zu konzentrieren) nicht mehr gebraucht. Seit der Erfindung hydraulischer Geräte sind die rohe Gewalt des Mannes und seine Fähigkeit,

Schmerz aushalten zu können, nicht länger gefragt. Der Computer ist mit großer Schnelligkeit dabei, die rationale Seite des Mannes zu ersetzen: sein logisches Denken, seine Methodik, der Reihe nach vorzugehen, seine Fähigkeit, Details zu ordnen und über sie auf dem laufenden zu bleiben. Der einzige Grund, der noch für das Verbleiben des Mannes auf dem Planeten übrigbleibt, ist die Fortpflanzung, und wenn das Klonen erst einmal perfektioniert worden ist, wird sich selbst die Funktion des Mannes als Samenspender erübrigen. Frauen werden dann die einzig notwendige Komponente für das Überleben und den Fortbestand der menschlichen Spezies sein.

Ich behaupte nicht, daß diese Gedanken über den Untergang des Mannes ein *bewußter* Teil des männlichen Denkens sind. Ich behaupte allerdings, daß Männer verunsichert sind, was Frauen angeht, und daß die Ursache, die dem zugrunde liegt, ihre ungewisse Rolle in der Zukunft ist. Selbst wenn das biologische Material als Erklärung manchmal weit hergeholt zu sein scheint, bin ich der Meinung, daß es als starke Metapher dienen kann, unsere Konflikte zu mildern und uns den Weg zu kongenialen Beziehungen zu öffnen.

In einem meiner Workshops begann ein Mann über die Beziehung zu seiner Frau zu sprechen. Er sagte, er fühle sich immer ein wenig unsicher in dieser Beziehung. Er liebe seine Frau, und er wolle den Rest seines Lebens mit ihr verbringen, doch er hätte da ein Gefühl der Unsicherheit, das er allerdings nicht begründen könne. Nachdem er ein paar Minuten lang mit dieser Realisierung gekämpft hatte, begann er zu weinen. (Es kommt nicht selten vor, daß Männer in meinen Workshops weinen. Trotzdem ist es ungewöhnlich genug, alle anderen aufmerksam zu machen.) Als wir der Frage nachgingen, sagte er, er hätte Angst, sie würde ihn verlassen, weil er im Grunde nie verstanden hätte, warum sie überhaupt bei ihm sei. Er wußte, daß sie ihn liebte, doch da gäbe es einen nicht greifbaren Punkt in/bei ihr, von dem er das Gefühl hätte, daß er ihn niemals erreichen könne. Ein nörgelndes kleines Gedankensplitterchen ließ ihn ständig über die Stabilität der Beziehung rätseln, da er nicht »das Ganze« beherrschen konnte. Er wußte, sie »hielt« die Beziehung »zusammen«, *er* aber konnte das nicht. Und er hatte Angst, daß sich die Beziehung verschlechtern würde, falls sie »losließe«, und daß es nichts gab, was er dagegen unternehmen könnte.

Ich war von dieser Einsicht überrascht und fasziniert von seiner Offenheit und direkten Ehrlichkeit. Er versuchte nicht, seine Worte in eine vorgefaßte Meinung über Beziehungen einzupassen, oder in irgendwelche Modelle — wie Beziehungen sein könnten oder sein sollten. Ich fragte die anderen Männer im Raum, wie sie empfunden hätten, was da eben enthüllt worden war. *Alle* Männer sagten, sie hätten dieses Gefühl zwar niemals vorher verbalisiert, es träfe aber auch auf sie zu. Die Frauen im Raum waren überrascht von der »Zärtlichkeit« ihrer Männer und erkannten an, daß *auch* ihre Männer verletzbar sind. Die Frauen begannen zu erkennen, wie ihre Männer ihre Beziehung sahen und wie die Männer sich auf sie verließen, wenn es um die Aufrechterhaltung der Stabilität ging; und sie wurden sich bewußt, wie wichtig es für die Männer war, von ihnen zu hören, daß die Beziehung in Ordnung ist. Ich benutze dieses Beispiel häufig in Männergruppen, und jedesmal bestätigen die Teilnehmer dieses Erlebnis der Unsicherheit, was ihre Beziehungen angeht und die Rolle, die sie in ihnen spielen.

Ich behaupte, daß Männer ihre »Bruderschaften« und Frauen ihre »Schwesterschaften« stärken müssen, um sich das Gefühl zu erhalten, ein gewisses Feedback und eine gewisse Unterstützung zu bekommen, die beide fälschlicherweise vom anderen Geschlecht bekommen zu können glaubten. Diese Geschlechterbedürfnisse können erfüllt und wieder ins Gleichgewicht gebracht werden. Wenn wir dann mit dem anderen Geschlecht zusammen sind, haben wir auch die Stärke zu sagen: »Was kann ich jetzt für dich tun?« (Und das können wir mit Freude und in einer natürlichen Art und Weise tun.)

Heute bin ich der Meinung, daß ich Beziehungen zu vielen Arten von Menschen habe. Ich weiß, daß es Frauentypen gibt, die ich mag, und Typen, die ich nicht mag. Es gibt auch Männertypen, die ich mag, und solche, die ich nicht mag. Ich wähle Freunde und Freundinnen aus, die mir *wirkliche* Freunde sind. Das heißt, daß sie mit mir durch dick und dünn gehen. Ich umgebe mich mit Menschen, die meine Bedürfnisse »hören« können, die bereit sind zu kommunizieren, was *ihre* Bedürfnisse angeht, und die bereit sind, mich so zu nehmen, wie ich *bin*. Das ist die Basis meiner Beziehungen und Freundschaften. Ich behaupte, daß es auch die Grundlage der Ihren ist.